d

Peter Winterhoff-Spurk / Michael Jäckel

Politische Eliten in der Mediengesellschaft

Rekrutierung - Darstellung - Wirkung

Peter Winterhoff-Spurk,
Michael Jäckel

Politische Eliten in der Mediengesellschaft

Rekrutierung - Darstellung - Wirkung

Verlag Reinhard Fischer
MÜNCHEN

Die Deutsche Bibliothek - CIP-Einheitsaufnahme

Politische Eliten in der Mediengesellschaft : Rekrutierung - Darstellung - Wirkung /
Peter Winterhoff-Spurk / Michael Jäckel (Hrsg.)
- München : R. Fischer, 1999
ISBN 3-88927-232-0

ISBN

Weltistr. 34, 81477 München
www.Verlag-Reinhard-Fischer.de

Druck: Novotny, Söcking

Inhalt

Vorwort 5

Peter Winterhoff-Spurk
Politiker in der Mediengesellschaft:
Eine Annäherung aus medienpsychologischer Perspektive 9

Michael Jäckel
Die Krise der politischen Kommunikation.
Eine Annäherung aus soziologischer Perspektive 31

Berthold König
Wer wird Politiker? - Die Lust, ganz oben zu sein 57

Frank Brettschneider
Kohls Niederlage: Kandidatenimages und
Medienberichterstattung vor der Bundestagswahl 1998 65

Astrid Schütz
Selbstdarstellung in der Politik:
Techniken und ihre Wirkung 105

Marion G. Müller
"Seht mich, liebt mich, wählt mich!"
Wahlkampf in der ikonischen Öffentlichkeit am
Beispiel des Bundestagswahlkampfes 1998 121

Roland Eckert
Jugendkulturen und ihr Einfluss auf die
Formulierung von Politik 139

Uli Gleich
Parasoziale Bindungen zu Politikern? 151

Interview mit Diether Breitenbach 169

Interview mit Florian Gerster 181

Dieter Zimmer
Fernsehen in Stichworten 195

Vorwort

Wenn der amerikanische Drehbuchautor William Goldman mit seiner Einschätzung recht hat, dann steht es schlecht um das Image von Politikern in den USA: „Das Amt des Politikers hat in unserem Land ein so niedriges Ansehen wie kaum je zuvor. Deshalb ist auch die Qualität der Leute, die sich um ein öffentliches Amt bewerben, schlicht und ergreifend Scheiße." So drastisch formuliert der Autor von „Absolute Power" in einem Artikel der Süddeutschen Zeitung vom 12.06.1997 mit der Überschrift „Der Feind im Weißen Haus. Wie Hollywood inzwischen mit dem US-Präsidenten umgeht." seine Meinung über amerikanische Spitzenpolitiker. Das soeben abgeschlossene Impeachment-Verfahren gegen den amerikanischen Präsidenten mag manchen Europäer zu einer ähnlichen Bewertung eingeladen haben. Entsprechend zeigt der Film einen heuchlerischen und bösartigen Präsidenten; mit einem Einspielergebnis von 49 Millionen Dollar war er allerdings nur ein mäßiger Erfolg. Offenbar ist das amerikanische Publikum weniger am Zertrümmern als am Aufbau von Mythen interessiert, folglich gab es im gleichen Jahr 1997 einen anderen Film mit einem anderen Präsidenten - es war Harrison Ford in „Air Force One": „Besonders in den USA gibt es eine Sehnsucht nach einem idealen Präsidenten. Mit unserem Film lassen wir diese Utopie Wirklichkeit werden", kommentiert der Regisseur Wolfgang Petersen dieses Werk. „Nach der moralischen Demontage demonstriert Hollywood dem Präsidenten, was er zum Regieren braucht: die richtigen Ideale oder einfach nur einen ordentlichen punch", meint dazu die Süddeutsche Zeitung (a.a.O., S. 22) trocken.

Auch hierzulande bewegt sich die Diskussion über die Funktionen und das Image von politischen Eliten - wenngleich im allgemeinen weniger vehement ausgetragen - nicht eben selten im Spannungsfeld zwischen Zertrümmern und Idealisieren, auch hier haben die Medien dabei sowohl eine konstruktive als auch eine destruktive Funktion, auch bei uns kennt und wünscht das Publikum politische Helden und politische Bösewichte. Diese allgemeinen Eindrücke sowie die konkreten politischen Ereignisse im Vorfeld des Bundestagswahlkampfes 1998 legten es nahe, das Verhältnis von

Politikern, Medien und Publikum zum Thema der mittlerweile dritten südwestdeutschen Multiplikatoren-Tagung „Politik und Medien" vom 03.06.98 bis zum 05.06.98 in der Europäischen Akademie Otzenhausen zu machen. Wie bei den beiden vorangegangenen Veranstaltungen sollte das Thema auch hier vor allem aus der Perspektive der von den Tagungsleitern vertretenen wissenschaftlichen Disziplinen - Medienpsychologie und Mediensoziologie - behandelt werden, als weiteren Gliederungsgesichtspunkt wählten wir die drei Stichworte „Rekrutierung", „Darstellung" und „Wirkung".

Daraus ergibt sich die Gliederung dieses Buches: Nach einführenden Beiträgen der Herausgeber - Peter Winterhoff-Spurk schreibt zum Thema „Politiker in der Mediengesellschaft: Eine Annäherung aus medienpsychologischer Perspektive", Michael Jäckel über „Die Krise der politischen Kommunikation. Eine Annäherung aus soziologischer Perspektive" - wird in den beiden folgenden Beiträgen zunächst die Frage der Rekrutierung von Politikern untersucht. Der Psychoanalytiker Berthold König behandelt das Problem „Wer wird Politiker? Die Lust, ganz oben zu sein"; es folgt der (nach der Bundestagswahl noch einmal überarbeitete) Aufsatz des Politikwissenschaftlers Frank Brettschneider mit dem Titel „Kohls Niederlage: Kandidatenimages und Medienberichterstattung". Die Darstellung von Politikern in den Medien behandelt zunächst die Psychologin Astrid Schütz in dem Beitrag „Selbstdarstellung in der Politik: Techniken und ihre Wirkung", es folgt der Aufsatz „'Seht mich, liebt mich, wählt mich!' Wahlkampf in der ikonischen Öffentlichkeit am Beispiel des Bundestagswahlkampfes 1998" der Politikwissenschaftlerin Marion G. Müller. Der dritte Themenkreis „Wirkungen" wird unter der Überschrift „Jugendkulturen und ihr Einfluß auf die Formulierung von Politik" von dem Soziologen Roland Eckert eröffnet, der Medienpsychologe Uli Gleich beschließt mit seinem Beitrag „Parasoziale Bindungen zu Politikern?" die wissenschaftlichen Aufsätze des Buches.

Über die wissenschaftliche Behandlung hinaus erschien es den Veranstaltern als ebenso notwendig wie reizvoll, das Thema auch mit erfahrenen Vertretern aus den Medien und der Politik zu diskutieren. Dazu konnten wir zwei Psychologen zu einem Kamingespräch begrüßen, die u.a. durch ihre Tätigkeiten als Landesminister in Rheinland-Pfalz bzw. im Saarland das Thema sowohl aus wissenschaftlicher Sicht als auch aufgrund ihrer politischen Erfahrungen durchleuchten konnten. Es handelt sich um den ehemaligen Minister für Bildung, Kultur und Wissenschaft des Saarlandes, Prof. Dr. Diether Breitenbach, und den amtierenden Minister für Arbeit, Soziales und Gesundheit des Landes Rheinland-Pfalz, Dipl. Psych. Florian Gerster. Aus technischen Gründen war es bedauerlicherweise nicht möglich, eine Mitschrift des Kamingesprächs dem Buch anzufügen, dankenswerterweise standen aber beide für ein zusätzliches Interview nach der Tagung noch einmal zur Verfügung. Ferner konnten wir den Redaktionsleiter Dokumentation und Reportage der ZDF, Hauptredaktion Innenpolitik, Dieter Zimmer, gewinnen, dessen persönlich gehaltenes Statement unter der Überschrift „Politik im Fernsehen - von innen betrachtet" diesen Teil des Buches beschließt.

Ein Ergebnis der Veranstaltung ist sicherlich, daß die allgemeine Definition der sog. politischen Eliten als Menschen, die mit politischer Tätigkeit ihr Geld verdienen, zu pauschalen Urteilen verleitet. Das zeigte sich in nahezu allen Beiträgen. Politische Berufstätigkeit ist im allgemeinen eine außerordentlich anspruchsvolle Management-Tätigkeit, die spezifische und hohe Qualifikationen erfordert; der sachbezogene und kundige Umgang mit den Medien ist darunter nur ein Aspekt von vielen. Je mehr jedoch ein Politiker als Person öffentlich in Erscheinung treten muß, zum sog. Spitzenpolitiker wird, um so stärker unterliegt er auch den Gesetzmäßigkeiten der Medien hinsichtlich der Personalisierung und Polarisierung: Mag er zuvor ein eher sach- und problembezogener Experte gewesen sein, so muß er (bzw. muß zunehmend auch sie) nun auf Bühnen agieren, die vor allem Darstellungsqualitäten erfordern. Infolgedessen unterliegt er offenbar in besonderem Maße der eingangs skizzierten Tendenz zur Idealisierung einerseits und zur nachfolgenden Enttäuschung andererseits bei Journalisten und Wählern. Unter der präziseren Überschrift „Spitzenpolitiker in der Mediengesellschaft" wäre nach allem das Thema als Folge der Veranstaltung neu zu definieren.

Daß die Tagung nach Ansicht der Teilnehmer außerordentlich fruchtbar war, hat zum einen sicherlich an ihrer interdisziplinären Ausrichtung und der offenen Diskussionsatmosphäre gelegen. Ganz sicher waren dafür aber auch die freundliche organisatorische Leitung durch Frau Eva Wessela vom Institut für Rhetorik und Methodik sowie das angenehme Ambiente der Europäischen Akademie Otzenhausen ursächlich. Für die finanzielle Unterstützung der Tagung danken wir ferner (in alphabetischer Reihenfolge) der ASKO Europa Stiftung, der Europäischen Akademie Otzenhausen, den Landeszentralen für Politische Bildung Hessen und Rheinland-Pfalz, dem Medienpsychologischen Forschungsinstitut des Saarlandes (MEFIS e.V.), der Nikolaus Koch Stiftung, Trier, sowie dem Südwestrundfunk, Baden-Baden.

Michael Jäckel, Universität Trier

Peter Winterhoff-Spurk, Universität des Saarlandes

Peter Winterhoff-Spurk

Politiker in der Mediengesellschaft: Eine Annäherung aus medienpsychologischer Perspektive

1. „Statt dessen geraten wir in Entzücken, wenn ein französischer Präsident mit einer Arbeiterfamilie zu Mittag ißt, auch wenn er ein paar Tage vorher die Lohnsteuer angehoben hat.“ - Die Tyrannei der Intimität.

Bill Clinton stirbt und kommt in den Himmel. 24 Stunden später segnet auch der Papst das Zeitliche. Bei der ersten Begegnung mit Clinton im Himmel sagt der Papst, er freue sich sehr darauf, die Jungfrau Maria zu treffen. Sagt Clinton: „Da kommen Sie einen Tag zu spät.“ Wie wir inzwischen nicht nur über die herkömmlichen Massenmedien, sondern nunmehr auch über das Internet erfahren können, soll der amerikanische Präsident seine Ehefrau mit mindestens 14 Frauen betrogen haben, er soll eine gewisse Vorliebe für „blow jobs“ und Telefon-Sex haben und sich durch spezifische Merkmale in den unteren Körperregionen auszeichnen (SPIEGEL Nr. 6 vom 02.02.98, S.131).

Alles dies ist nachzulesen im SPIEGEL, aber es geht noch weiter: Die NEW YORK POST stellt unter der Überschrift „Putting Bill on the couch“ eine psychologische Persönlichkeitsanalyse an und stellt diese in das Internet. David Maraniss, ein Reporter der WASHINGTON POST führt die Berufswahl der Clinton-Brüder - Bill wurde Politiker, sein Bruder Roger Rockmusiker - auf den gemeinsamen Wunsch zurück, vor großen Publika zu glänzen. Dieser Wunsch stamme von der Mutter, Virginia Kelly: „Like her son Roger, she loved to jump on stage and sing alone with the band; and like her son Bill, she would walk into a room and try to win over every person there.“ Audrey Ashendorf, ein Psychotherapeut aus New York, meint, Männer mit Macht werden von ihren narzißtischen Bedürfnissen getrieben, um mit Erfolgen bei Frauen ihr Ego aufzupolieren. Und Dr. William Samek, Direktor des Florida Sexual Abuse Treatment Program, führt aus: „Would a sane person go through what you have to do to be a senator or a president? You really have to have a great ego ... most normal people would not be willing to take the abuse you have to take when you run for office".

Es sei dahingestellt, ob dies alles auch so zutrifft. Was es auf jeden Fall zeigt, ist dies: Offenbar müssen Menschen, die sich Politik als ihren Beruf ausgesucht haben, auf eine Privatsphäre weitgehend verzichten. Als „Verfall und Ende des öffentlichen Lebens. Die Tyrannei der Intimität" hat Richard Sennet (1983) diese Entwicklung bezeichnet und wie folgt erläutert: „In der modernen Politik käme es einem Selbstmord gleich, wollte ein Politiker darauf beharren, daß man sein Privatleben aus dem Spiel läßt, wenn er sagen würde: Kümmert euch darum, ob ich gute Gesetze mache oder sie gut ausführe und was ich vorhabe, wenn ich im Amt bin. " (Sennet, 1983, S.43). Er fährt mit dem Satz fort, der als Überschrift dieses Abschnitts dient: „Statt dessen geraten wir in Entzücken, wenn ein französischer Präsident mit einer Arbeiterfamilie zu Mittag ißt, auch wenn er ein paar Tage vorher die Lohnsteuer angehoben hat. Und wir glauben, ein amerikanischer Präsident sei 'natürlicher' und zuverlässiger als sein in Ungnade gefallener Vorgänger, weil sich der neue Mann sein Frühstück selbst zubereitet" (a.a.O., S. 43).

Die Frage des eingangs zitierten Dr. Samek stellt sich in der Tat: Wer tut sich das alles und aus welchem Grund freiwillig an? Oder anders formuliert: Gibt es spezifische Persönlichkeitsmerkmale, die die politischen Eliten der Bundesrepublik kennzeichnen und ggf. von anderen Bevölkerungsgruppen unterscheiden?

Diese Frage ist nicht ganz neu, wie ein kurzer Exkurs in die Geschichte zeigt: Einer der Gründerväter der modernen Kommunikationswissenschaft - der Politikwissenschaftler Harold Dwight Lasswell - hat schon 1930 ein Buch mit dem Titel „Psychopathology and politics" geschrieben hat, in dem er diese Frage auf der Basis psychoanalytischer Betrachtungen nach Freud und Adler gestellt hat. Noch überraschender ist allerdings, daß Laswell sich offenbar selbst einer Lehranalyse unterzogen hat, bevor er in Tiefeninterviews mit nahezu 100 Fragen zu einer Klassifikation von Politikerpersönlichkeiten gelangt ist (Lasswell, 1977, S. 272). Von ihm stammt nicht nur die berühmte „Lasswell-Formel" zur Beschreibung der Medienwirkungsforschung „Wer sagt was, warum, wie und mit welchem Effekt zu wem?". Er hat auch seine Gedanken zu diesem Thema in einer allgemeinen Formel zusammengefaßt:

$$p \} d \} r = P$$

Danach konstituiert sich der „political man" P als eine Verschiebung privater Motive „p" von familiären auf öffentliche Objekte „d" bei gleichzeitiger Rationalisierung „r" dieser Impulse in Begrifflichkeiten des öffentlichen Interesses. Als politische Charaktertypen nennt Lasswell (1977) den Agitator, den Verwalter und den Theoretiker und sieht - wie viele Psychoanalytiker seiner Zeit - das Bestreben nach Macht als den zentralen Persönlichkeitsfaktor (Lasswell, 1976).

Daß wir diese Frage heute wieder aufgreifen, mag einerseits mit aktuellen politischen Problemen zusammenhängen, ist aber andererseits auch Ausdruck eines neu erwachenden Interesses der Politik- und Kommunikationswissenschaften an der „politischen Klasse" (vgl. von Arnim, 1997, S. 29; Borchert & Golsch, 1995).

Um aber sogleich Mißverständnissen vorzubeugen:

(a) Es geht bei den nachfolgenden Ausführungen nicht darum, die politischen Eliten der BRD zu diffamieren. Die Arbeit des Politikers ist außerordentlich schwierig und - wenn sie gut ausgeführt wird - für die Allgemeinheit von hohem Nutzen. Dennoch ist es eine notwendige und legitime Funktion von Sozialwissenschaften, auch die soeben skizzierten Fragen zu stellen, um ggf. mit den Antworten auf Probleme und Risiken für unsere Gesellschaft hinzuweisen.

(b) Die genannten Fragen sollen aus einer psychologischen Perspektive, mit Rückgriff auf Befunde der Persönlichkeits- und der Organisationspsychologie, beantwortet werden. Auf politikwissenschaftliche Konzepte - etwa die Zirkulationsmodelle oder das Machtelitenmodell (vgl. von Beyme, 1987) - bzw. auf soziologische Ansätze - beispielsweise die Elitenforschung (vgl. Hörning & Burschel, 1995; Nagel, 1987; Peters, 1994) - wird hier nur am Rande verwiesen.

(f) Unter der Begriff „politischer Elite“ werden nachfolgend diejenigen Menschen verstanden, die mit politischer Tätigkeit ihren Lebensunterhalt verdienen: Parlamentsabgeordnete, Regierungsmitglieder, politische Beamte, kommunale Wahlbeamte, Richter am Bundesverfassungsgericht, Mitarbeiter der Fraktionen und Parteienstiftungen und der Bundespräsident - nach von Arnim (1997) 16.826 Menschen. Die Diskussion um die Bezeichnung „politische Elite“ oder „politische Klasse“ bleibt im folgenden unberücksichtigt, man könnte stattdessen auch neutraler von „Berufspolitikern“ sprechen (vgl. dazu Borchert & Golsch, 1995)

2. „Unter den politischen Führern ist ein hochgradiger Narzißmus häufig anzutreffen.“ - Narzißmus als Motiv der Berufs wahl von Politikern?

Das Thema führt zunächst in die Organisationspsychologie, und zwar in den Bereich der Führungsforschung. Die Frage nach den Persönlichkeitseigenschaften erfolgreicher Vorgesetzter ist Gegenstand der sog. „Trait-“ oder Eigenschaftstheorie von Führung. Dieser Ansatz ist das älteste Konzept der Führungsforschung, das in den letzten Jahren ein wenig in den Hintergrund getreten war, gegenwärtig aber - zumindest in den Aspekten „charismatischen Führungspersönlichkeit“ und Führungseigenschaften von Frauen - wieder an Boden gewinnt (vgl. etwa Delhees, 1995; Weinert, 1998). Die vielen in diesem Zusammenhang gefundenen Merkmale lassen sich zu den folgenden vier Gruppen zusammenfassen:

(a) Einflußbefähigung (Dominanz, Durchsetzungsfähigkeit, Selbstvertrauen, Machiavellismus, Machtmotiv etc.),

(b) soziale und interpersonale Fähigkeiten (Kooperationsbereitschaft, Interaktionskompetenz etc.),

(c) Aufgaben- und Zielorientiertheit (Initiative, Ehrgeiz, Zielbezogenheit etc.) und

(d) Fähigkeiten der Informationsverarbeitung (Intelligenz, Entscheidungs- und Urteilsvermögen).

„Entscheidend ist: Die erfolgreiche Führungsperson hat den Willen zu führen und besitzt Vertrauen in sich selbst, der Führungsaufgabe gewachsen zu sein“ faßt Delhees, (1995, S. 902) im renommierten „Handwörterbuch der Führung“ die Befundlage zusammen.

Häufig werden auf der Basis solcher Eigenschaftslisten - etwa mittels Faktor- oder Clusteranalysen, häufig aber auch rein intuitiv - Typologien für Führungspersönlichkeiten entwickelt. Ein vergleichsweise seriöses Beispiel dafür stammt von dem amerikanischen Psychoanalytiker und ehemaligen Mitarbeiter von Erich Fromm, Michael Maccoby (1984). Er hat auf der Grundlage von Interviews und Testverfahren mit 250 Managern aus 12 amerikanischen Unternehmen folgende vier Idealtypen entwickelt (vgl. auch Mertens & Lang, 1991):

(a) Der Handwerker („craftsmen“):

Dieser Manager vertritt traditionelle Werte, bemüht sich um seine Mitarbeiter sowie um die Qualität der Produkte und die Wirtschaftlichkeit seines Unternehmens. Er baut gerne etwas auf und beurteilt seine Mitarbeiter und Kollegen danach, ob sie ihn bei dieser Aufgabe unterstützen.

(b) Der Dschungelkämpfer („jungle fighter“):

Hauptmotiv dieses Mangers ist das Machtstreben, das sich sehr ungeschützt (= Löwen) oder eher indirekt und trickreich (= Füchse) vollziehen kann.

(c) Der Firmenmensch („companymen“):

Dieser Managertyp bezieht seine Stärke aus der meist jahrelangen Zugehörigkeit zu einer Schutz und Status gewährenden Firma. Sicherheit ist ihm wichtiger als Erfolg, ferner ist er besonders um das Wohlergehen der Mitarbeiter bemüht. Kreativen Firmenmenschen gelingt es oft, eine besonders stimulierende und kooperative Arbeitsatmosphäre zu schaffen, in wettbewerbsintensiven und innovativen Unternehmen hingegen sind sie weniger erfolgreich.

(d) Der Spielmacher („gamesman“):

Der „Gamesman“ betrachtet seine Arbeit wie seine Karriere insgesamt unter den Gesichtspunkten von Chancen und Risiken. Er will Ruhm und Anerkennung und fürchtet vor allem den Mißerfolg und das Image des Verlierers. Entsprechend geht er gern kalkulierte Risiken ein und ist von Hochtechnologien und neuen Produktionsmethoden fasziniert.

Auch für politische Führungskräfte wurden entsprechende Untersuchungen durchgeführt, allerdings in deutlich geringerer Zahl. Zu erwähnen sind hier etwa die Studien zur autoritären Persönlichkeit von Adorno et al. (1950), aber auch die schon erwähnten psychoanalytischen Arbeiten von Lasswell (1976, 1977) sowie die Versuche von Barber (1972), den Erfolg oder Mißerfolg amerikanischer Präsidenten durch die Kombination der Persönlichkeitsmerkmale „aktiv vs. passiv“ und „positiv vs. negativ“ vorherzusagen.

Solche Ansätze sind möglicherweise hinsichtlich der Auswahl und Entwicklung von Führungskräften wertvoll, als wissenschaftliche Erklärungsansätze sind sie jedoch eher von bescheidenem Nutzen: Sie beschreiben bestenfalls das „wie“, beantworten aber nicht die Frage „warum“. Ein Schritt über die bloße Deskription hinaus zur Erklärung findet sich in den zahlreichen Versuchen, die Lebensläufe einzelner Politiker aus einer psychoanalytischen Perspektive zu rekonstruieren (vgl. dazu auch Fromm, 1974; Kets de Vries, 1980; Lasswell, 1977). Zwei in dieser Hinsicht neuere und lesenswerte Bücher sind zum einen „Die Sucht, ganz oben zu sein“ von Thomas Kornbichler, bei dem insbesondere die individualpsychologischen, an Alfred Adlers Theorie orientierten Psychopathographien von Mussolini, Stalin, Bismarck, Wilhelm II., Goebbels und Hitler interessant sind. Zum anderen ist es ein 1997 von Anton Szanya (1997) unter dem Titel „Brüder, zur Sonne, zur Freiheit! Mythen und Legenden über das Revolutionäre“ publizierter Sammelband - u.a. mit psycho-biographischen Analysen der Lebensläufe von Che Guevara und Ulrike Meinhof. Auch Brigitte Hamanns Buch „Hitlers Wien. Lehrjahre eines Diktators“ läßt sich als eine solche Psychopathographie mit Gewinn lesen.

Derartige psycho-biographischen, zumeist psychoanalytischen Ansätze führen erfreulicherweise zu einem theoretisch fundierten Erklärungsansatz unserer eingangs gestellten Frage: Waren es zuzeiten von Lasswell (1976, 1977) vor allem Überlegungen zum Machtmotiv, so will der Psychoanalytiker Manfred Kets de Vries, Professor für Organisationslehre und Personalführung am renommierten Europäischen Institut für Unternehmensführung (INSEAD) in Fontainebleau, in seiner Beratungstätigkeit entdeckt haben, daß gegenwärtig unter den Führungspersönlichkeiten ein anderer Typus besonders hervorsticht: Es ist die narzißtische Persönlichkeit. „Während des Studiums von Führungspersönlichkeiten erkannten wir bald, daß eine entscheidende Komponente ihrer Orientierung die Qualität und Intensität ihrer narzistischen Entwicklung ist. Falls es eine bestimmte Persönlichkeitskonstellation gibt, zu der Führer neigen, so ist es die narzißtische" (Kets de Vries, 1995, S.1609). Und weiter: „Oft ist Narzißmus die treibende Kraft, die hinter dem Wunsch steht, eine Führungsposition zu erreichen. ... Narzißten meinen, daß sie sich eher auf sich selbst, als auf andere verlassen müssen, um die Lebensbedürfnisse zu befriedigen. Sie geben vor, sich zu genügen, aber in der Tiefe ihres Wesens verspüren sie ein Gefühl von Verlust und Leere. Um mit diesen Gefühle fertig zu werden, vielleicht als Deckmantel für ihre Unsicherheit, sind Narzißten damit beschäftigt, ihre Adäquanz, Macht, Schönheit, ihren Status, ihr Prestige und ihre Überlegenheit nachzuweisen" (Kets de Vries, 1995, 1610). Nehmen wir also diese Diagnose auf und betrachten das Thema einmal unter dieser Perspektive.

Nach gängigen psychoanalytischen Beschreibungen (vgl. Kernberg, 1975a; Übersicht bei Mertens & Lang, 1991, S. 120) zeigen Menschen mit ausgeprägten narzißtischen Persönlichkeitszügen Anzeichen von Größenphantasien, Minderwertigkeitsgefühlen und übermäßigem Angewiesensein auf Bewunderung und Bestätigung durch Andere. Sie haben wenig Einfühlungsvermögen für ihre Mitmenschen, gehen ausbeuterische, gelegentlich parasitäre Beziehungen zu diesen ein und leiden stark unter Neid. Sie neigen ferner dazu, Ereignisse und Personen entweder als nur gut oder als nur schlecht wahrzunehmen.

Eine mögliche Ursache wird im Einfluß dominierender, kalter und zugleich überfürsorglicher Elternfiguren - und insbesondere der Mütter - gesehen, die eigene narzißtische Phantasien an ihrem Kind auslassen. Häufig sind narzißtische Persönlichkeiten das einzige Kind in der Elternfamilie, oder sie waren das einzige begabte oder besonders hübsche Kind, von dem die Eltern erwarteten, daß es die ehrgeizigen Ambitionen der gesamten Familie erfüllen werde.Sie leiden nach Kernberg (1975a) unter einem pathologischen Größen-Selbst, das sich aus Ideen, etwas Besonderes zu sein (= Real-Selbst), aus Phantasien von Macht, Reichtum, Allwissenheit und Schönheit (= Ideal-Selbst) und Phan-tasien einer unablässig gebenden und grenzenlos liebenden Elternfigur (= Idealobjekte) konstituiert. Dieses Selbstbild schützt das Individuum vor massiven Wut- und Neidgefühlen, trägt aber zugleich auch zur ständigen Geringschätzung und Entwertung anderer Menschen bei (vgl. Mertens, 1996). Die psychoanalytische Literatur zum Thema ist allerdings außerordentlich vielfältig und von einem einheitlichen Verständnis des Konzepts noch weit entfernt.

Einer der führenden Theoretiker - der schon genannte Kernberg (1975a) - weist im übrigen darauf hin, daß narzißtische Persönlichkeiten häufig sozial außerordentlich gut angepaßt sind: „Sie haben eine Befähigung zu sehr aktiver und beharrlicher Arbeit in bestimmten Bereichen, die ihnen eine teilweise Erfüllung ihrer Größenambitionen ermöglicht und Bewunderung von anderen verschafft. Hochintelligente Menschen mit dieser Persönlichkeitsstruktur können sogar auf ihrem Gebiet als recht kreativ erscheinen, man findet zum Beispiel oft narzißtische Persönlichkeiten in führenden Industrieunternehmen oder akademischen Institutionen; auch in bestimmten künstlerischen Bereichen können sie gelegentlich Hervrorагendes leisten“ (Kernberg, 1978, S. 261f.).

Diese Anmerkung verweist darauf, daß es vielfältige Ausdrucksmöglichkeiten dieses Persönlichkeitsmerkmals gibt, die von einer durchschnittlichen, unauffälligen Ausprägung bis zu psychopathologischen Formen reichen. Kernberg (1978) schlägt dementsprechend vor, von einer narzißtischen Persönlichkeit auch nur dann zu sprechen, wenn Größenideen, eine extrem egoistische Einstellung anderen gegenüber sowie ein auffälliger Mangel an Empathie und extreme Abhängigkeit von der Bewunderung durch andere vorliegen.

Auch Kets de Vries (1995, 1996) unterscheidet drei idealtypische Narzißmus-Varianten, die von unauffällig bis pathologisch reichen: Er nennt den konstruktiven, den selbsttäuschenden und den reaktiven Narzißmus.

(a) Der konstruktive Narzißt wird - zumindest im Führungsverhalten - als gesunde Führungskraft angesehen. Er hat zwar gelegentlich auch Züge der beiden nachfolgenden Typen, kann jedoch im allgemeinen mit Mitarbeitern recht gut umgehen. Er besitzt einen hohes Maß an Vertrauen in ihre Fähigkeiten und ist außerordentlich aufgaben- und zielorientiert. Dadurch wirkt er gelegentlich kalt und arrogant. Zwar genießen auch die konstruktiven Narzißten es, von anderen bewundert zu werden, aber zugleich können sie ihre Fähigkeiten und Grenzen realistisch einschätzen. Ihren Entscheidungen gehen umfangreiche Analysen und Beratungen voran. „Für Menschen in Führungspositionen ist eine gesunde Portion Narzißmus wichtig. Narzißmus ist ein Motor, der zur Teilnahme am öffentlichen und politischen Leben motiviert. Diese konstruktive Form von Narzißmus, die auf einem gesunden Selbstwertgefühl, einer sicheren Identität und einem klaren Selbstverständnis basiert, macht einen großen Teil einer Führungsperson aus“ beschreibt Kets de Vries (1996) diesen Typus zusammenfassend.

(b) Selbsttäuschende Narzißten zeigen viele Züge der reaktiven Narzißten, jedoch weniger ausgeprägt. Insbesondere hinsichtlich ihrer sozialen Beziehungen sind sie zugänglicher als die reaktiven Narzißten, dies geschieht jedoch mehr aus dem Motiv heraus, einfühlsam zu scheinen als aus echter Anteilnahme. Der selbsttäuschen Narzißt ist zudem bei seinen Entscheidungen unsicherer und sucht aus Angst vor Fehlern und Mißerfolgen eher den Rat von Mitarbeitern und Kollegen, Er möchte zudem von den Menschen, mit denen er verkehrt, geliebt und bewundert werden.

(c) Der reaktive Narzißmus ist hingegen eine schwere Form der narzißtischen Störung. Führungspersönlichkeiten mit dieser Persönlichkeitsstruktur sind häufig extrem fordernde Aufseher, die sich vor allem mit Schmeichlern umgeben. Das Schicksal der Mitarbeiter interessiert sie nicht; sie ignorieren die Bedürfnisse ihrer Untergebenen ebenso wie die der Gleichgestellten. Bei Entscheidungen neigen sie dazu, auch extrem riskante Projekte ohne hinreichende Prüfung zu übernehmen. Sie geben keine eigenen

Fehler zu, sind empfindlich bei Kritik und suchen die Ursache für Fehler vorzugsweise bei Anderen.

Mit dem Zitat von Erich Fromm (1974, S. 181) - „Unter den politischen Führern ist ein hochgradiger Narzißmus häufig anzutreffen“ - ist dieser Abschnitt übertitelt, der entsprechende Text geht übrigens so weiter: „Man kann ihn (den Narzißmus, PWS) als Berufskrankheit - oder auch als Berufskapital - auffassen, besonders bei denen, die ihre Macht ihrem Einfluß auf ein Massenpublikum verdanken. Wenn der betreffende Führer von seinen außergewöhnlichen Gaben und von seiner Mission überzeugt ist, wird es ihm leichter fallen, das große Publikum zu überzeugen.“ Mit diesem Zitat ist zugleich ein vorläufige Bilanz dieses Abschnitts formuliert: Organisationspsychologische Forschungen zum Führungsverhalten zeigen unter dem Stichwort der Trait- oder Eigenschaftstheorie eine große Anzahl von Persönlichkeitseigenschaften, die gelegentlich zu empirisch fundierten Typologien zusammengefaßt werden. Psychoanalytisch orientierte biographische Analysen einzelner Führungspersönlichkeiten sowie Beobachtungen psychoanalytisch orientierter Organisationspsychologen weisen darüber hinaus auf die besondere Bedeutung einer narzißtischen Persönlichkeitsfärbung hin, die insbesondere beim reaktiven und beim selbsttäuschenden Narzißmus auch bis zu psychopathologischen Ausprägungen reichen kann. Allerdings sind ganz gewiß nicht alle Angehörigen der wirtschaftlichen, wissenschaftlichen und politischen Eliten illusionäre oder reaktive Narzißten und ganz gewiß gehören nicht alle Narzißten zu den Eliten unserer Gesellschaft, aber ein gewisser, womöglich gegenüber der Gesamtbevölkerung ausgeprägterer narzißtischer Zug scheint nach allem ein nicht unbedeutendes Motiv auch für die hier interessierende Berufswahl „Politiker“ zu sein.

3. „Wer Bürgermeister oder Ministerpräsident werden will, der macht Persönlichkeitsveränderungen durch.“ - Politikdarstellung in den Massenmedien und der Narzißmus politischer Eliten.

Für die vorläufige Wahl der Narzißmus-Hypothese zur Beantwortung der Frage „Wer wird Politiker?“ gibt es auch außerhalb der Psychologie gewichtige Unterstützung. So nennt spricht der amerikanische Historiker Christopher Lasch in einem schon 1979 erschienenen Buch über die Entwicklung der amerikanischen Gesellschaft von einer „Culture of narcissism“.

Ein gewichtiges Element dieser Kultur ist das Vordringen einer psychotherapeutischen „Normalitäts“-Ideolgie, die zu einer ständigen ängstlichen Selbstbefragung und -kontrolle führe, wie sie Woody Allen so vorzüglich darstellt. Auch das politische und wirtschaftliche Geschehen mit seiner Betonung von Image und PR-Aspekten, der scheinbaren Notwendigkeit zur Manipulation in interpersonalen Beziehungen zählt Lasch auf. Von besonderem Einfluß aber sind die Massenmedien mit ihrer Neigung zum aufregenden und glänzenden Persönlichkeitskult. Sie nähren und intensivieren narzißtische Träume von Glanz und Ruhm, verführen den einfachen Mann auf der Straße dazu, sich mit den Stars zu identifizieren und die Masse zu verachten. Diese „Gesellschaft des Spektakels“ führe - so Lasch - zu einer Durchschnitts-Persönlichkeit mit gekonnt inszeniertem Auftreten und viel Charme, einem Hang zur Pseudo-Selbstreflexion und Hypochondrie, mit einer Neigung zur Promiskuität und Oberflächlichkeit, mit Ängsten vor Abhängigkeit, Alter und Tod. Auch bei Lasch (1979) ist also Narzißmus keine per se pathologische Persönlichkeitsstruktur, sondern eine auf den sozialen Bedingungen beruhende und durchaus angemessene Art, mit den Spannungen und Ängsten des modernen Lebens fertig zu werden.

Lasch ist übrigens nicht der einzige Autor mit einer solchen Interpretation: Richard Sennett, Professor für Sozialwissenschaften, spricht von der „Tyrannei der Intimität“, der amerikanische Soziologe Mestrovic (1997) beschreibt ähnliche Phänomene unter dem Stichwort der „postemotionalen Gesellschaft“ , der deutsche Soziologe Gerhard Schulze nennt die gegenwärtige Gesellschaft eine „Erlebnisgesellschaft“ und Ulrich Beck, ebenfalls Soziologe, spricht - wohl mit der vergleichsweise größten analytischen Schärfe - vom Individualisierungsschub als einem Kennzeichen aktueller gesellschaftlicher Modernisierungsprozesse.

Nach diesen knappen Verweisen auf entsprechende soziologische und historische Literatur soll nunmehr gefragt werden, wie die „culture of narcissism" sich im politischen Geschäft realisiert: Wie interagieren Medien und Politiker?

Die allgemeine These Laschs vom medialen Persönlichkeitskult als Ausdruck einer Kultur des Narzißmus konkretisiert sich beispielsweise in der hier einschlägigen Nachrichtenforschung darin, daß zufolge der Nachrichtenwertfaktoren (vgl. Schulz, 1997) die Darstellung politischer Ereignisse in den Medien insgesamt einer Tendenz zur Personalisierung unterliegt. Diese Tendenz wird durch eine zunehmende Amerikanisierung der Wahlkämpfe noch verstärkt und erhält mit den Personalisierungen der Kampagnen, den Wahlkämpfen als Kandidaten-Wettstreit und den inszenierten Angriffswahlkämpfen sicherlich Elemente von medialem Persönlichkeitskult. Auch zeigt sich, daß das Image eines Kandidaten einen erheblichen Einfluß auf die Wahlentscheidung spezifischer Wählergruppen hat, und dieses Image wird vor allem aufgrund visueller Eindrücke, also durch das Fernsehen, generiert. Entscheidend scheint dabei inzwischen die Kompetenz zur unterhaltsamen Selbstdarstellung im Fernsehen zu sein (vgl. Kepplinger, 1997; Peters, 1994), Starruhm genießen Politiker, denen die Eigenschaften „ist ein Fernsehprofi", „ist unterhaltsam", „ist originell", „ist schlagfertig", „ist ein Schlitzohr", „könnte eine Talkshow leiten", „ist witzig", „ist ein Siegertyp" zugeschrieben werden. Astrid Schütz hat verschiedene Selbstdarstellungsformen am Beispiel des Wahlkampfes Kohl gegen Rau analysiert (Schütz, 1992).

Parallel zu diesen Entwicklungslinien in den Medien gibt es entsprechende Veränderungen bei den Journalisten: Eine am Institut für Journalistik und Kommunikationsforschung in Hannover durchgeführte vergleichenden Journalistenbefragung hat nicht nur gezeigt, daß gegenwärtig mehr Journalisten als Anfang der 80er Jahre ihre Funktion darin sehen, ihr Publikum zu unterhalten (54 % vs. 77 %), sondern auch, daß heute umstrittene Recherchemethoden - wie die Veröffentlichung privater Papiere und Fotos -

deutlich eher akzeptiert werden als 1980/81. Je jünger die Befragten sind, umso eher sind sie zu solchen Schritten bereit. Damit ähneln sie in ihrer Berufsauffassung den 1992 ebenfalls erhobenen Antworten amerikanischer Journalisten (Schneider, Schönbach & Stürzebecher, 1993). Zumindest auf Seiten der jüngeren Journalisten ist also eine entsprechende Bereitschaft zur Boulevardisierung der Nachrichten vorhanden oder wenigstens im Entstehen begriffen (vgl. dazu auch Winterhoff-Sopurk, 1994).

Ohne auf politikwissenschaftliche Modelle zur Genese von Prominenz eingehen zu können (vgl. dazu Peters, 1996), gibt es ab einem bestimmten Grad von Prominenz politischer Akteure die skizzierte Wechselwirkung zwischen Medien und Politikern: Politische Akteure wählen die genannten Kommunikationsstrategien, um in die Medien zu gelangen. Sind sie dort erst einmal hinreichend präsent, beginnt der Prozeß der „Prominentenzirkulation“ (Peters, 1997, S.110), in dem sie durch die Sendungen und Sender wandern: „Indem Akteure ihr Handeln entlang der Nachrichtenwertfaktoren ausrichten, erhöhen sich ihre Chancen, massenmediale Präsenz zu erlangen. Dazu eignen sich Skandale ebenso wie künstlich erzeugte Ereignisse bzw. „Pseudoereignisse“ ..., die allein für die Medien inszeniert werden“ (Peters, 1996, S. 114).

Bezogen auf die oben skizzierte Narzißmus-Hypothese bedeutet dies: Die personalisierte Darstellung von Politik in den Medien spricht nach allem vermutlich besonders Menschen mit einer ausgeprägten narzißtischen Komponente an. Damit beginnt ein Prozeß, den Kipnis (1976, S. 168ff.) die „ Metamorphose der Macht“ nennt, der sich vor dem Hintergrund der Narzißmus-Hypothese aber auch wie die Beschreibung des Übergangs von normalen oder konstruktiven Narzißmus zu den pathologischen Formen liest: Die Ausübung von Macht führt dazu, daß die eigene Bedeutung höher eingeschätzt wird und zugleich die Untergebenen abgewertet werden. Es besteht die Tendenz, sich weitere Macht anzueignen, Macht wird zur Droge (Mulder, 1977, S. 7): Je mehr einer hat, umso mehr braucht er davon.

Es finden sich also auch in den Gesellschaftswissenschaften starke Indizien dafür, daß wir offenbar gegenwärtig in einer Gesellschaft mit deutlich narzißmusfördernden Tendenzen leben. Als ein dafür konstituierendes Element läßt sich auch für die hier interessierende Frage das Mediensystem identifizieren, das in seiner politischen Berichterstattung und insbesondere bei den Wahlkämpfen zur Personalisierung von Politikdarstellung erheblich beigetragen hat: Ein stark personenzentriertes Mediensystem verstärkt demzufolge vermutlich bereits vorhandene narzißtische Züge bei politischen Führungspersonen.

Das einleitende Zitat zu diesem Abschnitt - es stammt aus einem Interview von Peter Glotz in den Bertelsmann Briefen (Glotz, 1989, S. 6) - faßt diese Überlegungen anschaulich zusammen: „Wer Bürgermeister oder Ministerpräsident werden will", so lautet es vollständig, „ der macht Persönlichkeitsveränderungen durch. Er muß lächeln, auch wenn ihm nicht danach zumute ist. Er muß freundlich interessiert schauen, auch wenn er eigentlich explodieren will. Er muß sich bei 'Mainz wie es singt und lacht' einen Hut aufsetzen lassen und manchmal muß er auch bei Rudi Carrell in Quizsendungen Fahrrad fahren."

4. „Die weiße Gestalt des Papstes vor mich hintretend. Bewegte Kniebeugung und Dank für die Gnade. Hielt lange meine Hand .... Kniete nicht vor einem Menschen und Politiker, sondern vor einem weißen, geistlich milden Idol .... " - Wirkungen medialer Politikdarstellung in einer narzißtischen Kultur

Obiges Zitat soll verdeutlichen, daß den beiden abgehandelten Gesichtspunkten „Rekrutierung" und „Präsentation" noch der Aspekt „Wirkung" hinzuzufügen ist.

Aus der Interaktion der Persönlichkeit des Politikers und dessen Darstellung in den Medien fügt sich ein Image beim Zuschauer, daß durchaus „Starqualitäten" (Kepplinger, 1997) - in Krisenzeiten sogar charismatische Züge - erreichen kann. Wie kann es in einer demokratischen Gesellschaft passieren, daß vermutlich nur noch um die 10 % der Bevölkerung die Gelegenheit zu persönlichen Kontakten mit Politikern nutzen (vgl. Schulz, 1997, S. 210) und daß der Rest offenbar mit der Inszenierung politischer

Spektakel, der theatralischen Inszenierung von „symbolic politics“ offenbar gar nicht unzufrieden ist?

Auch beim Versuch der Beantwortung dieser Frage ist das Narzißmuskonzept hilfreich: Der Narzißt teilt nach Kernberg (1975b) die Gesellschaft in die Gruppe der Reichen, Großen und Berühmten einerseits und in die Herde der Namenlosen andererseits. Gleichzeitig treibt ihn die Angst, nicht zur ersten Gruppe zu gehören, aus der psychopathologischen Grundstruktur heraus sucht er Halt durch externe, ihm mächtig erscheinende Figuren, die er als Ausdehnung seiner selbst sieht. Aus seiner immerwährenden Angst heraus, selbst zu den „Verlierern“ zu zählen, identifiziert er sich mit den „Gewinnern“ und will z. B. auch politische Führungspersönlichkeiten in dieser Position sehen. Diese pathologische Über-Reaktion sieht Christopher Lasch (1976) in milderer Form als Grundmuster des alltäglichen, gewissermaßen normalen Verhaltens in einer narzißtischen Kultur. Narzißtisch getönte Idealisierung verlangt nach medialen Heldenfiguren. „Ihre Schwäche veranlaßte die Vielen, sich auf die Suche zu machen und bestimmte Menschen ... zu Persönlichkeiten zu erheben“, faßt Sennett (1983, S. 272) diesen Gedankengang knapp zusammen.

So spekulativ dieser Aspekt der Narzißmus-Hypothese auf den ersten Blick auch erscheinen mag, es gibt empirische Befunde, die man zur Unterstützung heranziehen kann:

- So findet beispielsweise Peters (1996), daß Prominente vor allem dann meinungsbildend wirken, wenn sie über Expertentum und ein positives moralisches Image verfügen.

- Kepplinger (1997) weist nach, daß die Einschätzung von Politikern als „Starpolitiker“ unabhängig von der Wahrnehmung der politischen Fähigkeiten oder der Wahrnehmung eines politischen Amts erfolgt. So gaben seine Befragten als den deutschen Starpolitiker auch noch 1995 den ehemaligen Bundespräsidenten Richard von Weizsäcker an.

- Forschungsergebnisse zum Stichwort „symbolic politics“ (Iyengar & McGuire, 1993) zeigen, daß Wahlentscheidungen mehr durch affektive Beurteilungen von Spitzenkandidaten getroffen werden, während deren Positionen in Sachfragen an Bedeutung verlieren.

• In der soziologischen Elitenforschung entsteht die neue Kategorie „celebrities", die als „symbolische" oder „expressive" Eliten übersetzt werden und deren Funktion darin gesehen wird, als Projektionsfläche für die Wünsche, Hoffnungen und Bestrebungen der Massen zu dienen (Peters, 1997).

• Auch das seit einiger Zeit in der Medienpsychologie (Winterhoff-Spurk, in Druck) wieder neu entdeckte Forschungsfeld der „parasozialen Beziehungen" (vgl. Vorderer, 1996) - ursprünglich bereits 1956 und in der Zeitschrift „Psychiatry" publiziert (Horton & Wohl, 1956) - arbeitet mit den theoretischen Konstrukten der Identifikation, der Internalisierung und des „affective program involvement".

• Schließlich weisen auch die von Marion Müller (1997) vorgelegten Analysen der visuellen Wahlkampfkommmunikation amerikanischer Wahlkämpfe auf die besondere Bedeutung eines charimsatischen Eindrucks hin (Müller, 1997).

In diesem Zusammenhang kann nun auch das Eingangszitat dieses Abschnitt - es ist eine Tagebucheintragung von Thomas Mann (1995, S.53f.) nach seinem Besuch bei Pius XII - als Beleg für derartige Idealisierungsprozesse anführen. Daß der Autor diesen Bericht zudem mit dem Satz beendet „Durch die Audienz im Stehen erinnert an Napoleon mit Goethe in Erfurt", macht eine vermutlich auch beim Autor selbst vorhandene narzißtische Tendenz deutlich (a.a.O., S. 54).

So könnte es denn sein, daß narzißtische Führungspersönlichkeiten mit den skizzierten Persönlichkeitsmerkmalen durch eine entsprechende mediale Darstellung in einer „culture of narcissism" zu Projektionsflächen für Zuschauer und Wähler mit ihrerseits narzißtischen Zügen stilisiert werden, denn letztlich ist es der Zuschauer, der dem politischen Akteur erst Prominenz verleiht.

5. „Macht korrumpiert und absolute Macht korrumpiert absolut. Große Menschen sind fast immer auch schlechte Menschen." - Narzißmus und das demokratische System

Wenn es denn wirklich so wäre, daß Führungspersönlichkeiten im politischen Bereich durch eine überdurchschnittlich große Portion Narzißmus zu charakterisieren wären, was wäre daran so schlimm? Es kann ja auch als Merkmal einer gut funktionierenden Gesellschaft angesehen werden, daß bestimmte Begabungen und Persönlichkeiten die jeweils passenden Positionen finden, wie es etwa in der Organisationspsychologie der „person-job-fit"-Ansatz geradezu verlangt (vgl. Weinert, 1998). Man könnte sogar noch weitergehen, und im stillen dankbar dafür sein, daß es Menschen gibt, die sich Dienste des demokratischen Gemeinwesens die eingangs skizzierten Übergriffe in das Privatleben ertragen.

Ganz so einfach liegen die Dinge aber wohl nicht, denn es ist auch zu fragen, ob aus dieser möglicherweise richtigen Diagnose Folgeprobleme für die Gesellschaft erwachsen. Ein Blick über den Zaun in die Politikwissenschaft macht deutlich, worin diese Probleme bestehen könnten. Hier werden (vgl. etwa Dror, 1987) folgende weitverbreitete Fehler in der politischen Führung von Nationen genannt:

(a) Professionelle Mißbildungen wie Cäsarenwahn:

(b) quantitative und qualitative Überlastung durch Regierungsgeschäfte, rituelle Verpflichtungen und parteipolitische Aufgaben mit den Folgen der emotionalen und kognitiven Überforderung;

(c) Hofpolitik, die ausgesuchte Personengruppen bevorzugt und ggf. zu „gate-keepern" der Macht werden läßt;

(d) Vermeidung von negativem Feedback, das sich aus dem Wunsch der politischen Führung nach emotionaler Unterstützung und nach Teamgeist ergibt und das andererseits dazu führt, wichtige Veränderungen nicht mehr rechtzeitig zu erkennen;

(e) Realitätsferne, die sich durch abgehobene Rituale und die Einschmeichelstrategien von Hofschranzen ergibt.

Die ungezügelte Selbstbezogenheit, die extremen Größenphantasien, die Unfähigkeit zur Selbstreflexion der Führungskräfte mit narzißtischer Persönlichkeitsstörung - so diagnostiziert der amerikanische Psychoanalytiker Otto F. Kernberg (1988, S. 298) - stellen das größte Risiko für Unternehmen und Institutionen dar. Kets de Vries (1990, 1995) rät angesichts dieser Risiken sogar dazu, reaktive und selbsttäuschende Narzißten aus dem Unternehmen auf Dauer zu entfernen.

Vier der fünf genannten häufigen politischen Fehler - Cäsarenwahn, Hofpolitik, Vermeidung von negativem Feedback und Realitätsferne - sind sicherlich auch in der Führung von Staaten durch narzißtisch gefärbte Persönlichkeiten ein erhöhtes Risiko. Der amerikanische Historiker Acton (1948, S. 335) hat es in der Überschrift zu diesem Abschnitt drastisch ausgedrückt: „Macht korrumpiert und absolute Macht korrumpiert absolut. Große Menschen sind fast immer auch schlechte Menschen."

Ein zweiter Aspekt ist zu berücksichtigen: Die Medien bauen ja nicht nur politische Prominenz in der oben skizzierten Weise auf. In der Tradition des kritischen Journalismus, nun aber eng mit der Tendenz zur Personalisierung von Politik verwoben, sind sie ebenfalls ständig auf der Suche nach persönlichen Fehlern und Verfehlungen von Politikern. Man könnte diesen Mechanismus der Generierung und der Zerstörung von politischer Prominenz geradezu als die narzißtische Falle der Medien bezeichnen. Die „Boulevardisierung" politischer Informationssendungen verlangt auch nach dem täglichen Politiker-Skandal.

Dies führt zum dritten Beteiligten in diesem Beziehungsgefüge: Dem Zuschauer oder Wähler. Erinnerlich läßt sich eine starke emotionale Bindung zwischen der medialen Heldenfigur und dem narzißtisch getönten Wähler vermuten. Insbesondere die narzißtische Bindung ist als Idealisierung für Enttäuschungen besonders anfällig. Der Schutz, Geborgenheit, Macht und Unbezwingbarkeit ausstrahlende Politiker kann dies alles im alltäglichen politischen Geschäft gar nicht einlösen. Er muß unpopuläre Entscheidungen treffen, wird in der politischen Alltagsarbeit zwangsläufig Fehler begehen und muß im Verlaufe seiner Karriere auch Niederlagen einstecken. Alles dies wird von den Medien entsprechend aufbereitet und vermittelt. Solche Schwächen können narzißtische Wähler ihren Idolen nicht verzeihen. Sie wenden sich enttäuscht ab und suchen - bestenfalls - eine neue, diesbezüglich noch unverbrauchte Projektionsfläche. Vermutlich aber werden sie sich auf Dauer für Störungen hinsichtlich der angestrebten Idealisierungen weniger anfällige Personen aus anderen Bereichen suchen - die „celebreties“ sind möglicherweise dafür erheblich besser geeignet - und dem System „Politik“ narzißtisch gekränkt den Rücken zuwenden. Man kann mit guten Gründen vermuten, daß dieser Mechanismus eine der Hauptursachen für die allenthalben konstatierte Politikverdrossenheit ist. Politiker reagieren - bewußt oder unbewußt - auf die narzißtische Falle der Medien und die Tendenz zur narzißtischen Kränkung bei den Wählern, indem sie immer stärker auf ihr Image, ihren positiven medialen Auftritt, ihre Inszenierung achten und - wollen sie in ihrer Position verbleiben - achten müssen. Ob dies dem politischen System auf Dauer bekommt, ist einstweilen offen.

Es finden sich nach allem unter der Narzißmus-Hypothese eine beachtliche Zahl stichhaltiger Argumente für die Annahme eines systemischen Zusammenhangs zwischen der Rekrutierung politischer Eliten, deren Darstellung in den Medien und den Wirkungen bei Zuschauern. Bedauerlicherweise leidet jedoch auch die öffentliche Diskussion dieser eminent politischen Probleme unter der erwähnten Personalisierungtendenz. So schreibt beispielsweise die NEW YORK POST auf ihrer Web-Seite „Putting Bill on the couch“: „The only way to understand why a man as powerful as Bill Clinton would risk everything on a cheap fling is to put him on the couch.“ Noch weiter geht ein bereits 1995 in den USA erschienenes Buch über Clinton mit dem Titel „The Dysfunctional President“ (Fick, 1995). Darin legt der Autor ein klinisches Profil von Clinton vor, in dem er ihn aufgrund von dessen Kindheitserfahrungen - der Stiefvater war aggressiver Alkoholiker - als sog. ACOA (= „adult children of alcoholics“) diagnostiziert. Diese Menschen seien u.a. mit einer ausgeprägten Tendenz zur Verdrängung und zur sozialen Anpassung ausgestatet, die bis zum Lügen gehen kann. Was nun das sexuelle Verhalten angeht, so prognostiziert der Autor (a.a.O., S. 132f.) „ With relative ease one can predict from past behavior that Clinton's sexual behavior will continue to produce problems for his presidency.“ Das mag ja noch angehen. Aber zugleich nennt er Clinton einen chaotischen Arbeiter und chronischen Lügner, der zudem unter gelegentlichen Wutanfällen leide und demzufolge behandlungsbedürftig sei. Bei derartigen Analysen - so sie denn überhaupt zutreffen - darf es- wie gezeigt - nicht bleiben, da sie in psychologistischer Reduktion den systemischen Zusammenhang der drei Aspekte des Themas (Rekrutierung, Darstellung und Wirkung) bzw. der entsprechenden Akteure (Politiker, Journalisten und Zuschauer) verkennen.

Literatur

Acton, J. E. E. D. (1957). Essays on Freedom and Power (1861-1910). New York: Meridian.

Adorno, Th. W., Frenkel-Brunswik, E., Levinson, D. J. & Sanford, R. N. (1950). The authoritarian personality: Studies in prejudice. New York: Harper & Row.

Arnim, V. H. H. (1997). Fetter Bauch regiert nicht gern. Die politische Klasse - selbstbezogen und abgehoben. München: Kindler.

Barber, J. D. (1972). The presidential character: Predicting performance in the White House. Englewood Cliffs: Prentice-Hall.

Beck, U. (1986). Risikogesellschaft. Auf dem Weg in eine andere Moderne. Frankfurt: Suhrkamp.

Beyme, K. v. (1995). Politikwissenschaftliche Führungstheorien. In A. Kieser, G. Reber & R. Wunderer (Hrsg.), Handwörtbuch der Führung (S. 968-979): Stuttgart: Poeschel.

Borchert, J. & Golsch, L. (1995). Die politische Klasse in westlichen Demokratien: Rekrutierung, Karriereinteressen und institutioneller Wandel. Politische Vierteljahresschrift 609-629.

Delhees, K. (1995). Führungstheorien - Eigenschaftstheorie. In A. Kieser, G. Reber & R. Wunderer (Hrsg.), Handwörtbuch der Führung (S. 1897-906): Stuttgart: Poeschel.

Dror, Y. (1987). Führung von Staaten. In A. Kieser, G. Reber & R. Wunderer (Hrsg.), Handwörtbuch der Führung (S. 1881-1890): Stuttgart: Poeschel.

Fick, P. M. (1995). The dysfunctional president. New York: Citadel Press.

Freud, S. (1934): Das Unbehagen in der Kultur. Gesammelte Werke Bd. XIV, S. 421-506.

Fromm, E. (1974). Anatomie der menschlichen Destruktivität. Stuttgart: Deutsche Verlags-Anstalt.

Glotz, P. (1989). Die Parteien auf dem Prüfstand. Bertelsmann Briefe 124, 5-10.

Hamann, B. (1997, 6. Aufl.). Hitlers Wien. Lehrjahre eines Diktators. München: Piper.

Hörning, K. H. & Burschel, C. J. (1995). Soziale Herkunft von Führungskräften. In A. Kieser, G. Reber & R. Wunderer (Hrsg.), Handwörterbuch der Führung (S. 1935-1945). Stuttgart: Poeschel.

Hofstätter, P. R. (1987). Tiefenpsychologische Führungstheorien. In A. Kieser, G. Reber & R. Wunderer (Hrsg.), Handwörtbuch der Führung (S. 922-931): Stuttgart: Poeschel.

Horton, D. & Wohl, R. (1956). Mass communication and parasocial interaction. Psychiatry 19, 215-229.

Iyengar, S. & W. J. McGuire (1993). Explorations in political psychology. Durham: Duke University Press.

Kepplinger, H. M. (1997). Politiker als Stars. In W. Faulstich & H. Korte (Hrsg.), Der Star. Geschichte - Rezeption - Bedeutung. München: Fink.

Kernberg, O. F. (1975a). Zur Behandlung narzißtischer Persönlichkeitsstörungen. Psyche 28, 890-905.

Kernberg, O. F. (1975b). Borderline conditions and pathological narcicissm. New York: Aronson.

Kernberg, O. F. (1988). Regression bei Führungspersönlichkeiten. In ders. (Hrsg), Innere Welt und äußere Realität. München: Piper.

Kets de Vries, M. F. R. (1980). Organizational Paradoxes. Clinical approaches to management. London: Tavistock Publications.

Kets de Vries, M. F. R. (1990). Cheftypen. Zwischen Charisma, Chaos, Erfolg und Versagen. München: Mosaik.

Kets de Vries, M. F. R. (1995). Narzißmus und Führung. In A. Kieser, G. Reber & R. Wunderer (Hrsg.), Handwörtbuch der Führung (S. 1609-1622): Stuttgart: Poeschel.

Kets de Vries, M. (1996). Leben und Sterben im Business. Düsseldorf: Econ.

Kipnis, D. (1976). The powerholders. Chicago:The University of Chicago Press.

Kornbichler, T. (1996). Die Sucht, ganz oben zu sein. Frankfurt: Fischer.

Lasch, C. (1978). The culture of narcissism. New York: Norton.

Laswell, H. D. (1977, 3. Aufl.). Psychopathology and politics. Chicago: The University of Chicago Press (Erstausgabe 1930).

Laswell, H. D. (1976, 2. Aufl.). Power and personality. Westport: Greenwood Press (Erstausgabe 1948).

Maccoby, M. (1984). The corporate climber has to find his heart. In M. F. R. Kets de Vries (ed.), The irrational executive. Psychoanalytic explorations in management. New York: International Universities Press.

Mann, T. (1995). Tagebücher 1953-1955. Frankfurt: Suhrkamp.

Mertens, W. (1996, 5. Aufl.). Psychoanalyse. Stuttgart: Kohlhammer.

Mertens, W. & Lang, H.-J. (1991). Die Seele im Unternehmen. Berlin: Springer.

Mestrovic, S. (1997). Postemotional society. London: Sage.

Morgan, G. (1997). Bilder der Organisation. Stuttgart: Klett-Cotta.

Müller, M. G. (1997).Visuelle Wahlkampfkommunikation. Eine Typologie der Bildstrategien im amerikanischen Präsidentschaftswahlkampf. Publizistik 42(2), 205-228.

Mulder, M. (1977). The daily power game. Leiden: Nijhoff Social Sciences Division.

Nagel, R. (1987). Soziale Herkunft von Führungskräften. In A. Kieser, G. Reber & R. Wunderer (Hrsg.), Handwörtbuch der Führung (S. 1848-1856): Stuttgart: Poeschel.

Peters, B. (1994). Bedingungen und Bedeutungen von Prominenz. Kölner Zeitschrift für Soziologie und Sozialpsychologie, Sonderheft 34 ,191-213.

Pöttker, H. (1990). Was suchen die Politiker im Fernsehen - und was bewirken sie damit? Medium 3, 39-44.

Rossmanith, S. (1997). Che Guevara - Heiland der Revolutionäre. In A. Szanya (Hrsg.), Brüder, zur Sonne, zur Feiheit! (S158-186). Wien: Picus.

Schaar, E. (1997). Erziehung zur Mündigkeit? In W. Faulstich & H. Korte (Hrsg.), Der Star. Geschichte - Rezeption - Bedeutung (S. 125-135). München: Fink.

Schneider, B., Schönbach, K. & Stürzebecher (1993). Westdeutsche Journalisten im Vergleich: jung, professionell und mit Spaß an der Arbeit. Publizistik38 (1), 5-30.

Schulz, W. (1997). Politische Kommunikation. Theoretische Ansätze und Ergebnisse empirischer Forschung. Wiesbaden: Westdeutscher Verlag.

Schulze, G. (1993). Die Erlebnisgesellschaft. Kultursoziologie der Gegenwart.Frankfurt: Campus.

Sennet, R. (1983). Die Tyrannei der Intimität. Frankfurt: Fischer.

Siegel, J. P. (1987). Machiavellismus und Führung. In A. Kieser, G. Reber & R. Wunderer (Hrsg.), Handwörtbuch der Führung (S. 1357-1365): Stuttgart: Poeschel.

Szanya, A. /1997). Brüder, zur Sonne, zur Freiheit! Mythen und Legenden über das Revolutionäre. Wien: Picus.

Vorderer, P. (Hrsg.) (1996). Fernsehen als 'Beziehungskiste'. Parasoziale Beziehungen und Interaktionen mit TV-Personen. Opladen: Westdeutscher Verlag.

Weinert, A. B. (1998). Lehrbuch der Organisationspsychologie. Menschliches Verhalten in Organisationen. München: PVU.

Winterhoff-Spurk, P. (1994). Gewalt in Fernsehnachrichten. In M. Jäckel & P. Winterhoff-Spurk (Hrsg.), Politik und Medien. Analysen zur Entwicklung der politischen Kommunikation (S.55-70). Berlin: Vistas.

Winterhoff-Spurk, P. (in Druck) Medienpsychologie. Eine Einführung. Stuttgart: Kohlhammer

Michael Jäckel

Die Krise der politischen Kommunikation. Eine Annäherung aus soziologischer Perspektive

1. Zur Entwicklung der politischen Kommunikation. Einführende Bemerkungen

„In der politischen Kommunikation geht es immer nur darum, mit welchen politischen Programmen Regierung und Opposition sich wechselseitig ablösen oder nicht ablösen werden.“ (Luhmann 1986, S. 225-226) Die Entschiedenheit dieser Auffassung („immer nur“) dürfte jedoch lediglich eine geteilte Zustimmung erfahren. Zumindest werden viele politisch Interessierte darauf hinweisen, daß Politik als Beruf heute nicht mehr nur durch das Ringen um Lösungen für Probleme unterschiedlichster Art gekennzeichnet ist. Politik ist zu einem begehrten Beobachtungsfeld geworden und die Akteure müssen massenmedialen Entwicklungen Rechnung tragen.

Diese Notwendigkeit führt nicht nur zu einer erschwerten Zurechenbarkeit von Verantwortung für bestimmte Entscheidungen oder Entwicklungen, sondern auch zu einer Verdichtung des Eindrucks, daß Politik mehr und mehr einen ‘game’-Charakter annimmt. Die Geschichte des Einzugs von Massenmedien in die politische Arena ist lang. Sie reicht von den frühen Erfolgen einer Lockerung der Zensur und des begrenzten Einblicks in politische Debatten bis zur Echtzeitberichterstattung der Gegenwart, die selbst das öffentlich werden läßt, was ohne politische Bedeutung ist. Wartende Journalisten und noch in Gang befindliche Verhandlungen sind gängige Nachrichtenformate geworden.

Die Erzeugung von Unmittelbarkeit verleiht der Politik ein Spannungselement, das ohne wirklichen Einblick in die Inhalte erzeugt wird. Auf diese Art erhalten Entscheidungsprozesse ein zusätzliches Erscheinungsbild. Die Länge solcher Entscheidungs- und Warteprozesse ist sogleich ein Gratmesser für die sich daran anschließende Notwendigkeit der Begründungspflicht. Die Beobachter dieser alltäglich wiederkehrenden Vorgänge tun sich schwer mit einer wirklichen Entfaltung von Interesse. Eher wächst ein Unbehagen an den politischen Strategien, die öffentlich und doch geheim bleiben. Am Beispiel der Kandidaten-Nominierung der SPD ist dieser Aspekt gut beschrieben worden: „Das Unbehagen an der Politik vermengt sich mit dem Unbehagen an den Medien. Politikschelte und Medienschelte vereinen sich zum Hintergrundrauschen. Das ist ein neues Phänomen unserer Gesellschaft: die Mediendemokratie. Das Wort erklärt zwar nichts, aber es klingt besser als das andere simple Wort vom Versagen der Politik.“ (Hartung 1998, S. 1) Und in bezug auf die Nominierung des Kandidaten heißt es weiter: „Sie (die SPD, Anm. des Verfassers) inszenierte ihre personelle Alternative - Lafontaine oder Schröder - und damit zugleich das Versprechen auf politische Alternativen. Das Versprechen galt es wachzuhalten. Je ungeduldiger die Medien nach der personellen Alternative fragen, weil sie die politische Alternative suchen, desto eifriger wird diese vertuscht. Je konsequenter vertuscht wird, desto gereizter forschen die Medien danach. Die erregte Öffentlichkeit wird darüber zum Philologenverband und verfällt in die Obsession der Textexegese: „Was hat Lafontaine genau gemeint? Wie ist hier Schröder zu verstehen?“ (Hartung 1998, S. 1)

Man kann darüber streiten, ob dies eine zutreffende Beobachtung ist. Sie gehört aber zum Alltag der Beschreibung von Politik. Sie ist damit ein Faktum, das aus sich heraus Aufmerksamkeit erzeugt und Folgefragen provoziert. Einmal fühlt sich die Politik mißverstanden, ein anderes Mal die Öffentlichkeit getäuscht. Und der Journalismus wird regelmäßig einer Mitschuld bezichtigt. Andere Beobachter sehen in diesen Schachzügen sogar eine Bestätigung für den Fortbestand einer archaischen Logik des politischen Lebens, die die veränderten Verhältnisse, insbesondere das Bildungsniveau der Bevölkerung, ignoriert, und die neuen Mittel der Kommunikation derart instrumentalisiert, daß sich der Gedanke der Selbstinszenierung aufdrängt. Gemeint sind die Äußerungen Pierre Bourdieus, die sich nicht nur auf die Verhältnisse in Frankreich beziehen. Bei ihm liest man: „Heute reden die Politiker nämlich eigentlich zu niemand anderem mehr als zu sich selbst. Sie reden, um nichts zu sagen, und innerhalb stundenlanger, nichtssagender Ausführungen fällt dann ein Halbsatz, der gezielt eingesetzt wird, damit er von den Journalisten verstanden, aufgenommen und als Spielball in das politische Spiel eingebracht wird. Das ganze hat Ähnlichkeit mit einem Schachspiel, bei dem gewiefte Spieler ihre Strategien erproben. Und wie ein Schachspiel schottet sich das Machtspiel nach außen ab, wird hermetisch, Objekt »kennerischer« Kommentare von Insidern, gesellschaftlich belanglos. Die Politiker sprechen *zueinander*, sie sprechen nicht zur Gesellschaft." (Bourdieu 1997, S. 182) Gleich mehrfach fallen in diesem Zitat die Begriffe 'Spiel' und 'Strategie'. Und in diesem Spiel werden den Akteuren unterschiedliche Rollen zugeschrieben. Aber treffen diese Beobachtungen wirklich zu? Woher weiß der Politiker, welcher Halbsatz es sein soll? Wo und wie erfährt die Öffentlichkeit eigentlich, daß Politiker stundenlang reden? Sind hier wirklich alle Spielregeln benannt, die von Bedeutung sind? Jeder, der den Kontakt mit Medien unmittelbar erlebt hat, weiß, wie leicht sich Mißverständnisse einstellen. Gleichwohl sind für das Erscheinungsbild der Politik insbesondere die jeweiligen Repräsentanten auf nationaler und internationaler Ebene verantwortlich. Obwohl politische Entscheidungen auf vielen Ebenen für Begeisterung und Verärgerung sorgen, ist es insbesondere dieser Teil der politischen Führung, für den sich auch die Wissenschaft in erster Linie interessiert.

2. Das Erscheinungsbild der politischen Repräsentation

Wer heute zur politischen Führung zählt, muß für die Öffentlichkeit sichtbar sein und regelmäßig Rede und Antwort stehen. Der ehemalige Bundeskanzler Helmut Schmidt soll auf die Frage, was sich in seiner Kanzlerschaft gegenüber der Adenauers gewandelt hat, einmal gesagt haben: „Es gab kein Fernsehen, Adenauer brauchte nicht immer ein staatsmännisches Gesicht zu machen. [...] Das Monster Fernsehen hat radikal die Welt verändert." (zit. nach Oberreuter 1987, S. 98) Obwohl sich die Politik also in dieser Hinsicht öffnen mußte, wird ihr seit einiger Zeit eine Erfahrungsverdünnung vorgeworfen (vgl. Glotz 1997, S. 4). Die Ursachen für diesen

Erfahrungsverlust werden in den Rekrutierungsregeln gesehen. Die bisherigen Karrieremuster der politischen Parteien - so ein Vorwurf - lassen wenig Möglichkeiten für Quereinsteiger. Der Begriff „Ochsentour" (Arnim 1997, S. 33) weist auf die zum Teil enormen Vorleistungen hin, die erbracht werden müssen, damit Politik zum Beruf werden kann. Arnim bezieht sich unter anderem auf Erhebungen im Bundesland Niedersachsen, wonach „man im Durchschnitt nicht weniger als 16 Jahre der Partei gedient haben muß, davon zehn Jahre lang als ehrenamtliches kommunales Ratsmitglied oder Funktionär, bevor man zum ersten Mal ein Landtagsmandat erhält. In dieser Phase leben die Parteiaktivisten zwar noch nicht von Politik, aber sie erbringen ihre jahrelangen Leistungen für die Partei vielfach zumindest auch zu dem Zweck, schließlich mit einem vollalimentierten Mandat im Parlament oder mit einem Posten im öffentlichen Dienst oder in einem öffentlichen Unternehmen belohnt zu werden." (Arnim 1997, S. 33) Eine ältere Untersuchung der Mitglieder des 11. Deutschen Bundestags erbrachte, daß dieses Karrieremuster auf etwa 60% der Politiker zutraf. 10% galten als Seiteneinsteiger und eine politische Karriere ohne vorherige berufliche Tätigkeiten außerhalb der Politik traf auf 30% zu (vgl. Landfried 1994, S. 213). Blickt man auf die berufliche Herkunft der Mitglieder des 13. Deutschen Bundestags, wird eine Dominanz des öffentlichen Dienstes offensichtlich: 44,5% der politischen Repräsentanten sind diesem Sektor zuzuordnen, 35,9% kommen aus der freien Wirtschaft, 17,1% wurden als Funktionäre bezeichnet (Parteien, Verbände, Gewerkschaften) und 2,5% kamen aus anderen Bereichen (z.B. Hausfrauen, Studenten) (vgl. Das Parlament, 12. September 1997, S. 3).

Die Abweichung der Sozialstruktur des Bundestages von der Sozialstruktur einer Gesellschaft ist nicht notwendigerweise ein Problem. Es wird als solches empfunden, wenn es mit einer übermäßigen Abschottung und Selbstkontrolle einhergeht. Der Begriff der politischen Klasse wurde in diesem Umfeld geboren und bemängelt unzureichend Transparenz, Durchlässigkeit und einen Hang zur Versorgungsmentalität. Trotz der bekanntgewordenen Verfehlungen in diesem Bereich ist bislang jedoch kein überzeugendes Alternativmodell zu dieser Form der Repräsentation vorgelegt worden. Beyme geht soweit und behauptet: „Ein anderes Organisationsmodell politischer Führung ist angesichts der sozialen Differenzierungsprozesse in einer fragmentierten nachmodernen Welt nicht in Sicht." (Beyme 1994, S. 25) Im Vergleich zu Frankreich, England und den Vereinigten Staaten bestätigen im übrigen Untersuchungen zur Gesamtstruktur deutscher Eliten (Politik, Ökonomie, Kultur etc.) nicht, daß es hier eine auch institutionell geförderte Abschottung von begehrten Entscheidungsfeldern gibt. Die Potsdamer Elitestudie aus dem Jahr 1995 kommt sogar zu dem Ergebnis, daß von einer schädlichen Segmentierung nicht die Rede sein kann, sondern eine soziale Öffnung stattgefunden hat (vgl. Bürklin 1997, S. 392f.). Greiffenhagen empfiehlt daher: „Wer die Durchlässigkeit von Eliten fördern will, muß also in Deutschland vor allem die Bildungschancen stärken." (Greiffenhagen 1997, S. 125)

Die Potsdamer Elitestudie weist zwar auch auf das Defizit hin, daß in den Funktionseliten der Bundesrepublik Deutschland Personen mit niedrigem Bildungsstatus, Jüngere und Frauen immer noch unterrepräsentiert sind. Gleichwohl hat eine Verjüngung der Eliten stattgefunden, insbesondere - und nicht weiter überraschend - in Ostdeutschland. Aber gerade die Bereiche, die im vorliegenden Zusammenhang im Mittelpunkt stehen, haben nach 1945 sowohl Transformationen als auch Neuanfänge erlebt. Betrachtet man die Struktur der westdeutschen Elite in den 50er Jahren, so steht insbesondere der Bereich der Politik vor einem Neuanfang. Nur 3% der damaligen politischen Elite war bereits vor 1940 in diesem Bereich tätig (vgl. Hoffmann-Lange/Bürklin 1998, S. 169). Auch im Bereich der Massenmedien lag der Anteil von 34% noch deutlich unter den höheren Kontinuitätswerten in anderen Elite-Sektoren (dort mindestens zwei Fünftel).

Neben diesem Neuanfang sind eine wachsende soziale und regionale Mobilität Faktoren, die eine Öffnung der Eliten begünstigen. Für die Beurteilung dieses Öffnungsprozesses sind langfristige Vergleiche der Sozialstruktur erforderlich, die hier nur angedeutet werden können. Die folgende Tabelle zeigt zunächst, wie sich die Eliten in Deutschland nach den Ergebnissen der Potsdamer Elitestudie zusammensetzen:

Tabelle 1: Soziale Herkunft[1] von Eliten und Bevölkerung in Deutschland 1995 (in Prozent)

	Nicht Dienstklasse	**Untere Dienstklasse**	**Obere Dienstklasse**
Bevölkerung	75,8	18,0	6,2
Gesamtelite	35,4	31,8	32,8
Politiker: SPD	39,4	27,6	33,1
CDU/CSU	42,9	28,6	28,6
FDP	29,8	27,7	42,6
B 90/Grüne	44,3	34,0	21,7
PDS	35,9	53,8	10,3
Massenmedien	31,4	37,1	31,4

Nicht Dienstklasse: kleine Selbständige mit weniger als zehn Mitarbeitern, Landwirte, Arbeiter, Industrie- u. Werkmeister, einfache Angestellte, Öffentlicher Dienst: Einfacher Dienst.
Untere Dienstklasse: Angestellte mit eigenverantwortlicher Tätigkeit, Öffentlicher Dienst: Mittlerer u. Gehobener Dienst, Berufssoldaten.
Obere Dienstklasse: Selbständige mit mind. zehn Mitarbeitern, Selbständige Freiberufler, Angestellte mit Führungsaufgaben, Öffentlicher Dienst: Höherer Dienst.

1 = Beruf des Vaters

Quelle: Hoffmann-Lange/Bürklin 1998, S. 173.

Der Begriff „Dienstklasse" ist nicht an den marxistischen Klassenbegriff angelehnt, sondern nimmt die Klassen-Konzeption von Max Weber (1864-1920) zum Vorbild. Insbesondere Goldthorpe hat dieses Konzept für die Erforschung sozialer Ungleichheit fruchtbar gemacht. Dieser Konzeption zufolge ist eine Person dann Mitglied einer Dienstklasse, wenn sie eine leitende Position innehat oder Funktionen ausübt, die eine akademische Ausbildung erfordern. Zugleich repräsentieren jene Dienstklassen das Reservoir für Elitepositionen (zu weiteren Details siehe Schnapp 1997, S. 72 f.)

Obige Tabelle illustriert neben dem Gesamtvergleich 'Bevölkerung versus Gesamtelite' Strukturdifferenzen der politischen Parteien. Danach rekrutieren CDU/CSU (42,9%) einerseits und Bündnis 90/Die Grünen (44,3%) andererseits in stärkerem Maße als die übrigen Parteien ihre Positionsinhaber aus Berufsgruppen, die nicht zur Dienstklasse gerechnet werden (siehe die Legende zu Tabelle 1), gefolgt von der SPD mit einem Anteil von 39,4%. Dagegen ist beispielsweise die FDP hinsichtlich der Zusammensetzung ihrer Elite in der oberen Dienstklasse überrepräsentiert. Eine ausgeglichene Verteilung über das hier verwandte Differenzierungsmerkmal läßt sich in der Rubrik „Massenmedien" beobachten.

Weitergehende Analysen zeigen, daß der deutlichste Unterschied zwischen Elite und Gesamtbevölkerung immer noch auf der Ebene des formalen Bildungsniveaus vorliegt. Insbesondere auf dem Weg von der lokalen zur nationalen Politik werden die Bildungsdifferenzen zwischen Bevölkerung und Elite deutlicher erkennbar. Gerade für den Bereich der Politik zeichnet sich eine Akademisierung der Eliten ab: „Während sich die SPD-Politiker in ihrer sozialen Herkunft inzwischen kaum mehr von denen der bürgerlichen Parteien unterscheiden, weisen die Politiker der Grünen und der PDS eine deutlich niedrigere soziale Herkunft auf. Die Gewerkschaftseliten stammen nach wie vor mehrheitlich aus einfachen Verhältnissen. Ein Vergleich mit den Ergebnissen der Mannheimer Elitestudie von 1981 zeigt aber, daß der entsprechende Anteilswert seit 1981 von 78,2% auf 66,3% gesunken ist." (Hoffmann-Lange/Bürklin 1998, S. 173-174) Diese Verschiebungen haben auch etwas mit Zeitreichtum und Zeitarmut zu tun.

Trotz dieser Befunde, die auch einen Prozeß der Differenzierung von Eliten widerspiegeln, bleibt die grundsätzliche Einstellung zur Existenz von Eliten ambivalent. Dies zeigt beispielsweise der folgende empirische Befund:

Schaubild 1: Reizworte

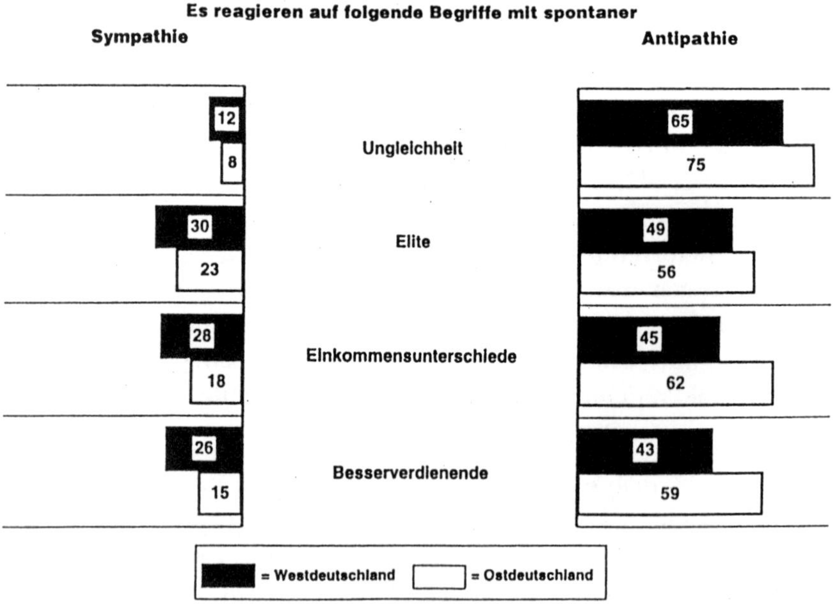

Quelle: Allensbacher Archiv, IFD-Umfrage 6025, Februar/März 1996

30% der Bevölkerung in Westdeutschland (ab 14 Jahre) reagierte auf den Begriff „Elite“ mit spontaner Sympathie, 49% mit Antipathie, wobei in den neuen Bundesländern die spontane Antipathie noch häufiger anzutreffen war. Der Begriff ‘Elite’ steht in einem Gesamtkontext, der Ungleichheitsphänomene thematisiert (Besserverdienende, Einkommensunterschiede etc.). Damit dürfte indirekt auch eine Verantwortungszuschreibung für bedeutsame (sozial-)politische Entscheidungen vermittelt sowie das Ausbleiben bestimmter Reformen angemahnt werden.

Hinsichtlich politischer Führungsgruppen hat der Eindruck einer „Die da oben"-Mentalität in den vergangenen Jahren aus unterschiedlichen Quellen Nahrung erhalten: Die Diätendiskussion schürte den Gedanken an die politische Klasse, die sich selbst versorgt; die Parteiendemokratie als politisches Organisationsprinzip wurde als zu exklusiv empfunden. Zugleich aber wurde im Umkehrschluß die Unbeliebtheit der Bürokratie von politischen Parteien instrumentalisiert, um unbürokratische Hilfe zu versprechen (vgl. Luhmann 1992, S. 178).

Diese Beschreibungen vermitteln bereits einen ersten Einblick in die Art und Weise, wie sich das Thema 'Politische Elite' in der öffentlichen Meinung darstellt. Selbst innerhalb der politischen Führung aber sind Hierarchien unausweichlich. Mit diesen geht in der Regel eine Rangordnung der Öffentlichkeitswirksamkeit einher. Die Regierung erhält beispielsweise mehr Aufmerksamkeit als die Opposition. Abgeordnete, die in Ausschüssen arbeiten, leisten Detailarbeit quasi „unter Deck". Zugleich scheint diese Form des Parlamentarismus für öffentliche Darstellungen ungeeignet: „Die expertokratische Ausschußdiskussion wirkt, in den Plenarsal übertragen, für die generelle Öffentlichkeit eher weniger attraktiv." (Oberreuter 1997, S. 3)

Daß viele Abgeordnete über Zeitknappheit und Überlastung klagen, ist ebenfalls weniger medienwirksam. Die Vernachlässigung dieser politischen Arbeitsebene verstärkt aber insgesamt den Eindruck einer medienfixierten Politik. Nach Auffassung von Sarcinelli hat sich im Zuge der anwachsenden Bedeutung einer medialen Politikvermittlung Struktur und Kultur der Parteiendemokratie verändert (vgl. Sarcinelli 1997. S. 35). Die Vermittlung von Politik ist - ob man das nun begrüßt oder nicht - insgesamt kommunikationsabhängiger geworden. „Zugleich wird sie damit enttäuschungsanfälliger." (Sarcinelli 1997, S. 35) Diese Enttäuschungsanfälligkeit wächst, wenn die Medienlogik mit der Entscheidungslogik gleichgesetzt wird. Es liegen unterschiedliche Arbeitsrhythmen, Zielhorizonte des Handelns sowie Zeithorizonte vor: Die Politik ist nicht auf Tagesaktualität festgelegt, die Medien dagegen in der Regel schon. Dadurch wird die Wortlastigkeit der Politik noch verstärkt. Luhmann meinte hierzu an anderer Stelle: „Genau dies, »daß bloß geredet und nicht gehandelt wird«, scheint ein Stein des Anstoßes zu sein." (Luhmann 1992, S. 179) Auch wenn die Länge der Redesequenzen in bestimmten Medien und Sendungen zurückgegangen ist (siehe unten), ist dieser Eindruck in den letzten Jahren sicherlich nicht entkräftet worden.

Die politische Kommunikationsforschung der letzten Jahrzehnte hat die Kluft zwischen der Entstehung und Darstellung politischer Entscheidungen in zahlreichen Varianten thematisiert. Inwieweit die Vermittlung von Politik durch Medien de facto in politische Entscheidungen eingegriffen hat, ist bislang nicht hinreichend untersucht worden. Man sollte in jedem Falle die Ebene der Darstellung und die Ebene der Entscheidung auseinanderhalten. Natürlich wird auch in einer Talkshow Politik gemacht, aber dort wird nichts entschieden. Eher wird den politischen Akteuren angeraten, sich in einer bestimmten Art und Weise zu präsentieren. Hier und in anderen Feldern der öffentlichen Darstellung wirken sogenannte Spin Doctors und Charisma-Produzenten, die einen modernen Berufszweig der Kommunikationsberatung repräsentieren. Gelegentlich wird auch mit dem Gedanken gespielt, daß Politiker ihre eigenen strategischen Erfahrungen an andere Politiker weitergeben. So erdachte beispielsweise ein Reporter der New York Times ein Telefongespräch zwischen Bill Clinton und Gerhard Schröder, in welchem ersterer letzterem einige Empfehlungen gab, beispielsweise: „Erst wenn Du Tacheles redest, bekommst Du Probleme." (Binder 1998, S. 15) Oder: „Und Du gewinnst nicht mit Ideen, Du gewinnst mit Gemeinplätzen." (Binder 1998, S. 15)

Ein Bemühen um sachliche Auseinandersetzung ist unter solchen Bedingungen schwieriger geworden. Das 'Wie' der Präsentation ist ebenso wichtig wie das 'Was' der Präsentation. Strategien der Öffentlichkeitsarbeit beeinflussen zunehmend die Ausgestaltung der politischen Plattform. In bezug auf Wahlkämpfe ist die Veröffentlichung der Geheimnisse des Wahlkampfmanagements Teil des Programms. Wenn man in diesem Zusammenhang von den 'kleinen' Tricks der Wahlkampfmanager liest, fragt man sich natürlich auch: Welches sind die 'großen' Tricks? Dieser öffentliche Austausch von Originalitäten ist jenseits der darin angelegten Paradoxie ein Mittel, um Aufmerksamkeitsprämien zu erzielen. Ein ehemaliges Mitglied des Wahlkampfteams von Bill Clinton wurde im Vorfeld des

Bundestagswahlkampfs 1998 gefragt, ob die ständige Medienpräsenz Gerhard Schröders auf Dauer auch imageschädigend sein könne. Darauf antwortete er: „Ich sehe diese Gefahr nur, falls sich seine Medienpräsenz thematisch auf sein Privatleben reduziert. Störender finde ich etwas anderes: Er läßt sich nicht fotografieren, wenn er eine Treppe heruntergeht. Irgend jemand hat ihm wohl mal gesagt, daß es immer aufwärts gehen muß. Schröder aber sagt auch noch öffentlich, daß er dies gelernt hat. PR-Tricks sind dazu da, daß sie geheim bleiben." (N.N. 1997, S. 6-7) Und gleich darauf wird dieselbe Person gebeten, noch einmal aus der Schule zu plaudern. Das Ergebnis war: „Es gibt ganz simple Dinge, die zum besseren Erscheinungsbild einer Partei beitragen. Es darf einfach nicht passieren, daß nach einer Pressekonferenz gefragt wird: 'Hat noch jemand Fragen' - und keiner hat eine; da setzt man halt eigene Leute hin, die Fragen stellen. Oder: Es schadet nicht, ein paar Leute zu bestellen, die dafür sorgen, daß nach einer Wahlkampfrede kräftig applaudiert wird. Oder: Man organisiert, daß bei einer Ted-Umfrage genügend eigene Leute anrufen. Die anderen machen das schließlich auch." (N.N. 1997, S. 7) Vielleicht ist die Tatsache, daß Schröder dieses Geheimnis ausgeplaudert hat, darauf zurückzuführen, daß er das Spiel mit den Regeln zur Regel des Spiels machte.

Symptomatisch für das Wechselverhältnis zwischen Politik und Medien ist auch eine Aussage von Wolfgang Schäuble. Im Rahmen eines Gesprächs mit 'Der Zeit', das die Amerikanisierung des Wahlkampfes behandelte, äußerte sich Schäuble hinsichtlich der Bedeutung von Personalfragen im Rahmen von Bundestagswahlen wie folgt: „Ich will ja gar nicht personalisieren. Aber wir haben uns damit abzufinden, daß Wahlkämpfe vorwiegend in den Medien stattfinden. Daraus werden leicht Pseudo-Veranstaltungen, wenn nur noch die Inszenierung und nicht mehr die Sachaussage zählt." (N.N. 1998, S. 2) Der Hinweis auf die Amerikanisierung des Wahlkampfs führt zur Analyse des nächsten Akteurspektrums: Gemeint ist der politische Journalismus.

3. Wandlungen des politischen Journalismus

Mit dem Verweis auf Amerika soll der Blick über die Grenzen der Bundesrepublik Deutschland hinaus gelenkt werden. Der Hinweis auf Amerika ist im vorliegenden Kontext fast gleichbedeutend mit dem Phänomen der Personalisierung. Zugleich verbinden sich damit weitere Aspekte: Nachrichtenwert-Kriterien auf der einen Seite und medienspezifische Auswahlkriterien auf der anderen Seite. Hinsichtlich der Nachrichtenwert-Kriterien ist die sogenannte Watergate-Affäre ein Ereignis, das viele Beobachter (auch in Verbindung mit dem Vietnam-Krieg) als Schlüsselereignis für den amerikanischen Journalismus betrachten. Der erfolgreiche Nachweis unentschuldbarer Verfehlungen prägte ein neues Selbstverständnis dieser Profession, das unlängst als Reaktion auf das Woodward/Bernstein-Syndrom erklärt wurde: „In der Watergate-Affäre wurden Journalisten von Politikern nach Strich und Faden belogen. Die Aufklärung dieses Betruges durch Bob Woodward und Carl Bernstein war der heroische Augenblick des amerikanischen Journalismus“ meinte der amerikanische Kommunikationswissenschaftler Todd Gitlin (zit. nach Pinzler 1998, S. 29). Am ausführlichsten sind die Folgen dieses Ereignisses von Thomas Patterson analysiert worden. In seinem Buch „Out of Order“ kritisiert er den heutigen amerikanischen Journalismus in mehrfacher Hinsicht.

Einige der Hauptaussagen Pattersons, die durch inhaltsanalytische Studien untermauert wurden, lauten wie folgt (vgl. Patterson 1993):

- Das Verhältnis der guten zu den schlechten Nachrichten hat sich zugunsten der letzteren verschoben.
- Politiker werden nicht als Akteure dargestellt, die sich um die Lösung von Problemen zum Wohl des Landes bemühen, sondern als strategische Akteure. Das ‘Game’-Schema dominiert die Wahrnehmung der Politik durch Journalisten.
- Nicht nur politische Statements (Originalzitate von Politikern) in Nachrichtensendungen sind gekürzt worden, auch die Wiedergabe von Originalzitaten in der Presse. Statt dessen hat eine Vermischung von ‘What’ und ‘Why’ stattgefunden. Die „interpretative frameworks“ haben zugenommen.

Diese hier nur beispielhaft herausgegriffenen Ergebnisse nimmt Patterson zum Anlaß, um unter anderem die Informationsleistung der Presse und des Journalismus im allgemeinen zu kritisieren. In bezug auf Wahlkämpfe werde nicht die erforderliche Transparenz vermittelt, die den Wählern die gegebenen Alternativen verdeutlicht (vgl. Patterson 1993, S. 207). Im Gegenteil: „The press is far less effective as a linking mechanism than is commonly believed. The problem is that the press is not a political institution. Its business is news, and the values of news are not those of politics.“ (Patterson 1993, S. 206) Hier wird somit ein weiterer Hinweis auf unterschiedliche Entscheidungshorizonte gegeben. Von daher ist die folgende Erwartung an die Presse eher Wunsch als realisierbare Chance: „What the electorate needs from the press, in addition to a clear channel of communication that provides connection to its leadership, is a watchdog with the judgment to distinguish real abuse from normal political activity. Politics is the art of compromise.“ (Patterson 1993, S. 241)

Der oben gegebene Hinweis auf die Verkürzung der Redezeit ist in einem amerikanischen Lehrbuch zum „American Government“ sehr anschaulich dargestellt worden. Die Karikatur ist überschrieben mit „The Incredible Shrinking Sound Bite“. (siehe Schaubild 2, S. 44)

Der frühere amerikanische Präsident George Bush hätte demnach kaum noch Chancen, seinen theatralisch vorgetragenen Satz „Read my lips: No more taxes“ zu Ende zu bringen.

Schon an dieser Stelle soll vor einer Pauschalisierung solcher Urteile gewarnt werden. Niemand wird die Informationsleistung der Presse und des Rundfunks ernsthaft in Zweifel ziehen können - und das gilt für alle freiheitlich verfaßten Demokratien. Sie sind ein wichtiges Beobachtungsinstrument, leisten aber gleichzeitig mehr als nur Rückblicke auf bedeutende Ereignisse und Entscheidungen. Jede Generalisierung bezüglich eines Bereichs, der sich in den letzten Jahrzehnten enorm ausdifferenziert hat, muß mit Widersprüchen leben. Selbst jene, die sich um eine seriöse Berichterstattung bemühen, werden aufgrund einer wachsenden Informationskonkurrenz immer häufiger vor die Frage gestellt, ob man sich eine selbstauferlegte Zurückhaltung noch leisten kann. Und dies betrifft

Schaubild 2: „The Incredible Shrinking Sound Bite“

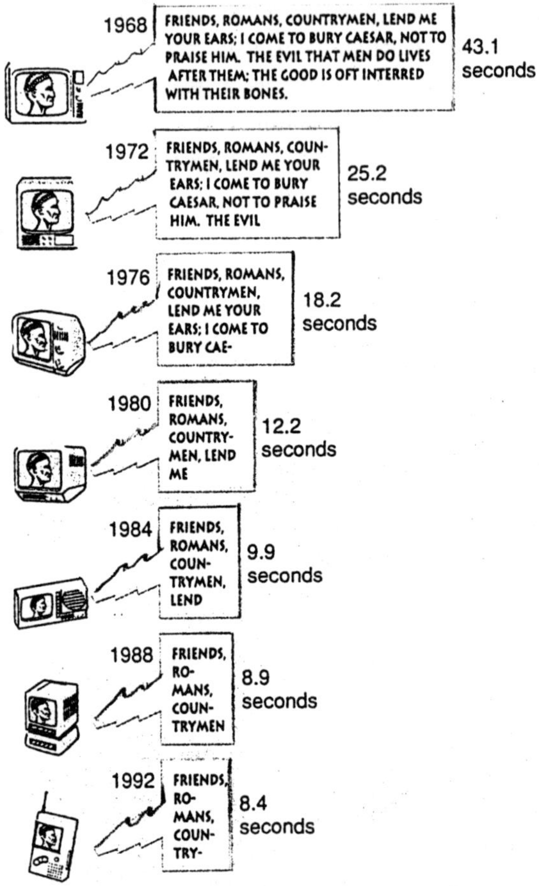

The width of the speech balloons indicates the average length of each segment on the network evening news during which a presidential candidate speaks without interruption. The data come from a sample of evening broadcasts during each campaign from 1968 to 1988. The three networks were sampled with equal frequency.

Quelle: Frantzich/Percy 1994, S. 178.

insbesondere die Frage, was politisch ist und was nicht. Die Lewinsky-Affäre hat die Beurteilung dieses Sachverhalts sowohl dramatisiert als auch bagatellisiert. Die Veröffentlichung des Untersuchungsberichts und alle weiteren Details dieses Vorfalls machen deutlich, daß unter den heutigen Kommunikationsbedingungen fast alles relevant ist, was erst einmal bekannt ist. Auch Ereignisse, die längst der Vergangenheit anzugehören scheinen, werden im Zuge dieser Erosion der Maßstäbe wieder öffentlich.

Ein weiteres Beispiel aus den Vereinigten Staaten kann als Beleg angeführt werden: „Die Folgen der Grenzverschiebung sind offensichtlich, das jüngste Opfer ist Henry Hyde. Der Vorsitzende des Justizausschusses mußte kürzlich eine dreißig Jahre alte Affäre mit einer verheirateten Frau zugeben. Mehrere Redaktionen hatten es zunächst abgelehnt, die uralte Geschichte über den ehrwürdigen Ausschußvorsitzenden zu drucken. Doch als das Internet-Magazin *Salon* den angeblichen Skandal schließlich publik machte, kam die seriöse Presse unter Druck. ‘Nachdem die Geschichte bekannt war, mußten wir auch darüber berichten. Das Ereignis wurde politisch relevant’, sagt Michael Oreskes, der Washingtoner Bürochef der *New York Times*. Oreskes hält seiner Zeitung zugute, daß sie ‘die Details nicht beschrieben hat’.“ (zit. nach Pinzler 1998, S. 29)

Die gerade erwähnten Beispiele sind in einem weiteren Sinne immer auch Bestandteil des Wahlkampfs. Die Medien sind dabei nicht nur eine Bühne, sondern spielen auch aktiv mit. In dieser Verschränkung sieht der ehemalige Kandidat der Demokratischen Partei Gary Hart einen deutlichen Hinweis auf unselige Allianzen (Hart 1996), die den Begriff „Fourth Branch of Government“ (Frantzich/Percy 1994, S. 171) auf neue Weise aktuell werden lassen.

Nun besteht Politik nicht nur aus Wahlkämpfen, aber deren sozialpsychologische Funktion macht sie wohl in besonderer Weise für das politische Kommunikationsmanagement geeignet. Beim Lesen entsprechender Empfehlungen ist der Marketing-Charakter offensichtlich. Einige Ratschläge eines ehemaligen Bundesgeschäftsführers der CDU, die unter Berücksichtigung der amerikanischen Entwicklung formuliert wurden, verdeutlichen dies (vgl. Radunski 1996, S. 34f.):

- Das Hauptwerkzeug ist der Fernseher.
- Der Kandidat ist wichtiger als die Partei.
- Nicht der Politiker, sondern professionelle Spezialisten führen den Wahkampf.
- Jeder Wahlkampf wird demoskopisch und wissenschaftlich begleitet.
- Der Wahlkampf wird elektronisch geführt (Rückgang von Parteiveranstaltungen, Hausbesuche etc.).

Winfried Schulz hat das, was man die „Amerikanisierung der Kampagne" nennt, in ähnlicher Form zusammengefaßt (vgl. Schulz 1997, S. 186f.):

- Personalisierung der Kampagne, Betonung persönlicher Qualitäten, Imagepflege,
- Wahlkampf als Kandidaten-Wettstreit, Konzentration auf Spitzenkandidaten und deren Position in der Wählergunst,
- Angriffswahlkampf im Sinne eines 'negative campaigning',
- Professionalisierung durch Einbindung von Kommunikationsexperten,
- Wahlkampf als Marketing-Kampagne,
- Ereignis- und Themenmanagement, Inszenierung von mediengerechten öffentlichen Veranstaltungen.

Aufgrund der Orientierung an einem oder mehreren dieser Merkmale folgert auch Schulz, „daß die Massenmedien und insbesondere das Fernsehen zum wichtigsten Instrument der Wahlkampfführung werden." (Schulz 1997, S. 187)

Da die herkömmlichen Formate für politische Informationen kaum noch Raum für Artikulation lassen, werden Talkshows und andere Unterhaltungssendungen für Auftritte genutzt, die einen guten Eindruck hinterlassen sollen. Auch hier steht die Person im Mittelpunkt. Diese Strategie bestätigt insofern auch den folgenden Satz: „Ideen sind kalt, nur Menschen sind heiß." (Glotz 1996, S. 31)

Den wahrscheinlich deutlichsten Hinweis auf die Veränderung von Rekrutierungsprozessen formulierte Hart wie folgt: „Die herrschende wechselseitige Abhängigkeit von Nachrichten, Medien und Politik, bei der sich die Waagschale der Abhängigkeit allerdings stärker auf der Politikseite neigt, hat sogar zum Wandel des Persönlichkeitstypus derjenigen geführt, die heute ein öffentliches Amt anstreben oder bekleiden. Im Gegensatz zu Politikern der Vor-Fernsehära (also vor etwa 30 bis 35 Jahren) ist der erfolgreiche Kandidat auf bundesstaatlicher wie nationaler Ebene heute tendenziell jünger, modischer, körperlich ansprechender und des flotten, aphoristischen »Sound-Bite«-Stils mächtig, den das Fernsehen verlangt." (Hart 1996, S. 154) Was Hart hier beschreibt, hat der amerikanische Kommunikationswissenschaftler Joshua Meyrowitz an einer Fallstudie über die Veränderung politischer Autoritäten illustriert. Einige Beispiele sollen hier Erwähnung finden:

Der Hinweis auf die Vor-Fernsehära verdeutlicht die Konsequenz einer Dauerbeobachtung politischer Führungsfiguren: Obwohl Spontaneität gefordert ist, bleibt die neue Situationsgeographie immer gedanklich präsent: Wer sieht und hört mich? Wohlplazierte Redewendungen werden seltener, Standardformulierungen nehmen zu. Meyrowitz ist der Ansicht, „daß der Image-Verlust des Präsidenten überraschend wenig zu tun hat mit einem Mangel an potentiellen Führungsfiguren, viel dagegen mit einer bestimmten Kommunikationsumwelt [..]". (Meyrowitz 1990, S. 145) Diese rückt die Persönlichkeit in den Mittelpunkt und fördert eine regelmäßige visuelle Präsenz. Da man aufgrund dieser Entwicklung Politiker sehr häufig sieht, verlieren sie ihre Aura und werden „auf das Niveau eines Durchschnittsmenschen herabgezogen." (Meyrowitz 1990, S. 147) Zugespitzt formuliert bedeutet die Existenz elektronischer Medien das Ende eines Ideals: „vollkommen 'offene' Regierungen und starke Führerpersönlichkeiten." (Meyrowitz 1990, S. 159) Selbst das Bemühen um Kontinuität wird durch die Dramaturgie der Medien begrenzt. Am Beispiel von Wahlkampfreden Jimmy Carters wird dies wie folgt veranschaulicht: „Die Reporter, die den Kandidaten Carter begleiteten, beschwerten sich, er wiederhole sich immerzu und habe selten etwas Neues zu sagen; Carter beschwerte sich, seine spontanen Bemerkungen würden mit viel größerer Wahrscheinlichkeit in den Medien erscheinen als seine häufig wiederholten Grundgedanken." (Meyrowitz 1990, S. 146) Man versetze sich in die Rolle des Journalisten, der tagesaktuell sein möchte und an Neuigkeiten interessiert ist, und den Politiker, der sich nicht der Gefahr des selbsterzeugten Widerspruchs aussetzen möchte. Hier stoßen unterschiedliche Handlungsrationalitäten aufeinander.

Das amerikanische Beispiel soll somit folgenden Aspekt verdeutlichen: Das Medium bestimmt das Format der Politik und des politischen Inhalts. Ohne Widerspruch dürfen solche Theorien nicht bleiben, weil sie die individuelle Leistung des Politikers auf das Mitspielen degradiert. Dabei sind es letztlich die Notwendigkeiten der Situation und die individuellen Talente, die den Gesamteindruck bestimmen.

Hinzu kommt, daß man sich auf veränderte Rahmenbedingungen einzustellen weiß. Eine Entwicklung, auf die Frank Furedi aufmerksam gemacht hat, wird als 'Emotionalisierung des Öffentlichen' bezeichnet. Es geht u.a. um die Kunst einer emotionalen Politikgestaltung, die dem Verdrossenheitssignal mit scheinbar unpolitischen Lösungen entgegentreten möchte. Beunruhigend wirkt auf Furedi die Tendenz, „öffentliche Personen danach zu beurteilen, wie gut sie Emotionen vorführen können, und weniger danach, wie gut ihre Ideen und - nicht zuletzt - ihre Handlungen sind. Wenn nämlich erst unsere privaten Gefühle ein für die öffentliche Erörterung geeignetes Sujet geworden sind, - dann ist es nur noch eine Frage der Zeit, bis ein Politiker kommt, der sich die Freiheit nimmt, uns vorzuschreiben, wie wir fühlen sollen." (Furedi 1998, S. 43)

Die Chancen, daß solche emotionalen Appelle von Erfolg gekrönt sein werden, dürften jedoch eher gering sein. Der kurzfristigen Begeisterung wird alsbald das kritische Distanzieren folgen. Zur Dauerbeobachtung der Politik gehört eben auch, daß sie vermehrt zum Gegenstand von Spielhandlungen wird. Als die Verfilmung des Romans „Primary Colors", der als eine Biographie des Ehepaars Clinton gelesen wurde, in die deutschen Kinos kam, meinte eine Rezensentin, daß wir angesichts der Lewinsky-Affäre „im Film nichts erfahren, was wir nicht vorher schon gewußt hätten: Politik als mediales Spektakel, [...]." (Schmitter 1998, S. 56) Zu sehr sei die Gegenwart schon über sich selbst aufgeklärt, ohne daß es wirklich etwas helfe. Damit wird der Blick auf das Publikum der politischen Kommunikation gelenkt.

4. Das Publikum der politischen Kommunikation

Angesichts der beschriebenen Konstellationen ist kaum zu erwarten, daß das Publikum der politischen Kommunikation ein hohes Vertrauen in die Politik setzt. Vieles verläuft nach wie vor auf der Ebene von Informationsroutinen, die durch spektakuläre Ereignisse gelegentlich erschüttert werden. Diese kollektiven Erschütterungen ändern aber nichts wesentliches an den jeweiligen Dispositionen, die ohnehin schon weitgehend frei von Illusionen sind.

Trotz einer Zunahme des Medienangebots und der Schwierigkeit, alle potentiellen Wirkfaktoren zu berücksichtigen, scheinen die frühen Befunde der Columbia-Schule immer noch eine gewisse Plausibilität zu haben. Während der Nachweis des Einflusses eines Mediums an sich nach wie vor umstritten ist, aber ständig behauptet wird, bleibt doch ein erkennbares Wechselverhältnis zwischen eigener Prädisposition (wie auch immer sie entstanden ist) und Medienberichterstattung. Schmitt-Beck hat dafür aufgrund neuerer Reanalysen Bestätigung gefunden: In bezug auf Wahlentscheidungen stellt er fest: „Wer ohnehin zu einer bestimmten Wahlentscheidung neigt, ist besonders empfänglich für konsonante Medienbotschaften; wer in die Gegenrichtung tendiert, ist gegen dieselben Überzeugungsbotschaften vergleichsweise immun." (1998, S. 41)

Von einer Amerikanisierung im Sinne einer Dominanz des Fernsehens kann man nach Auffassung von Schmitt-Beck darüber hinaus noch nicht sprechen. Reanalysen europäischer Daten (einschließlich Daten aus der Bundesrepublik Deutschland) stützen die größere Bedeutung der Presse im Vergleich zu den USA. Aber dem Fernsehen gebührt auf seiten der Forschung dennoch die größere Aufmerksamkeit. Wahrscheinlich werden die Analysen des Bundestagswahlkampfs 1998 häufiger auf die Amerikanisierungs-Metapher zurückgreifen. Offensichtlich ist aber die Medienberichterstattung alleine nicht in der Lage, politische Grundüberzeugungen entscheidend zu verändern.

Eine nach wie vor sehr populäre These besagt gleichwohl, daß im Zuge der Ausbreitung der Massenmedien (insbesondere des Fernsehens) ein wachsendes politisches Interesse der Bevölkerung beobachtet werden konnte.

Verbunden sei damit aber auch eine wachsende Distanz zur Politik gewesen, die mit zu der Prägung des Begriffs „Entpolitisierung“ beigetragen habe. Weniger dramatisch klingt der Begriff „Anpolitisierung“, der die Tendenzen einer zunehmenden politischen Unterhaltungskommunikation problematisiert hat (vgl. hierzu auch Jäckel 1994, S. 232).

Ob man dem Fernsehen die Fähigkeit absprechen muß, Bevölkerungsgruppen wirklich für politische Inhalte zu interessieren, ist ein Thema mit hoher Reaktualisierungschance. Gerade der Hinweis, daß das Medium den Kreis der Interessenten durch jene erweitert hat, die sich ansonsten nicht für diese Themen interessieren würden, wird mal als Integrationseffekt, mal als unangemessener Einblick interpretiert. Unter Bezugnahme auf eine vielfach zitierte Zeitreihenanalyse des Instituts für Demoskopie Allensbach schlußfolgerte Winfried Schulz beispielsweise: „Die Wirkung des Fernsehens auf das politische Interesse wird in dem Bericht [gemeint ist der Bericht „Auswirkungen des Fernsehens in Deutschland“, Anm. des Verfassers] vor allem darauf zurückgeführt, daß auch politisch Desinteressierte von den politischen Sendungen des Fernsehens erreicht werden. Während die Zuwendung zu politischen Inhalten in Printmedien immer einen relativ hohen Grad an Motivation verlangt, ist diese Motivationsschwelle beim Fernsehen sehr niedrig. Die Kombination von Bild und Wort, die Unterhaltungsmomente, die konkrete, anschauliche Darstellung stellen nur geringe Motivationsansprüche an die Zuschauer und machen so Politik auch für die weniger Interessierten zugänglich.“ (Schulz 1993, S. 239-241).

Ob es sich um eine Scheinkorrelation handelt, ist an mehreren Stellen untersucht worden (vgl. Schulz 1997, S. 134ff.). Peiser (1999, im Druck) konnte aufgrund von Reanalysen der Daten der Langzeitstudie Massenkommunikation Unterstützung für einen langfristigen Effekt finden: „Mit der Anschaffung eines Fernsehgerätes erhöhten sich in den betreffenden Bevölkerungskohorten das Interesse an Politik und die Häufigkeit politischer Unterhaltungen deutlich, dauerhaft und statistisch signifikant.“

Die Integration gelingt aber nicht mehr nur über Nachrichtensendungen und politische Magazine, sondern über viele Sendungen, die mehr oder weniger politisch sind. Die Zuschauerverluste der klassischen Nachrichtensendungen und politischen Magazine wurden unlängst noch wie folgt begründet: „Die kaum vorhandene Selektionsmöglichkeit (vor Einführung eines erweiterten Fernsehprogrammangebots, Anm. des Verfassers) verführte dazu, sich gelegentlich auch mit solchen Inhalten und Argumenten auseinanderzusetzen, die vielleicht nicht so sehr den persönlichen Interessen oder der eigenen Meinung entsprachen; das ist heute nicht mehr notwendig." (Holtz-Bacha 1997, S. 17) Das mag eine weitere Erklärung für die Bevorzugung konsonanter Medienbotschaften sein.

Eine ausschließliche Fokussierung auf das Medium Fernsehen engt gleichwohl das politische Kommunikationsfeld ein. Zum Zwecke einer angemessenen Beurteilung der politischen Kommunikationsleistung muß das gesamte Medienspektrum in Betracht gezogen werden. Schließlich ist gerade auch die regionale Tageszeitung ein wichtiger Bestandteil des Informationsverhaltens. Der Hörfunk als tagesaktuelles Medium hat in bestimmten Zeitschienen (früher Morgen, Mittagszeit) ebenfalls eine nach wie vor hohe Akzeptanz. Trotz dieses insgesamt vielzähligen Angebots genügen in der Regel spektakuläre Einzelereignisse, um dem Mißtrauen gegenüber den Medien neue Anlässe zu geben. Skandale kleineren und größeren Ausmaßes haben immer weniger die positive Funktion des Nachweises von Normverstößen. Sie sind ein Mittel der Aufmerksamkeitserzeugung geworden und steigern das Interesse an Politik im Sinne einer spannenden Angelegenheit. Eine hohe Erwartungshaltung an die Politik bleibt ungeachtet dessen bestehen, ohne daß sich substantiell eine Veränderung am politischen Interesse im ursprünglichen Sinne abzeichnet. Auch das mag eine Form von Aufgeklärtheit sein, die mit dem ursprünglichen Gedanken wenig gemein hat. Vor diesem Hintergrund müssen heute nicht nur politische Führungsfiguren agieren, sondern auch Medienanbieter, die weiterhin auf den Fortbestand einer Öffentlichkeit als Forum setzen. Die Konkurrenz auf dem Medienmarkt führt somit auf verschiedenen Ebenen zu einem Wettstreit um Anerkennung.

5. Fazit

Walter Lippmann, der sich in den 20er Jahren dieses Jahrhunderts mit der Wirkung der Presse auf die öffentliche Meinung befaßt hat, schrieb damals: „Um sich besser voneinander zu unterscheiden und ein treues Leserpublikum zu sammeln, müssen die meisten Blätter über den Bereich allgemeiner Nachrichten hinausgehen. Sie wenden sich den glänzenden Höhen der Gesellschaft, Skandalen und Verbrechen zu, dem Sport, dem Film, den Schauspielerinnen, den Ratschlägen für Liebeskranke, Hochschulnotizen, Frauenseiten, Käuferseiten, Kochrezepten, dem Schach, Whist, Gartenbau, den Comic strips, der entsetzlichen Parteienwirtschaft." (Lippmann 1990 [zuerst 1922], S. 227) Man mag erstaunt sein, in welcher Nachbarschaft sich die Parteien hier befunden haben. In einem weiteren Sinne verdeutlicht dieses Beispiel, daß es nur wenige Inseln einer ausschließlich politischen Information gibt. Die oberflächlichere Handhabung von Format-Vorstellungen im Bereich der audiovisuellen Medien verdeutlicht heute eine ähnliche Entwicklung.

Der Großteil der politischen Öffentlichkeit ist eher eine beobachtende Öffentlichkeit, die sich in erster Linie über Massenmedien informiert und selten ein hohes Maß an aktiver politischer Partizipation praktiziert. Gerade deshalb ist es wichtig, daß sich die Beobachter des Politischen nicht zu sehr auf das 'Wie' der Präsentation konzentrieren und/oder die inhaltlichen Aspekte zu einer politischen Randerscheinung werden. Es kommt darauf an, daß dort interessante Gespräche und Informationen angeboten werden, die Einblicke in den politischen Alltag und Entscheidungsprozesse vermitteln. Anderenfalls könnte eine Entwicklung zunehmen, in der sich politische Eliten zwar der modernen Kommunikationsmöglichkeiten annehmen und die Regeln des Mediums akzeptieren, der Kernbereich der Politik aber von vielen Seiten eine Bagatellisierung erfährt. Auch auf diese Weise wird dann mit eher Unpolitischem Politik gemacht. Zugespitzt formuliert könnte man sagen: Je mehr Tele- und Medienpräsenz gefordert wird, desto eher könnte eine Rückkehr der Arkanpolitik die Folge sein. Die vermeintliche Öffnung des politischen Feldes würde also de facto zur Schließung führen.

Literatur

Arnim, H. H. v. (1997). Fetter Bauch regiert nicht gern. Die politische Klasse - selbstbezogen und abgehoben. München: Kindler.

Beyme, K. v. (1994). Politikverdrossenheit und Politikwissenschaft. In: Leggewie, Cl. (Hrsg.). Wozu Politikwissenschaft? Über das Neue in der Politik. (S. 21-33). Darmstadt: Wissenschaftliche Buchgesellschaft.

Binder, D. (1998). Phrasendrescher. In: Die Zeit. Nr. 13. 19. März, S. 15.

Bourdieu, P. (1997). Der Tote packt den Lebenden. Hamburg: VSA-Verlag.

Bürklin, W. (1997). Demokratische Einstellungen im Wandel: Von der repräsentativen zur plebiszitären Demokratie? In: Bürklin, W. u. a. Eliten in Deutschland. Rekrutierung und Integration. (S. 391-419). Opladen: Leske & Budrich.

Bürklin, W. u.a. (1997). Eliten in Deutschland. Rekrutierung und Integration. Opladen: Leske & Budrich.

Das Parlament. (1997) Nr. 38. 12. September, S. 3.

Frantzich, St. E.; Percy St. L. (1994). American Government: The Political Game. Madison u. a.: Brown & Benchmark.

Furedi, F. (1998). Bunte Bänder. In: Die Zeit. Nr. 8. 12. Februar, S. 43.

Glotz, P. (1996). Politisches Wrestling - eine Schlachtbeschreibung. Nachtrag zum Bundestagswahlkampf 1994. In: Bertelsmann Stiftung (Hrsg.). Politik überzeugend vermitteln: Wahlkampfstrategien in Deutschland und den USA: Analysen und Bewertungen von Politikern, Journalisten u. Experten. (S. 25-32). Gütersloh: Verlag Bertelsmann Stiftung.

Glotz, P. (1997). Die politische Krise als Kommunikations-Krise. In: Aus Politik und Zeitgeschichte. Beilage zur Wochenzeitung Das Parlament B 36-37. 29. August, S. 3-7.

Greiffenhagen, M. (1997). Politische Legitimität in Deutschland. Gütersloh: Verlag Bertelsmann Stiftung.

Hart, G. (1996). Medien und Politik im Amerika des ausgehenden zwanzigsten Jahrhunderts. Analyse und Ausblick. In: Bertelsmann Stiftung (Hrsg.). Politik überzeugend vermitteln: Wahlkampfstrategien in Deutschland und den USA: Analysen und Bewertungen von Politikern, Journalisten u. Experten. (S. 149-162). Gütersloh: Verlag Bertelsmann Stiftung.

Hartung, K. (1998). Das Doppelspiel. In: Die Zeit. Nr. 10. 26. Februar, S. 1.

Hoffmann-Lange, U.; Bürklin, W. (1998). Artikel „Eliten, Führungsgruppen". In: Schäfers, B.; Zapf, W. (Hrsg.). Handwörterbuch zur Gesellschaft Deutschlands (S. 167-178). Opladen: Leske & Budrich.

Holtz-Bacha, Chr. (1997). Das fragmentierte Medien-Publikum. Folgen für das politische System. In: Aus Politik und Zeitgeschichte. Beilage zur Wochenzeitung Das Parlament B 42. 10. Oktober, S. 13-21.

Jäckel, M. (1994). Duales Fernsehen und politische Kultur. Überlegungen zum Verhältnis von Fernsehnutzung und Politikbewertung. In: Hennen, M.; Jäckel M. (Hrsg.). Privatheit und soziale Verantwortung. Festschrift zum 60. Geburtstag von Friedrich Landwehrmann. (S. 211-234). München: Verlag Reinhard Fischer.

Landfried, Chr. (1994). Politik als Beruf heute. Ein Anforderungsprofil an Professionelle. In: Leggewie, Cl. (Hrsg.). Wozu Politikwissenschaft? Über das Neue in der Politik. (S. 211-227). Darmstadt: Wissenschaftliche Buchgesellschaft.

Lippmann, W. (1990, zuerst 1922). Die öffentliche Meinung. [Aus d. Amerik.]. Bochumer Studien zur Publizistik- und Kommunikationswissenschaft, Bd. 63. Bochum: Universitätsverlag Dr. N. Brockmeyer.

Luhmann, N. (1986). Ökologische Kommunikation. Kann die moderne Gesellschaft sich auf ökologische Gefährdungen einstellen? Opladen: Westdeutscher Verlag.

Luhmann, N. (1992). Die Unbeliebtheit der Parteien. Wie soll es ohne Organisation gehen? In: Hofmann, G.; Perger, W. A. (Hrsg.). Die Kontroverse. Weizsäckers Parteienkritik in der Diskussion. (S. 177-186). Frankfurt am Main: Eichborn.

Meyrowitz, J. (1990). Wie Medien unsere Welt verändern. Die Fernseh-Gesellschaft II. [Aus d. Amerik.]. Weinheim, Basel: Beltz.

N. N. (1997). „Schluss mit der Tristesse". In: Die Woche. 21. November, S. 6-7.

N.N. (1998). „Mit uns gibt es mehr Bewegung". Ein Zeitgespräch mit Wolfgang Schäuble über die Amerikanisierung des Wahlkampfs und seine Suche nach Inhalten. In: Die Zeit. 12. März, S. 2.

Oberreuter, H. (1987). Stimmungsdemokratie. Strömungen im politischen Bewußtsein. Zürich: Edition Interfrom.

Oberreuter, H. (1997). „Fensterreden" sind eine demokratische Tugend. In: Das Parlament Nr. 38. 12. September, S. 3.

Patterson, Th. E. (1993). Out of Order. New York: Alfred A. Knopf.

Peiser, W. (1999, im Druck). Zum Einfluß des Fernsehens auf das politische Interesse der Bevölkerung in der Bundesrepublik Deutschland. In: Wilke, J. (Hrsg.). Massenmedien und Zeitgeschichte. Konstanz: Universitätsverlag.

Pinzler, P. (1998). Mit dem Eifer von Inquisitoren. In: Die Zeit. Nr. 41. 1. Oktober, S. 28-29.

Radunski, P. (1996). Politisches Kommunikationsmanagement. Die Amerikanisierung der Wahlkämpfe. In: Bertelsmann Stiftung (Hrsg.). Politik überzeugend vermitteln. Wahlkampfstrategien in Deutschland und den USA: Analysen und Bewertungen von Politikern, Journalisten u. Experten. (S. 33-52). Gütersloh: Verlag Bertelsmann Stiftung.

Sarcinelli, U. (1997). Von der Parteien- zur Mediendemokratie? Das Beispiel Deutschland. In: Schatz, H. u. a. (Hrsg.). Machtkonzentration in der Multimediagesellschaft? Beiträge zu einer Neubestimmung des Verhältnisses von politischer und medialer Macht. (S. 34-45). Opladen: Westdeutscher Verlag.

Schmitt-Beck, R. (1998). Alle reden davon - doch ist was dran? Medieneinflüsse auf Wahlentscheidungen im internationalen Vergleich. Arbeitspapiere des Mannheimer Zentrums für Europäische Sozialforschung, Nr. 22. Mannheim.

Schmitter, E. (1998). Wach und schnell. In: Die Zeit. Nr. 37. 3. September, S. 56.

Schnapp, K.-U. (1997). Soziale Zusammensetzung von Elite und Bevölkerung - Verteilung von Aufstiegschancen in die Elite im Zeitvergleich. In: Bürklin, W. u. a. Eliten in Deutschland. Rekrutierung und Integration. (S. 69-99). Opladen: Leske & Budrich.

Schulz, W. (1993). Politik und Fernsehen. Eine Zeitreihenanalyse des politischen Interesses. In: Bonfadelli, H.; Meier, W. A. (Hrsg.). Krieg, Aids, Katastrophen... Gegenwartsprobleme als Herausforderung der Publizistikwissenschaft. (S. 239-263). Konstanz: Universitätsverlag.

Schulz, W. (1997). Politische Kommunikation. Theoretische Ansätze und Ergebnisse empirischer Forschung. Opladen, Wiesbaden: Westdeutscher Verlag.

Berthold König

Wer wird Politiker ? - Die Lust, ganz oben zu sein

„Politiker sind machtgierig, geltungsbedürftig, publikumssüchtig und mediengeil !" - diese Charakterisierung schwingt nicht selten in der öffentlichen Wahrnehmung von Politikerpersönlichkeiten mit.

Eine psychoanalytische Annäherung an das Phänomen hat daher beides zu berücksichtigen: die Politikerpersönlichkeit und die Wahrnehmung der Bürger, die oft von einem deutlichen Aversionsaffekt begleitet ist. Diese Aversion wiederum leitet sich aus der Eigenart der politischen Tätigkeit her, die bei aller Präsenz in der Öffentlichkeit von den Bürgern in der Tendenz gemeinnützig gewünscht wird. Anders als z. B in der Unterhaltungsbranche, wo die selbstdarstellerische Note eine attraktive Qualität besitzt, hinterläßt sie als Bestandteil von Politikercharakteren einen zweispältigen bis unangenehmen Eindruck. Es ist daher zunächst zu vermuten, daß Politiker als definitionsgemäß „auf das Gemeinwohl ausgerichtet Handelnde" in dem Maße skeptisch betrachtet werden, in dem ihr Handeln weniger vom politischen Gestaltungs- als vom persönlichen Geltungsmotiv geleitet wird.

Betrachtet man nun die Politikerlust, ganz oben zu sein, im Prisma der psychoanalytischen Theoriebildung, so taucht neben Freuds kulturtheoretischen Schriften zunächst der Machttrieb auf - ein Trieb, der nach Alfred Adlers Theorie eine umso größere Kraft entfaltet, je stärker unterschwellig ein Minderwertigkeitskomplex rumort. Oder um es in der Sprache der moderneren Narzißmustheorie bzw. der Selbstpsychologie auszudrücken: je insuffizienter das Selbst- und Selbstwertgefühl - sei es bezogen auf die körperliche Attraktivität, die soziale Herkunft, die Geschlechtsidentität, die Stellung in der Familie, im Freundeskreis oder im beruflichen Feld - desto stärker die Tendenz zu einer kompensatorischen Überlagerung der aktiven, lustvollen Lebensgestaltung mit größenphantastischen Vorstellungen, die sich um das Macht-, Ruhmes- und Geltungsthema ranken. In dieser Sichtweise wäre die politische Tätigkeit weniger vom libidinös besetzten Handeln im Interesse des Gemeinwohls geprägt. Vielmehr würde die Aura eines politischen Amtes oder einer Abgeordnetentätigkeit den Politikern als persönliche Stütze oder Erweiterung des Selbstwertgefühls dienen.

Natürlich stehen einem in diesem Zusammenhang auch sofort einige Szenarien aus der Politik vor Augen, angefangen von der Barschel-Affäre über das unrühmliche Ende der süddeutschen Ministerpräsidenten Späth und Streibl bis hin zu den beiden Gladiatoren in der Arena des Wahlkampfes 1998 - Kohl und Schröder. Es wäre jedoch zu einfach und zugegebenermaßen taktlos, einzelne politische Persönlichkeiten einer solch personbezogenen psychodynamischen Betrachtung zu unterziehen. Außerdem wird hier mehr eine Aussage über das Kollektiv der Politiker angestrebt, in der einzelne Persönlichkeiten nur prototypische Bedeutung haben können. Um den Rückschlüssen einige Prägnanz geben zu können bedarf es aber zunächst einer Eingrenzung der Fragestellung. Es ist daher zu fragen: Wer wird gegenwärtig und wer wird in Deutschland Politiker ?

Diese Fokussierung ist notwendig, denn spätestens mit Beginn der Ära Kohl Anfang der 80er Jahre hat sich das Politikerprofil merklich verändert, was sich nicht zuletzt in dem öffentlich registrierten Mangel an markanten politischen Persönlichkeiten offenbart. Parallel dazu sind ein brach liegendes Bürgerengagement sowie eine grassierende Politikverdrossenheit zu registrieren.

Darüber hinaus spielt sich das politische Geschehen in Deutschland im Rahmen einer repräsentativen Demokratie ab. Dies wiederum bedeutet, daß der von der Verfassung vorgesehene Souverän - das deutsche Volk - zwar wählen kann, aber eben nur zwischen Repräsentanten. Im Unterschied zu monarchischen oder diktatorischen Gegebenheiten ist dies zwar als erheblicher Fortschritt auf dem Weg in eine freiheitlich organisierte politische Organisation zu erachten. Wie jedoch ein Vergleich mit den Verfassungen der Schweiz und den USA zeigt, fehlt die Möglichkeit einer direkten Einflußnahme der Bürger, z. B in Form von Direktwahlen oder Volksabstimmungen. Den Repräsentanten unserer freiheitlich genannten deutschen

Demokratie eröffnet sich damit zumindest potentiell die Perspektive, bei entsprechend flexibler Bewegung im Parteiklüngel das politische Wirken geltungssüchtig zu usurpieren - und es mutet wie Wasser auf die Mühlen der Themenstellung an, wenn sich der Bürgerunmut immer offener mit Vergleichen zu feudalistischen Verhältnissen und dem Vorwurf einer politischen Kastenbildung Luft verschafft.

Soviel zur Kulisse, vor der sich das Rollenspiel der Politiker auf der öffentlichen Bühne abspielt.

Betrachtet man nun die politische Tätigkeit von der Ursprungsbedeutung des Wortes „Politik" her, als ein auf die Gemeinschaft hin orientiertes Handeln und bringt man dieses Handeln mit dem Freiheitsgedanken in Verbindung, so wird mit Blick auf die beschriebenen Verhältnisse augenscheinlich, daß die Intention den Realitäten weit voraus ist. Diese Realität wird in Deutschland vor allem von zwei Fakten bestimmt :

1. durch die Tatsache, daß wirkungsvolle Politik derzeit fast ausschließlich über die Einbettung in einen Parteizusammenhang gestaltet werden kann, obwohl das Grundgesetz den Parteien lediglich eine „Hilfe bei der Willensbildung des Volkes" zuschreibt. Nirgendwo steht geschrieben, daß sie auch Politiker bereitzustellen hätten.

2. durch das Privileg, daß sie sich im Rahmen einer vergleichsweise satten beruflichen Existenzabsicherung vollziehen läßt.

Nimmt man zunächst die berufliche Absicherung eines deutschen Politikers nach dem Beamtenvorbild in Augenschein, so wird deutlich, daß die Lust, im politischen Milieu ganz oben zu sein, zumindest keinen ökonomischen Preis hat. Im Gegenteil, diverse Sonderzulagen und Vergünstigungen verstärken die Attraktivität und im Rahmen der Nebeneinkünfte kann das öffentliche Renommé zusätzlich genutzt werden.

Daß sich - wie in der letzten Diätendebatte - den Bürgern der Eindruck aufdrängt, Politker lebten mehr von als für die Politik, erscheint nur zu verständlich.

Wegen der Bindung der politischen Tätigkeit an eine Parteizugehörigkeit hat nun jedoch die Befriedigung der Lust, ganz oben und zugleich ökonomisch abgesichert zu sein, einen Preis : die Bewegung in einer parteiideologisch geprägten Gruppe unter Loyalitätsdruck, Klüngel- und Vetternwirtschaften, Fraktionszwängen und Verflechtungen mit anderen gesellschaftlichen Vereins- und Interessensgruppen. Und vor dem Hintergrund beider Gegebenheiten - dem Berufspolitikertum und der Parteibindung - stellt sich natürlich die Frage, inwieweit sich eine autonome Gesinnung und individuelles politisches Interesse überhaupt im Rahmen der gegebenen Bedingungen wirkungsvoll entfalten lassen. Ja, es stellt sich die Frage, ob sich freiheitlich gesinnte Individuen unter solchen Bedingungen überhaupt zu politischer Gestaltung motivieren lassen.

Wer aber, so stellt sich nun die Frage, folgt gegenwärtig in Deutschland unter diesen Bedingungen dem Interesse, politisch ganz oben zu sein ?

Eine mögliche Antwort eröffnet sich in der Betrachtung einer Statistik der Herkunftsberufe von deutschen Politikern: mindestens zwei Drittel kommen aus „abhängigen" Berufen, sprich sie waren Lehrer, Funktionsträger von Parteien und gesellschaftlichen Organisationen, Beamte, Angestellte aus Unternehmen und Verbänden sowie Angestellte des öffentlichen Dienstes, bevor sie Berufspolitiker wurden. Sie kommen also aus Berufsfeldern, in denen traditionell hierarchische Organisationsstrukturen vorherrschen, in der sich ergo eigenes Handeln im Rahmen eines Funktionierens auf Weisung abspielt, in der aber auch Verantwortung nach oben sowie Dienstleistung nach unten delegiert werden kann, und in der Karriere gewöhnlich nur aufgrund entsprechender Linientreue zu Vorgesetzten sowie unter deren Protektion möglich ist. Oder um eine Charakterisierung der Lehrerpersönlichkeit zu verallgemeinern, wonach Lehrer Leute sind, die zeitlebens die Schule nicht verlassen, so läßt sich konstatieren, daß es sich bei deutschen Politikern in der Mehrzahl um Persönlichkeiten handelt, die sich zeitlebens nicht aus protektiven Zusammenhängen gelöst haben.

Die Standardkarriere eines Spitzenpolitikers zwischen Parteiengagement und beruflicher Entwicklung in einem abhängigen, mehrfach der staatlichen Organisation nahestehenden Feld läßt sich in etwa folgendermaßen nachzeichnen : Aktivität in Schülergruppen/Parteijugend; innerparteiliche Aktivität auf Orts- und Kreisebene bei gleichzeitigem Studium im politiknahen Feld; Politikerexistenz mit lokaler Basis bei gleichzeitiger Berufstätigkeit; hauptberuflicher Abgeordneter im Bundestag über 3 Wahlperioden; Frühpensionierung mit nachparlamentarischer Karriere, vorzugsweise freiberuflich oder im Verbandsbereich.

Wenn man sich nun vergegenwärtigt, was eine solche Karriere an Termindruck erzeugt, an Präsenz in Vereinen, bei öffentlichen Veranstaltungen, in Parteizirkeln, an Kontaktzwang zu den Medien, usw. und an Zwängen, sich überall beliebt zu halten, um gewählt oder wiedergewählt zu werden, dann mag man zu dem Schluß kommen, daß dergestalt zu funktionieren nur in Kauf nimmt, wer darüber auch sein Geltungsbedürfnis befriedigt. Wer sich entweder mit einer vergleichsweise mittelmäßigen Karriere im Angestellten-, Verwaltungs- oder Beamtenmilieu nicht zu arrangieren vermag und daher seinem Geltungsbedürfnis im politischen Revier folgt, oder wer von Jugend an dem Drang nach oben folgte und die Berufsausbildung jobmäßig als politisches Sprungbrett in staatsnahen Organisationen betrieb - alles unter Wahrung der ökonomischen Basis sowie im ideologischen Schutz und unter Protektion der Partei.

Gleichermaßen protegiert und entmündigt im beruflichen Feld wie auch im Parteizusammenhang scheint daher der Lust, ganz oben zu sein, in den gegebenen Verhältnissen nur folgen zu können, wer die Fremdleitung von oben mehr oder weniger verinnerlicht hat und psychodynamisch gesprochen über ein entsprechend flexibles und korrumpierbares Über-Ich verfügt. Ein autonomes Über-Ich oder Gewissen hätte eine entsprechende autonome Profilierung zur Folge - und die ist nicht sehr beliebt. Im Gegenteil, sie wird im herrschenden Politgetriebe eher als Nestbeschmutzung gerügt. Vorherrschend sind Gruppenzwänge, d.h. Koalitions- und Fraktionszwang sowie Parteiloyalität beherrschen die Meinungsbildung, und dies leistet auf der Ebene der einzelnen Politiker der Wendehalsmentalität Vorschub. Entgegen der verfassungsgemäßen Perspektive, wonach der deutsche Politiker seinem Gewissen verantwortlich ist, scheint er de facto gezwungen - will er denn ganz oben mitmischen -, sich den vorherrschenden Meinungstrends anzupassen. Fatalerweise erinnert das reale Politikerprofil - sieht man denn von einigen wenigen Ausnahmen ab - mehr an das von Heinrich Mann gezeichnete Bild vom deutschen Untertanen, als daß es annähernd an das von der Verfassung intendierte zivilcouragierte Ideal mit autonomem Gewissen heranreichen könnte. Zwar wird das Freiheitsideal bei jeder sich bietenden Gelegenheit beschworen - wie z. B. in den Inszenierungen zur Erinnerung an die 48er - Revolution. Diejenigen aber, die den Anlässen mit großen Worten Gewicht verleihen, haben vermutlich die beschworene Freiheit in ihrem politischen Werdegang kaum jemals gewagt.

Ein Hintergrund für diesen scheinbaren Widerspruch zwischen dem bewußt gepflegten Freiheitsideal und der unbewußt perpetuierten Realität im Anpassungsverhalten offenbart sich im Blick auf die Psychohistorie der Deutschen.

Darin finden sich sowohl Freiheitsbewegungen von der 48er-Revolution über die Weimarer Republik, die deutsche Verfassung von 1949, die 68er-Bewegung bis hin zur ostdeutschen Befreiungsbewegung vor der Wende, als auch die Wippe zwischen nationaler Größenphantasie und realer deutscher Schrebergarten-, Michel- und Untertanenmentalität. Es scheint so, als laste der kollektive Auswuchs der Lust, ganz oben zu sein, nach wie vor schwer auf der deutschen Psyche - ich denke in diesem Zusammenhang an den nationalsozialistischen Größenwahn mit Adolf Hitler an der Spitze und einem Heer von deutschen größentrunkenen Untertanen. Dieser in der deutschen Psyche unterschwellig rumorende Dämon sorgt für ein allgegenwärtiges Mißtrauen starken, profilierten Persönlichkeiten gegenüber. Denn im Unbewußten lauert erneut die Verführung durch einen Führer, und angesichts dieser Gefahr stellt sich das beschriebene Politikerprofil als psychodynamisch absolut schlüssiges Arrangement dar. Wenn sich nämlich die politische Elite aus Organisatoren, Lehrern, Funktionären und Verwaltern zusammensetzt, dann hat die deutsche Seele ihre Ruh` - der Dämon der Geschichte mit seiner unerträglichen Schuldlast und seinen tausend Augen der Scham ist sozusagen verbeamtet und demokratisch funktionalisiert. Der Freiheitsgedanke kann so gebührend und in Ruhe gefeiert werden - ihn zu praktizieren ist nicht unbedingt erforderlich.

Die Lust, ganz oben zu sein, erscheint daher bei deutschen Politikern untrennbar an ein umfassendes Anpassungsverhalten gekoppelt und eingebettet in einen kollektivdynamischen Zusammenhang, der ebendiese Wippe zwischen Größenphantasie und Unterwürfigkeit als kollektives Erbe enthält.

Die freiheitlich-demokratische Ausrichtung des Grundgesetzes mit einem Volkssouverän, mit Parteien, die den Bürgerwillen moderieren und mit dazu beitragen, daß aus der Bürgermitte Persönlichkeiten erwachsen, die ihrem (autonomen und nicht parteiloyal gebundenen) Gewissen folgen, ist daher gegenwärtig noch als Ideal zu betrachten.

Inzwischen hat nämlich die politische Organisation die gleichen entmündigenden Mechanismen ausgebildet wie sie in den beruflichen Feldern existieren, in denen Politiker groß geworden sind. Dies bedeutet, daß wegen der Vielfalt der Abhängigkeiten persönliches Profil und persönliche Aussage hinter vagen Verlautbarungen zurücktreten, daß persönliche Verantwortung und persönliches Gewissen hinter Gruppenloyalitäten verschwinden - der Kompromiß wird zur persönlichen Haltung, noch bevor persönliche Haltungen in einen Wettstreit eintreten. In Ermangelung persönlicher Profilierungsmöglichkeiten hat die Lust, ganz oben zu sein, einen hohen Preis: nämlich zum Spielball verschiedener Interessen und Zwänge zu werden. Oder anders formuliert: nie so recht bei sich zu sein und dies angesichts der Selbstbestätigung in der Politikeraura kaum je mitzubekommen.

Schulen, Verwaltungen, Gewerkschaften, Verbände und andere staatliche Einrichtungen waren kaum je Brutstätten von Innovationen, Strukturveränderungen, Visionen und Kreationen. Somit stellen sich auch Persönlichkeiten, die in ihrem Windschatten groß werden, eher als Verwaltungs- und Funktionärselite denn als Gestaltungselite dar. Diese scheint kaum in der Lage, den Herausforderungen der Gegenwart, die von raschen Veränderungen geprägt ist, politisch begegnen und sie entschieden formen zu können. Dem Mangel an politischen Gestaltern wiederum entspricht das gegenwärtige Vakuum an politischen Vorstellungen, wie man der Verunsicherung in der Zeitenwende, der drohenden Massenarbeitslosigkeit und dem aufkommenden Rassismus begegnen könnte, ohne im patriarchalen Wiederholungszwang erneut obrigkeitsstaatliche Maßnahmen bemühen zu müssen.

Stattdessen schien es in jener als Wahlkampf inszenierten Stimmfangveranstaltung 1998 tatsächlich mal wieder ausschließlich darum zu gehen, wessen Lust, ganz oben zu sein, schließlich befriedigt wird. Wird es der zum Monument erstarrte Adenauer-Enkel sein, an den sich die Christdemokraten nolens volens klammern, weil er seinen Ziehsohn noch nicht herrschen lassen möchte und dieser sich den politischen Vatermord nicht zu inszenieren traut? Oder wird es der zum Phönix hochstilisierte Brandt-Enkel, dessen Inszenierung im smarten Manageroutfit und im American style die Genossen zwischen Begeisterung und Betretenheit beiwohnen? Mehr als Absichtserklärungen, die an Zukunfthoffnungen bzw. an „die Kraft des Neuen“ appellieren, hatten beide nicht zu bieten, und von beiden ist bekannt, daß sie Wahlen gewinnen, weil sie Stimmungen auffangen und diese in große, zuversichtlich stimmende Worte zu kleiden vermögen. Die Politikerkarriere mit all den Hintergründen, wie sie aufgezeichnet wurden, ist für beide kennzeichnend. Und weil dies so ist und weil wir uns dieser Analyse zufolge in einer politischen Organisation befinden, in der keine politischen Gestalter, sondern politische Verwalter regieren, läßt sich aus der Perspektive von uns hier unten mit dem Blick auf die da oben zugunsten unseres Sicherheitsbedarfs eines mit Gewißheit sagen: nach dem letzten Wahlkampfsturm im Wasserglas wird trotz neuer Gesichter an den Schalthebeln der Macht letztlich alles beim Alten bleiben.

Frank Brettschneider

Kohls Niederlage: Kandidatenimages und Medienberichterstattung vor der Bundestagswahl 1998

Der Problemhintergrund und die Forschungsfragen

Am 27. September 1998 ging nach 16jähriger Kanzlerschaft die Ära Kohl zu Ende. Erstmals in der Geschichte der Bundesrepublik wurde ein Bundeskanzler von der Bevölkerung abgewählt. Die erdrutschartigen Verluste der konservativ-liberalen Regierung gelten nicht zuletzt als deutliche Niederlage von Helmut Kohl, in geringerem, wenngleich beachtlichem Umfang jedoch auch als Erfolg seines Kontrahenten, Gerhard Schröder. Offenbar haben die Wähler dem Langzeitkanzler überwiegend negative, seinem Herausforderer hingegen positivere Eigenschaften zugeschrieben. Über welche Images verfügten Helmut Kohl und Gerhard Schröder im Vorfeld der Bundestagswahl 1998, inwieweit wirkten sich diese Images auf die Kanzlerpräferenz aus, und welche Bedeutung kommt den Massenmedien in diesem Zusammenhang zu?

Vor Bundestagswahlen haben generell die meisten Menschen mehr oder weniger vielschichtige Vorstellungen von den Kandidaten für das Kanzleramt. Sie finden beispielsweise einen Kandidaten gut, tatkräftig oder sympathisch. Seinen Kontrahenten halten sie für arrogant, inkompetent oder gefährlich. Diese Vorstellungen basieren nicht zwangsläufig auf den tatsächlichen Eigenschaften der Kandidaten, denn kaum ein Wähler kennt sie persönlich. Statt dessen beruhen solche Images auf den von den Wählern wahrgenommenen Eigenschaften der Spitzenpolitiker. Deren Grundlage ist fast ausschließlich die Berichterstattung der Massenmedien. Ob und wie ein Politiker wahrgenommen wird, hängt also wesentlich davon ab, wie ihn die Medien darstellen.

Auf die Frage, was für sie der wichtigste Orientierungspunkt bei ihrer

Wahlentscheidung 1994 war, nannten über 80 Prozent der Wähler mindestens ein Massenmedium. Dabei stach das Fernsehen besonders hervor (vgl. Donsbach 1994, 21). Dies hat mehrere Gründe: Das Fernsehen wird häufiger zur politischen Information genutzt als die Printmedien. Außerdem hat es in der Bevölkerung einen Glaubwürdigkeitsvorsprung vor der Zeitung: „Bilder können nicht lügen" (vgl. Brettschneider 1997, 269ff.). Und schließlich schlägt sich auch die „optische Kommentierung" in der Wahrnehmung von Kanzlerkandidaten nieder. Vorteilhafte bzw. unvorteilhafte Fotos von Politikern führen zu nachhaltigeren Eindrücken von Kandidateneigenschaften als entsprechende Texte (Holicki 1993, 194; Kepplinger/Donsbach 1983).

Die Berichterstattung über einzelne Kandidaten schwankt zuweilen stark – aus „Medienlieblingen" werden rasch „Medienopfer". Durch häufige und positive Berichterstattung kann ein Politiker „hochgeschrieben" werden. Ebenso schnell ist es jedoch möglich, ihn wieder „fallenzulassen", indem kaum noch über ihn berichtet wird. Mittels negativer Berichterstattung kann er „abgesägt" werden. So wurde beispielsweise Ende der achtziger Jahre der damalige baden-württembergische Ministerpräsident Lothar Späth vom SPIEGEL als parteiinterne Alternative zum CDU-Vorsitzenden Helmut Kohl aufgebaut. Nach Späths Rückzieher auf dem Bremer CDU-Parteitag 1989 änderte der SPIEGEL seine Darstellung des Politikers schlagartig: Über Späth wurde nur noch selten und dann überwiegend negativ berichtet (vgl. Kepplinger 1993a, 195).

Solche Veränderungen der Medienberichterstattung bleiben nicht ohne Folgen für die Einstellungen der Bevölkerung zu den betreffenden Politikern. Für die Bundestagswahl 1990 konnten dies Schulz und Kindelmann (1993; auch Kindelmann 1994) anhand der Presseberichterstattung über Kohl und Lafontaine zeigen. „In den Medien verwandelte sich ... ein ‚unbeholfener',Minus-Kanzler' in den triumphal die deutsche Einheit vollendenden ‚Staatsmann' Kohl, zugleich mutierte Lafontaine vom ‚ideenreichen' und ‚eloquenten Hoffnungsträger' schlicht zum ‚Verlierer'. Zeitparallel wuchs die Zahl der Wähler, die Kohl und nicht Lafontaine als zukünftigen Kanzler wünschten" (Schmitt-Beck 1994, 282f.). Der veränderten Kanzlerpräferenz in der Bevölkerung war ein durch konsonante Medienberichterstattung verursachter Imagewandel von Kohl und Lafontaine vorausgegangen. Dabei nahm der SPIEGEL – wie schon früher bei der Berichterstattung über Kohl – eine Meinungsführerrolle ein (vgl. auch Kepplinger u.a. 1986). Ähnlich erging es Rudolf Scharping vor der Bundestagswahl 1994. Nach einem geglückten Start wurde die Berichterstattung über den sozialdemokratischen Herausforderer Kohls im Verlaufe des Wahlkampfes zusehends negativer.

Für den Erfolg oder Mißerfolg eines Politikers ist jedoch nicht nur das Bild ausschlaggebend, das die Massenmedien insgesamt von ihm zeichnen. Für die Kandidaten ist es besonders wichtig, im eigenen publizistischen Lager Rückhalt zu finden. So wird Scharpings Niederlage auch darauf zurückgeführt, daß er von den links-liberalen Medien nicht dieselbe Unterstützung erfuhr wie Helmut Kohl von den konservativen Medien (vgl. Donsbach 1994). Auch der Erfolg von Helmut Kohl bei der Vereinigungswahl 1990 wird damit in Verbindung gebracht, daß bereits zu Beginn des Wahlkampfes die positive Berichterstattung der SPD-nahen Medien über Oskar Lafontaine nachließ (vgl. Kindelmann 1994).

Die zentrale Rolle, die den Massenmedien für die Imagebildung von Politikern zugeschrieben wird, kommt auch in der Wahlkampfführung der Parteien zum Ausdruck. Für den ehemaligen CDU-Wahlkampfleiter Peter Radunski (1980, 11) sind Politiker im modernen Medienwahlkampf Hauptdarsteller und Regisseure zugleich. Ihre Hauptrolle ergibt sich aus ihrer Bedeutung für das Wahlverhalten der Bürger. In dem sozialpsychologischen Standardmodell zur Erklärung des Wählerverhaltens wird die Stimmabgabe für eine Partei auf drei Faktoren zurückgeführt: die langfristig relativ stabile Parteiidentifikation sowie die kurzfristig wirksamen Themen- und Kandidatenorientierungen. Der wachsende Anteil von Personen, die über keine während der Sozialisation erworbene und mit wachsender Wahlerfahrung verfestigte „psychologische Parteimitgliedschaft" verfügen, spricht für einen Bedeutungsgewinn des Issue- und Kandidaten-Wählens (vgl. u.a. Dalton/Rohrschneider 1990; Schmitt/Holmberg 1995). Wahlstudien zeigen allerdings keinen kontinuierlichen Bedeutungszuwachs der Kandidatenorientierungen. Statt dessen fallen die Kandidateneffekte je nach den zur Wahl stehenden Personen sowie den Rahmenbedingungen einer Wahl unterschiedlich stark aus (vgl. u.a. Gabriel/Vetter 1998; Falter/Rattinger 1983).

Um das parteilich ungebundene Wählersegment anzusprechen, hat der Wahlkampf der Volksparteien in den letzten Jahren gleichwohl zunehmend „amerikanische Züge" angenommen. Man spricht auch von einer Personalisierung der Politik: Erst kommt der Kandidat, dann die Partei. So werden die Bewerber um das Kanzleramt häufig mehr oder weniger losgelöst von ihrer Partei präsentiert. „Besonders ausgeprägt war dies im Bundestagswahlkampf 1994 der Fall, als die CDU auf Großplakaten ohne Parteilogo und ohne jede weitere politische Aussage den alle überragenden Kohl inmitten einer gesichtslosen Menschenmenge zeigte" (Falter 1998, 11; vgl. zur Personalisierungsdiskussion u.a. Kaase 1994; Lass 1995; für die USA Wattenberg 1991). Und im Bundestagswahlkampf 1998 warben die großen Parteien um die Zweitstimme der Wähler, indem sie diese als „Kanzler-Stimme" (CDU/CSU) bzw. als „Schröder-Stimme" (SPD) bezeichneten.

Als Hauptdarsteller versuchen Politiker nicht nur in den Nachrichten der elektronischen und der Printmedien aufzutreten. Zum Zweck der Selbstdarstellung folgen sie auch dem Rat Radunskis (1992, 76): „Rein in die Talkshows und Unterhaltungssendungen". Aber als reine Showmen oder als durchgestylte Kunstprodukte von Imageberatern kommen sie bei den Wählern nicht an. Bei allen Versuchen, vorteilhaft zu wirken, darf ihre Glaubwürdigkeit nicht auf der Strecke bleiben (vgl. Laux/Schütz 1996).

Vor der Bundestagswahl 1998 verwies der CDU-Fraktionsvorsitzende im Deutschen Bundestag, Wolfgang Schäuble, in einem ZEIT-Interview auf die von den Medien ausgehenden Zwänge: „Ich will ja gar nicht personalisieren. Aber wir haben uns damit abzufinden, daß Wahlkämpfe vorwiegend in den Medien stattfinden." Damit werden Politiker auch zu Regisseuren. In Kenntnis der journalistischen Auswahlkriterien inszenieren sie sogenannte Pseudo-Ereignisse, um in den redaktionellen Teil der Medien zu gelangen. Medienwirksame Besuche in Fabriken oder Kindergärten zählen ebenso dazu wie jene Treffen mit ausländischen Politikern, die in erster Linie dazu dienen, sich selbst als Staatsmann mit außenpolitischer Kompetenz darzustellen. Auch Wahlparteitage sind zu einem großen Teil Pseudo-Ereignisse. Sie werden „mehr für die berichtenden Journalisten als die anwesenden Anhänger veranstaltet" (Kepplinger 1989, 10). Das Ziel der Politik-Ins-zenierung ist nicht nur die Berichterstattung, sondern es sind die Folgen, die man sich von dieser Berichterstattung erhofft: Imagegewinn, Thematisierung eigener Anliegen, De-Thematisierung politisch ungelegener Themen. So überrascht es nicht, daß etwa die Hälfte der Medienberichterstattung in Wahlkampfzeiten auf Pseudo-Events beruht (vgl. u.a. Schmitt-Beck/Pfetsch 1994, 121ff.; Mathes/Freisens 1990).

Zwar gehört es auch zu den Zielen traditioneller Wahlwerbung, beispielsweise mittels Plakaten oder Flugblättern Kandidatenimages zu prägen und zu verstärken. Im Vergleich zur Darstellung von Kanzlerkandidaten in den Medien ist sie allerdings praktisch unbedeutend. Auch Gespräche mit Freunden oder in der Familie erweisen sich für die Einstellungen zu den Spitzenpolitikern als weniger relevant (vgl. Schönbach 1993, 221f.).

Im vorliegenden Beitrag wird folgenden Fragen nachgegangen:

1. Welche Images hatten Helmut Kohl und Gerhard Schröder im Vorfeld der Bundestagswahl 1998 aus der Sicht der Wahlberechtigten? Aus welchen Komponenten setzte sich die Gesamtbeurteilung von Kohl und Schröder zusammen? Wie schlugen sich diese Wahrnehmungen in der Kanzlerpräferenz nieder?

2. Variierten die Gesamtbeurteilungen der Kandidaten je nach genutztem Medium? Beurteilten etwa die Leser konservativer Tageszeitungen Kohl positiver als die Leser links-liberaler Tageszeitungen? Und beruhten die Gesamtbeurteilungen bei den Nutzern verschiedener Medien auf unterschiedlichen Image-Komponenten? Beispielsweise: Basierte die Gesamtbeurteilung der Kandidaten bei Personen, die sich überwiegend aus dem privat-kommerziellen Fernsehen über Politik informierten, stärker auf persönlichen Kandidateneigenschaften als bei Personen, die ihre Informationen aus Tageszeitungen oder öffentlich-rechtlichen Nachrichtensendungen bezogen?

Abbildung 1: Determinanten der Kanzlerpräferenz (Analyserahmen)

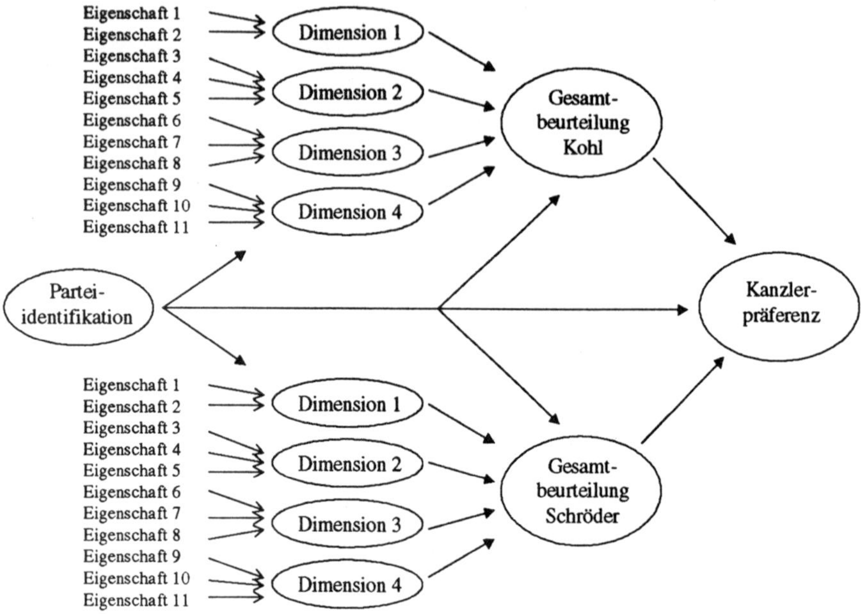

Diese Fragen werden im Rahmen eines Gesamtmodells zur Erklärung der Kanzlerpräferenz bearbeitet, das den Stellenwert der Kandidatenimages deutlich macht (vgl. Abbildung 1). Das Modell basiert auf folgenden Annahmen: Die Kanzlerpräferenz ergibt sich zum einen aus der Parteiidentifikation einer Person, zum anderen aus der Gesamtbeurteilung der beiden Spitzenkandidaten durch diese Person. Die Beurteilung der beiden Spitzenkandidaten beruht zum Teil auf der Parteiidentifikation einer Person und zum Teil auf den Eigenschaften, die diese Person den Kandidaten jeweils zuschreibt. Die Kandidateneigenschaften lassen sich zu Dimensionen zusammenfassen. Diese Dimensionen werden – je nach Politiknähe – unterschiedlich stark von der Parteiidentifikation beeinflußt.

Ein Großteil der für die Analysen herangezogenen Umfragedaten wurde im November 1997 erhoben und ist Bestandteil des EMNID-Wissenschaftspreises. (FN 1)

Die Images von Kohl und Schröder und ihre Bedeutung für die Kanzlerpräferenz

Die wahrgenommenen Eigenschaften von Kohl und Schröder

Anhand welcher Eigenschaften Spitzenpolitiker beurteilt werden, ist nicht eindeutig geklärt (vgl. Brettschneider 1998a, 405f.). Darüber hinaus existiert eine Vielzahl von Vorschlägen, wie man einzelne Kandidateneigenschaften zu Eigenschaftsdimensionen zusammenfassen sollte (vgl. den Überblick von Hellweg 1995, 8ff.). Die Annahme, Eigenschaften ließen sich zu Dimensionen zusammenfassen, kann sich auf Erkenntnisse der Kognitions-Psychologie stützen. Damit sich Menschen in der sie umgebenden Komplexität zurechtfinden, wenden sie Verfahren der Kategorisierung an. Sie organisieren ihre einzelnen Einstellungen gegenüber einem Objekt – z.B. Kanzlerkandidaten – entlang abstrakterer, weiter gefaßter Kategorien. Dabei kann es sich sowohl um Kategorien oder Schemata handeln, mit denen man andere Menschen in Alltagssituationen beurteilt – z. B. Freunde –, als auch um Schemata, die zur spezifischen Beurteilung von Spitzenpolitikern verwendet werden (vgl. Kinder 1986).

Bereits Campbell u.a. (1960, 55) differenzierten in dem Wahlforschungs-Klassiker „The American Voter“ zwischen persönlichen Qualitäten (integer, sympathisch, vertrauensvoll, intaktes Familienleben etc.) und politischen Fähigkeiten (unabhängig, führungsstark, erfahren etc.) von Präsidentschaftskandidaten. Inzwischen wird überwiegend die Auffassung vertreten, zur Strukturierung der Kandidatenorientierungen bedürfe es mehr als nur zweier Dimensionen: Politische Eigenschaften können unterschieden werden in Problemlösungskompetenz einerseits und managerielle Fähigkeiten (Führungsstärke, Entscheidungsfreude etc.) andererseits. Die persönliche Dimension läßt sich in Integrität sowie in unpolitische Eigenschaften bzw. Persönlichkeitsmerkmale aufteilen (vgl. Miller/Wattenberg/Malanchuk 1986; Kinder 1986; Lass 1995).

Im folgenden wird zunächst anhand von elf Eigenschaften untersucht, welche Vorstellungen die Wahlberechtigten im Vorfeld der Bundestagswahl 1998 von Helmut Kohl und Gerhard Schröder hatten. Die elf Eigenschaften decken verschiedene Aspekte von Kandidatenbeurteilungen ab: 1) die Problemlösungskompetenz bei den Themen Wirtschaft und Bekämpfung der Arbeitslosigkeit, 2) die manageriellen Fähigkeiten Führungsstärke, Entscheidungsfreude und Tatkraft, 3) die persönlichen Merkmale guter Geschmack, Ausstrahlung und Sympathie sowie 4) die Integrität eines Kandidaten, die sich aus den Vorstellungen ergibt, er sei ein ehrlicher Mensch, politisch vertrauenswürdig und er mache eine verantwortungsvolle Politik. Sodann wird geprüft, ob die Zusammenfassung der Eigenschaften zu vier Dimensionen realitätsgerecht ist.

Die Niederlage Helmut Kohls deutete sich bereits ein Jahr vor der Bundestagswahl 1998 an: Im Urteil der Wahlberechtigten schnitt der damalige Bundeskanzler äußerst schlecht ab. Bei zehn der elf Eigenschaften überwog der Anteil derjenigen Befragten, die ihn negativ beurteilten (vgl. Tabelle 1). Lediglich Führungsstärke wurde dem Amtsinhaber attestiert. Entscheidungsfreude und Tatkraft wurden ihm hingegen abgesprochen. Am negativsten wurde seine Issue-Kompetenz eingeschätzt: Er habe keine guten Konzepte zur Stärkung der Wirtschaft und zur Bekämpfung der Arbeitslosigkeit. Entsprechend erschüttert war seine Integrität aus der Sicht der Wahlberechtigten. Eine Mehrheit war der Meinung, er mache keine verantwortungsvolle Politik, sei politisch nicht vertrauenswürdig und kein ehrlicher Mensch. Negativ fiel auch die Beurteilung seiner persönlichen Eigenschaften aus – Geschmack, Sympathie, Ausstrahlung. (FN 2)

Freundlicher ist das Bild, das die Befragten vom Herausforderer hatten. Und dies in doppelter Hinsicht: Zum einen überwogen bei sieben der elf Eigenschaften die positiven Beurteilungen. Zum anderen wurde Gerhard Schröder selbst in den Bereichen, in denen er negative Werte erzielte – bei der Themen-Kompetenz sowie beim Integritätsaspekt –, positiver beurteilt als sein Kontrahent. Am größten war sein Vorsprung vor Helmut Kohl hinsichtlich der Kompetenz zur Bekämpfung der Arbeitslosigkeit.

Tabelle 1: Wahrgenommene Eigenschaften von Kohl und Schröder, 1997
(Mittelwerte auf einer Skala von -2 bis +2)

„Ich lese Ihnen nun einige Eigenschaften vor. Sagen Sie mir bitte auf einer Skala von –2 bis +2 wie stark diese Eigenschaften für Sie auf einen Helmut Kohl und Gerhard Schröder zutreffen. –2 bedeutet, daß eine Eigenschaft überhaupt nicht zutrifft; +2 bedeutet, daß eine Eigenschaft voll und ganz zutrifft. Mit den Werten dazwischen können Sie Ihre Meinung abstufen."

	Kohl	Schröder	Differenz
Issue-Kompetenz	-0,89	-0,14	-0,75
Er hat ein gutes Konzept, um die Wirtschaft wieder anzukurbeln.	-0,74	-0,02	-0,71
Er hat ein gutes Konzept zur Bekämpfung der Arbeitslosigkeit.	-1,02	-0,27	-0,75
Manager-Fähigkeiten	+0,02	+0,29	-0,27
Er ist führungsstark.	+0,32	+0,19	+0,13
Er ist entscheidungsfreudig.	-0,12	+0,36	-0,48
Er ist tatkräftig.	-0,14	+0,34	-0,47
Persönliches	-0,43	+0,22	-0,65
Er hat einen guten Geschmack.	-0,40	+0,24	-0,64
Er ist menschlich sympathisch.	-0,42	+0,14	-0,56
Er hat eine angenehme Ausstrahlung.	-0,43	+0,25	-0,68
Integrität	-0,36	-0,03	-0,33
Er ist politisch vertrauenswürdig.	-0,34	-0,02	-0,32
Er ist ein ehrlicher Mensch.	-0,34	-0,14	-0,20
Er macht eine verantwortungsvolle Politik.	-0,41	+0,10	-0,51

Standardabweichung: Kohl = 1,16 bis 1,37; Schröder = 1,09 bis 1,21. N= 761 bis 911.
Quelle: EMNID-Wissenschaftspreis 1997; November 1997; eigene Berechnungen.

Ist die hier in Anlehnung an die Forschungsliteratur vorgenommene Zusammenfassung der elf Eigenschaften zu vier Dimensionen überhaupt gerechtfertigt? Und wie hängen die Dimensionen miteinander zusammen? Zur Beantwortung dieser Fragen wurde eine konfirmatorische Faktorenanalyse durchgeführt (vgl. Abbildung 2). Sie bestätigt – sowohl für Helmut Kohl als auch für Gerhard Schröder – die Unterscheidung in Issue-Kompetenz, managerielle Fähigkeiten, persönliche Merkmale und Integrität. (FN 3) Die Beurteilungen der vier Dimensionen hängen bei Kohl und

Abbildung 2: Wahrgenommene Eigenschaften von Kohl und Schröder (konfirmatorische Faktorenanalyse; standardisierte Pfadkoeffizienten)

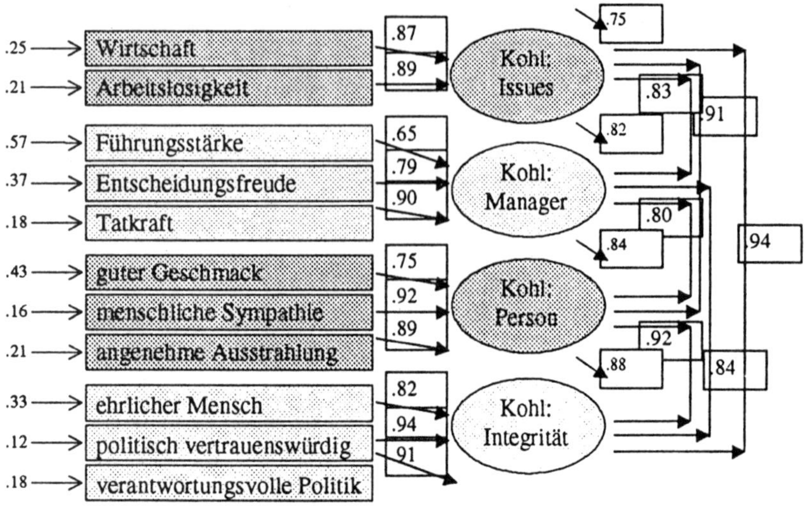

Kohl: df= 38; Chi²= 88; p= 0,0000077; AGFI= 0.98.

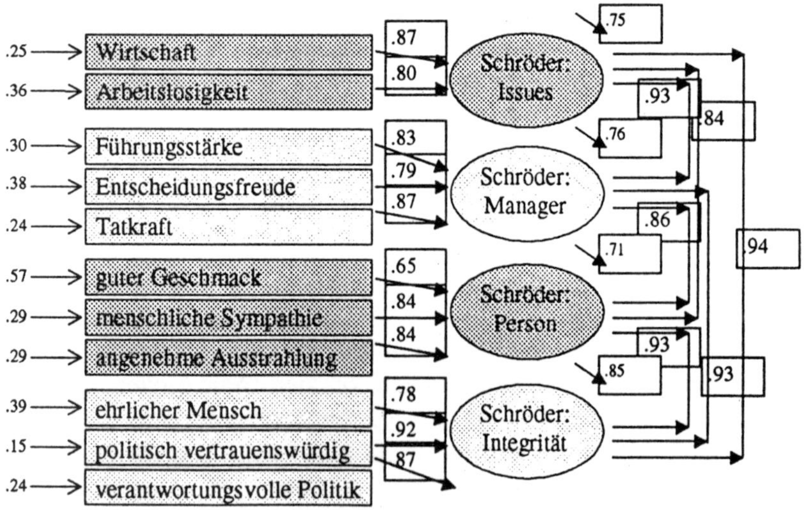

Schröder: df= 38; Chi²= 92; p= 0,0000021; AGFI= 0.98.
PRELIS 2.03; LISREL 8; WLS nach polychorischen Korrelations- und asymptotischen Kovarianzmatrizen; N= 676. Quelle: EMNID-Wissenschaftspreis 1997; November 1997; eigene Berechnungen.

bei Schröder jeweils stark zusammen. Beispielsweise geht eine negative Beurteilung der Integrität von Kohl bzw. Schröder mit einer negativen Einschätzung der persönlichen Merkmale des betreffenden Politikers einher. Und Personen, die Kohl bzw. Schröder Issue-Kompetenz absprechen, stufen auch deren Integrität als gering ein.

Mehrere Erklärungen kommen für diesen wenig überraschenden Sachverhalt in Betracht: Eine Person wird „ganzheitlich" wahrgenommen. Ihre Gesamtbeurteilung schlägt sich dann in der Beurteilung der einzelnen Eigenschaften nieder. (FN 4) Denkbar ist auch, daß hier das Streben nach kognitiver Konsistenz zum Ausdruck kommt. Menschen sind bemüht, ihre verschiedenen Einstellungen zu einem Objekt – etwa zu Kohl oder Schröder – miteinander in Einklang zu bringen, um „inneren Streß" aufgrund einander widersprechender Urteile zu vermeiden. Ferner könnten die einzelnen Kandidatenbeurteilungen das Resultat allgemeiner politischer Präferenzen eines Befragten sein – vor allem der Parteiidentifikation.

Der Einfluß der Parteiidentifikation auf die Wahrnehmung der Kanzlerkandidaten

Bei der bisherigen Betrachtung wurden Wahrnehmungsunterschiede zwischen einzelnen Wählergruppen außer Acht gelassen. Dabei liegt es nahe, daß Helmut Kohl von Anhängern seiner Partei positiver beurteilt wird als von SPD-Anhängern. Und Gerhard Schröder dürfte unter letzteren auf mehr Wohlwollen stoßen als unter Unions-Sympathisanten. Theoretische Begründungen für einen starken Einfluß der Parteiidentifikation auf Kandidatenbeurteilungen liefern sowohl das sozialpsychologische Standardmodell zur Erklärung des Wählerverhaltens als auch die Kognitions-Psychologie. Im sozialpsychologischen Standardmodell zählt die Parteiidentifikation zu den zentralen Elementen des individuellen Orientierungssystems. Sie ist in der Regel den peripheren Themen- und Kandidatenorientierungen vorgelagert und bestimmt diese zu einem großen Teil. In der Kognitions-Psychologie kommt der Parteiidentifikation eher die Rolle eines Hinweises, eines Cues zu. Die Parteiidentifikation hilft den Bürgern, Kandidaten einzuschätzen, ohne sich über zahlreiche ihrer Einzeleigenschaften informieren zu müssen (vgl. Rahn 1993).

Folglich sind die Auswirkungen der Parteiidentifikation der Befragten auf die Beurteilung der vier Eigenschaftsdimensionen von Helmut Kohl und Gerhard Schröder zu untersuchen. Zuvor sollen aber die Konsequenzen der Parteiidentifikation für die Gesamtbeurteilung der beiden Kandidaten in den Blick genommen werden. Die Gesamtbeurteilung stellt eine affektiv-evaluative Einstufung eines jeden Kandidaten dar. Sie erfolgt auf einer Skala von –5 („Ich halte überhaupt nichts von Helmut Kohl bzw. Gerhard Schröder") bis +5 („Ich halte viel von Helmut Kohl bzw. Gerhard Schröder"). (FN 5)

Auch in der Gesamtbeurteilung schnitt Kohl schlechter ab als Schröder (vgl. Abbildung 3). Am negativsten wurde er von den Anhängern der PDS beurteilt, gefolgt von den Grünen, den Anhängern der SPD und den Personen ohne Parteineigung. Lediglich die CDU/CSU-Anhänger fanden ihn gut. Der Einfluß der Parteiidentifikation auf die Beurteilung von Helmut Kohl ist erheblich. Mehr noch: Weder Gerhard Schröder, noch der zu Vergleichszwecken berücksichtigte CDU-Fraktionsvorsitzende Wolfgang Schäuble oder der SPD-Parteivorsitzende Oskar Lafontaine polarisierten so stark wie Kohl. Gerhard Schröder erfuhr die positivste Beurteilung erwartungsgemäß durch die SPD-Anhänger. Aber auch unter den Anhängern der anderen Oppositionsparteien – Grüne und PDS – überwogen die Positivurteile. Nur Unions-Anhänger und Personen ohne Parteineigung beurteilten ihn negativ. Bei letzteren lag er jedoch vor Kohl. Geringer als die Richtung der Parteiidentifikation wirkt sich die Stärke der Parteineigung auf die Beurteilung der Spitzenpolitiker aus. Außerdem kommt sie nur bei der Einschätzung der eigenen Politiker zum Tragen. So stieg Kohls Gesamtbeurteilung von –0,55 bei den schwachen CDU/CSU-Anhängern auf 1,70 bei den starken Unions-Anhängern an. Ähnliches gilt für Schröder bei den SPD-Anhängern.

An diese Befunde schließen sich einige Fragen an, die im Rahmen des in Abbildung 4 dargestellten Gesamtmodells beantwortet werden: 1) Wie stark wirkte sich die Parteiidentifikation auf die Beurteilungen der vier Eigenschaftsdimensionen von Kohl bzw. Schröder aus? Unterlagen einige

Abbildung 3: Kandidatenbeurteilung (Mittelwert auf Skala von -5 bis +5) nach Richtung und Stärke der Parteineigung

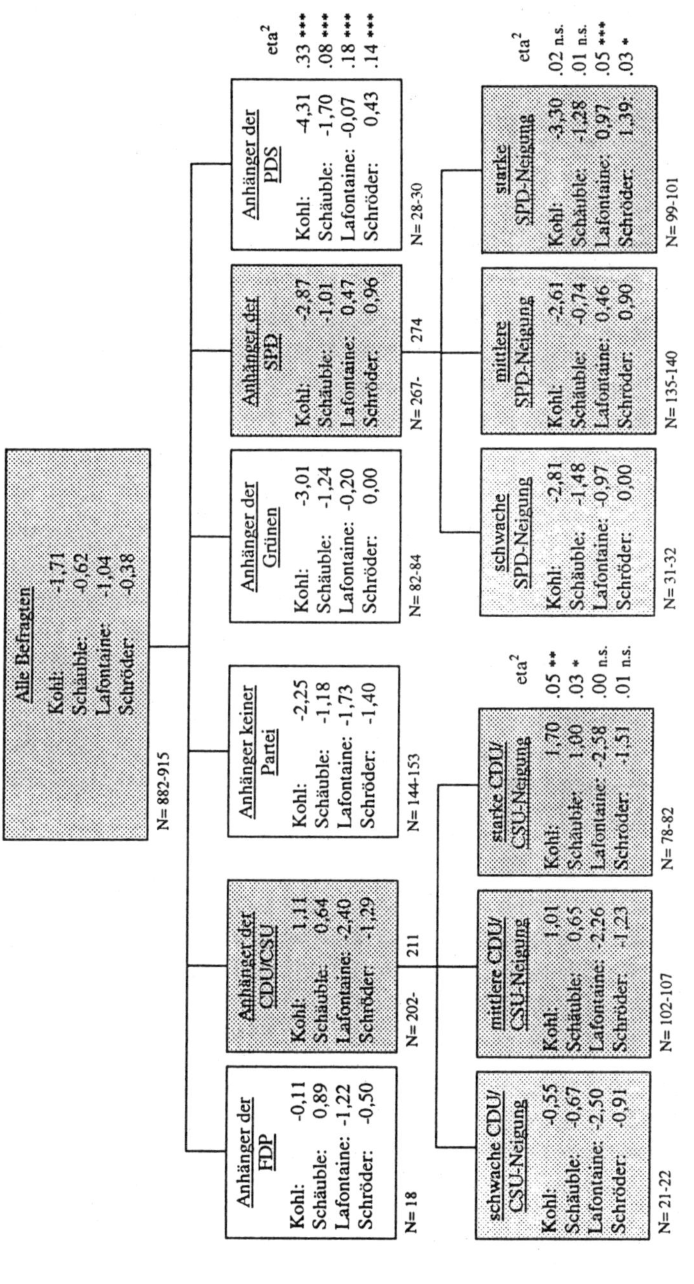

Quelle: EMNID-Wissenschaftspreis 1997; November 1997; eigene Berechnungen. n.s.= nicht signifikant; * p<.05; ** p<.01; *** p<.001.

Eigenschaftsdimensionen einem stärkeren Einfluß der Parteineigung als andere? 2) Drückten sich die Kandidatenbeurteilungen auch in der Kanzlerpräferenz aus? Kam den personenbezogenen Eigenschaftswahrnehmungen neben der Parteineigung überhaupt noch eine eigenständige Bedeutung zu? (FN 6)

Für den Einfluß der Parteiidentifikation auf die Beurteilung der Eigenschaftsdimensionen von Kohl und Schröder gilt das gleiche wie für den Zusammenhang zwischen der Parteiidentifikation und den Gesamtbeurteilungen: Je stärker eine Person der Union zuneigte, desto positiver nahm sie die Eigenschaften von Helmut Kohl wahr. Und je stärker eine Person der SPD zuneigte, desto positiver beurteilte sie die Eigenschaften von Gerhard Schröder. Allerdings hängen nicht alle vier Eigenschaftsdimensionen in gleichem Maße von der Parteiidentifikation ab. Am stärksten beeinflußt sie die Wahrnehmung von Kohls Integrität. Etwas schwächer fällt ihr Einfluß auf die Wahrnehmung der Issue-Kompetenz aus. Persönliche Merkmale Kohls sowie seine Manager-Fähigkeiten wurden hingegen eher unabhängig von der Parteineigung wahrgenommen. Ein ähnliches Bild zeigt sich bei Gerhard Schröder: Seine Issue-Kompetenz ist am stärksten mit der Parteiidentifikation verknüpft, gefolgt von der Integritäts-Wahrnehmung. Manager-Fähigkeiten weisen nur einen schwachen, die Beurteilung der persönlichen Merkmale gar keinen Zusammenhang mit der Parteineigung auf.

Analog hängt die Parteiidentifikation mit der Kanzlerpräferenz, die eine gewisse Nähe zur Entscheidungssituation der tatsächlichen Stimmabgabe für eine Partei aufweist, stärker zusammen als mit der Gesamtbeurteilung der beiden Kontrahenten. Diese hängen hingegen in einem größeren Maße von der Wahrnehmung der Eigenschaftsdimensionen Kohls und Schröders ab. Zwar setzen sich die Gesamtbeurteilungen von Kohl und Schröder aus ähnlichen Komponenten zusammen, in der Gewichtung dieser Komponenten treten jedoch bemerkenswerte Unterschiede auf. Die Gesamtbeurteilung des damaligen Amtsinhabers beruhte zu etwa gleichen Teilen auf der Wahrnehmung seiner Issue-Kompetenz, seiner Manager-Fähigkeiten, seiner persönlichen Merkmale und seiner Integrität. Dabei scheinen allerdings die generalisierten, komplexitätsreduzierenden persönlichen Merk-

Abbildung 4: Determinanten der Kanzlerpräferenz
(standardisierte Pfadkoeffizienten)

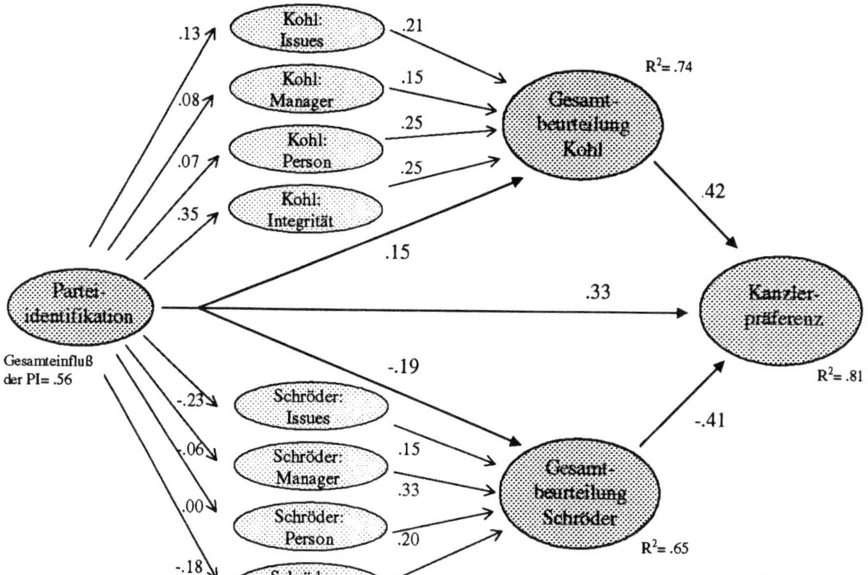

PRELIS 2.03; LISREL 8;
WLS nach polychorischen Korrelations- und asymptotischen Kovarianzmatrizen;
N= 453; EMNID-Wissenschaftspreis 1997; November 1997; eigene Berechnungen.

male sowie die Integritäts-Komponente geringfügig bedeutender als seine Manager-Fähigkeiten sowie seine Issue-Kompetenz. Eine negatives Gesamtbild von Kohl ergab sich also in erster Linie aus der Überzeugung, er sei unsympathisch und politisch nicht vertrauenswürdig. Die Gesamtbeurteilung Gerhard Schröders beruhte hingegen stark auf der Wahrnehmung einer Eigenschaftsdimension: seiner Manager-Fähigkeiten. Sie ergaben sich in erster Linie aus dem Eindruck, er sei tatkräftig. Die eher generalisierten Beurteilungen seiner persönlichen Merkmale sowie seiner Integrität trugen weniger deutlich zur Gesamtbeurteilung bei. Gleiches gilt für seine Issue-Kompetenz.

Abschließend bleibt die Frage zu klären, ob den Gesamtbeurteilungen von Kohl und Schröder neben der Parteiidentifikation eine eigenständige Bedeutung für die Kanzlerpräferenz zukam. Die Kanzlerpräferenz läßt sich insgesamt sehr gut mit der Parteiidentifikation und den Gesamtbeurteilungen von Kohl und Schröder erklären. Die Gesamtbeurteilungen von Kohl und Schröder waren für die Entscheidung zwischen den beiden Bewerbern um das Kanzleramt relevant. Allerdings sind sie bereits von der Parteiidentifikation beeinflußt. Darüber hinaus wirkt sich die Parteineigung direkt auf die Kanzlerpräferenz aus. Die Entscheidung zwischen zwei Kanzlerkandidaten beruht also nicht ausschließlich auf deren Gesamtbeurteilung, sondern wird zu einem erheblichen Teil von der Parteineigung der Wähler determiniert.

Medieneinflüsse auf Kandidatenbewertungen

Über die Bedeutung der Massenmedien im Rahmen von Wahlen wird in Deutschland seit jeher gestritten. Während die einen dem Fernsehen eine mitunter wahlentscheidende Bedeutung beimessen, erachten andere den Einfluß der Massenmedien auf das Wahlverhalten als gering (vgl. zu dieser Kontroverse die Beiträge in Schulz/Schönbach 1983; Noelle-Neumann 1977; Donsbach 1994; Schulz 1998; Gleich 1998). Diese Einschätzungen beruhen insgesamt auf verhältnismäßig wenigen empirischen Wirkungsstudien. Anders stellt sich die Forschungslage in den USA dar. Dort gilt als gesichert, daß Einstellungen zu Personen stärker von den Medien beeinflußt werden als Einstellungen zu Sachfragen oder die Parteiidentifikation. Letztere wird vor allem während der Sozialisation erworben und verfestigt sich mit zunehmender Wahlerfahrung. Sie zählt zu den stabilen, zentralen Elementen des individuellen Orientierungssystems und ist durch Medienberichterstattung kurzfristig nicht beeinflußbar. Weil Einstellungen zu Politikern schwächer mit stabilen Elementen des individuellen Orientierungssystems verknüpft sind als Einstellungen zu Sachfragen, unterliegen sie eher Medieneinflüssen. Ferner enthalten Kandidatenorientierungen eine deutlich emotionale Komponente, die durch Massenmedien leichter beeinflußt werden kann als Kognitionen. Und schließlich setzt bei personenbezogenen Nachrichten relativ oft die selektive Wahrnehmung von Medieninhalten aus, die sonst als „Schutzschild" gegen jene Informationen fungiert, die den eigenen Einstellungen widersprechen. Dies gilt vor allem für negative Meldungen: Während positive Meldungen über Politiker in erster Linie von deren Anhängern gelesen werden, erreichen negative Meldungen sowohl die Anhänger als auch die Gegner des betreffenden Politikers (Donsbach 1991). Einstellungen zu Politikern können daher leichter zum Schlechteren als zum Besseren verändert werden. Eine negative Tendenz der Medienberichterstattung schadet einem Kandidaten mehr, als ihm eine positive Berichterstattung nützt.

Wie schon bei der von Schulz und Kindelmann (1993) untersuchten Bundestagswahl 1990 gibt es auch in den zweieinhalb Jahren vor der Bundestagswahl 1998 eine nahezu parallele Entwicklung der Bewertung von Kohl und Schröder in den Fernsehnachrichten sowie der Gesamtbewertung von Kohl und Schröder durch die Bevölkerung (vgl. Abbildung 5). So war die Fernsehberichterstattung über Helmut Kohl 1996 relativ stabil und ausgewogen, bevor sie sich im ersten Quartal des Jahres 1997 deutlich verschlechterte. Die positive Bewertung Helmut Kohls durch die Bevölkerung nahm bereits 1996 geringfügig ab, bevor sie dann ebenfalls im ersten Quartal 1997 in den negativen Bereich absank. Bis Mitte 1998 konnte der damalige Amtsinhaber kein einziges Mal mehr eine vorteilhafte Gesamtbeurteilung in der Bevölkerung erreichen. Auch die Fernsehberichterstattung über ihn fiel – mit einigen Schwankungen – seit Beginn des Jahres 1997 negativ aus. Lediglich der CDU-Parteitag in Leipzig brachte dem Parteivorsitzenden im Oktober 1997 ein minimal positives Saldo in der Berichterstattung. Diese Verbesserung war jedoch nur von kurzer Dauer. Im Dezember erzielte Kohl in den Fernsehnachrichten einen neuen Negativ-Rekord. Erst im Mai 1998 konnte Kohl wieder ein geringfügig positives Saldo für sich verbuchen.

Gerhard Schröder wurde während des gesamten Untersuchungszeitraums von der Bevölkerung positiv bewertet. Deutliche Steigerungen gab es im April 1997, mit dem SPD-Parteitag in Hannover im Dezember 1997 und schließlich mit der gewonnenen Landtagswahl in Niedersachen und der Kür zum Kanzlerkandidaten der SPD am 1. März 1998. Die Fernsehberichterstattung über Gerhard Schröder – 1996 noch eher negativ – erreichte ebenfalls im April 1997 ihren ersten positiven Höhepunkt. Das Medien-

Abbildung 5: Beurteilung von Kohl und Schröder in den Fernsehnachrichten und durch die Bevölkerung

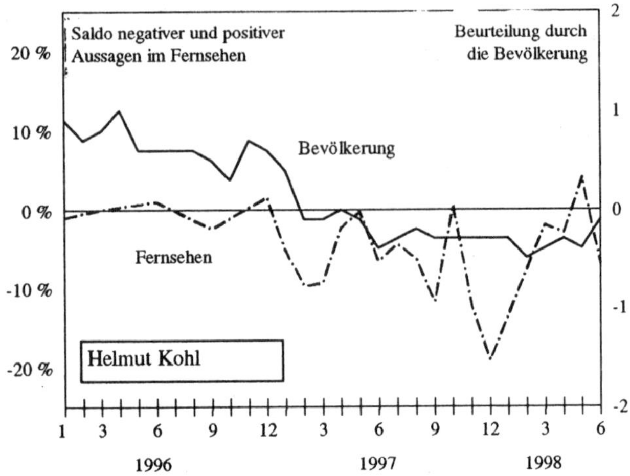

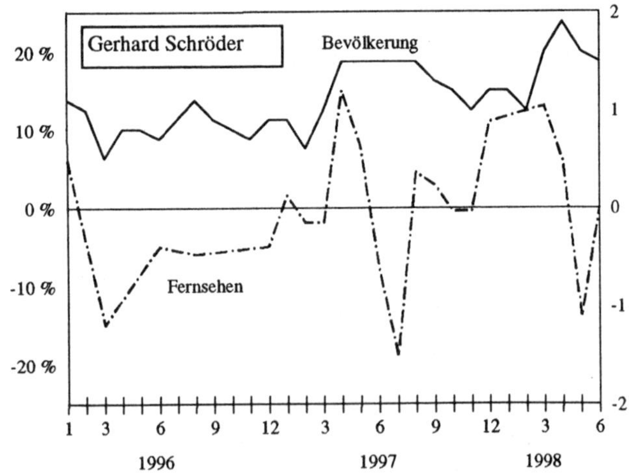

Bevölkerungsdaten: Politbarometer der Forschungsgruppe Wahlen. „Was halten Sie von...?" –5 (sehr wenig) bis +5 (sehr viel). Inhaltsanalysedaten Tagesthemen, Tagesschau, Heute, Heute Journal, RTL Aktuell, SAT.1 18:30: Medien Tenor Nr. 59, Nr. 67 und Nr. 74.

analysen-Institut Medien Tenor erkannte eine „Medienkampagne für Schröder", mit häufigerer und zunehmend wohlwollender Berichterstattung über den Herausforderer (Medien Tenor 1997a). Sie sackte dann vor allem aufgrund der an Schröders Wirtschaftspolitik geübten Kritik durch Industrieverbands-Vertreter noch einmal ab, lag jedoch zwischen Dezember 1997 und April 1998 wieder deutlich im positiven Bereich. Lediglich im Mai 1998, als Kohl im Fernsehen leicht positiv dargestellt wurde, überwogen die negativen Medienberichte über Schröder.

Während Gerhard Schröder in der Medienberichterstattung das Image des wirtschaftspolitischen Modernisierers genoß, verschlechterte sich die Berichterstattung über den damaligen Kanzler hinsichtlich dieses für die Wähler mit Abstand wichtigsten Politikfeldes (vgl. Abbildung 6). 1995 standen knapp fünf Prozent positiven Wertungen von Kohls Wirtschafts- und Finanzpolitik in den Fernsehnachrichten etwa acht Prozent negative Wertungen gegenüber. 1997 wuchs dieser Anteil auf das Doppelte an. Zum Thema Arbeitsmarktpolitik war sogar jede vierte gesendete Aussage negativ. „Bei der Analyse der sachpolitischen Berichterstattung über den CDU-Vorsitzenden und Bundeskanzler Helmut Kohl zeigt sich, daß er vor allem auf dem Gebiet der Wirtschafts- und Finanzpolitik verstärkt für die Politik seiner Regierung haftbar gemacht wird" (Medien Tenor 1997b, 4).

Bislang wurde die Medienberichterstattung insgesamt betrachtet. Aber innerhalb der Medienlandschaft gibt es eine relativ klare Hierarchie mit Prestige-Medien als „Meinungsführern". Eine besondere Rolle fällt dem SPIEGEL zu. Seine Berichterstattung prägt häufig die der anderen Medien, d.h. Umbewertungen von Kanzlerkandidaten, die der SPIEGEL vornimmt, finden sich wenig später auch in anderen Medien wieder. Beispielsweise wiesen Kepplinger u.a. (1986) für den Zeitraum zwischen 1975 und 1984 die Meinungsführerschaft des SPIEGEL bei der wertenden Berichterstattung über Helmut Kohl nach. Darüber hinaus hat die Frankfurter Allgemeine Zeitung eine Führungsrolle für die regionalen Abonnementzeitungen und die Süddeutsche Zeitung für die Rundfunksender inne (vgl. Kepplinger 1993b, 22). Aus dieser Kollegenorientierung sowie der Zusammenarbeit unter Journalisten – die von informellen Gesprächen über den Austausch von Informationen bis zu Termin- und sonstigen Absprachen sowie Recherchegemeinschaften reicht (vgl. Kepplinger 1993a) – resultiert häufig eine verhältnismäßig große Konsonanz der Medieninhalte. Mit dieser Konsonanz der Berichterstattung erhöht sich deren Wirkungspotential. Stimmungsumschwüngen in der Bevölkerung geht so meist eine relativ einheitliche Berichterstattung der Massenmedien voraus (vgl. den Überblick bei Brettschneider 1997, 589ff.).

Abbildung 6: Fernsehberichterstattung über Helmut Kohls Wirtschafts- und Finanzpolitik, 1995-1997

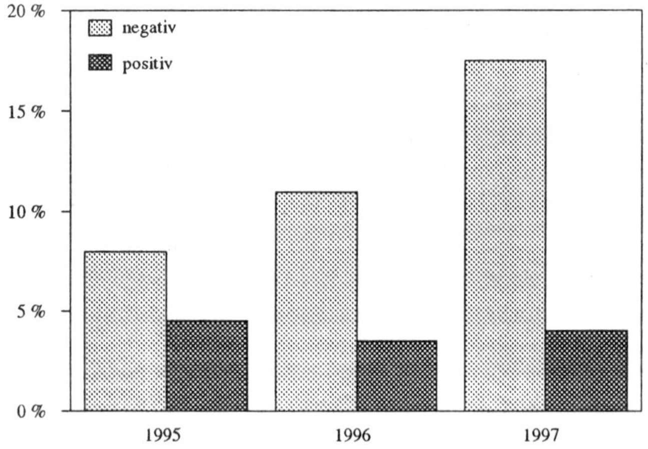

Quelle: Medien Tenor 1997b. Basis: Aussagen bezüglich der Wirtschafts- und Finanzpolitik des Kanzlers vom 1.1.1995 bis zum 30.9.1997 in den ARD-Tagesthemen, der ARD-Tagesschau (seit 2.5.1996), dem ZDF Heute-Journal, ZDF Heute (seit 2.5.1996), RTL Aktuell und SAT.1 18:30. N= 2.891 Aussagen (1995), 5674 Aussagen (1996) und 6831 Aussagen (1997).

Andererseits finden sich – je nach politischem Standort einen Mediums – im allgemeinen relativ deutliche Unterschiede in der redaktionellen Berichterstattung und in den Kommentaren über Themen und Kandidaten. So bestätigen zahlreiche Inhaltsanalysen die folgende Anordnung der überregionalen Abonnementzeitungen auf der Links-Rechts-Dimension: taz, FR, SZ, FAZ, Welt (vgl. u.a. Voltmer 1997; für die Wochenpresse vgl. Haller/Rettich 1997; für 1994 vgl. Donsbach 1994; ähnlich für 1990: Kaase 1994). In der Regel existiert in den Redaktionen eine vorgefaßte Meinung über die Kandidaten. „Diese vorgefaßte Meinung schlägt sich in einer spezifischen Bewertung und Beurteilung von Politikern in den Berichten und Schilderungen der Journalisten nieder“ (Kindelmann 1994, 97). Mithin ist jeweils von Wahl zu Wahl erneut zu untersuchen, was dominiert: Medienkonsonanz, also relativ einheitliche Berichterstattung über die Kandidaten, oder ideologisch geprägte Meinungsprofile, also starke Unterschiede in der Bewertung der Kandidaten.

Ein Stimmungsumschwung in der Bevölkerung kann nicht nur auf einer Umbewertung der Kandidaten in der Medienberichterstattung beruhen. In Frage kommen ferner indirekte Medienwirkungen auf die Bewertung von Politikern. Sie wurden in der amerikanischen Forschung sowohl in Experimenten (vgl. Iyengar/Kinder 1987; Iyengar/ Peters/Kinder 1982) als auch in Quer- und Längsschnittanalysen (vgl. Krosnick/Kinder 1990; Pan/Kosicki 1997) unter dem Stichwort „Priming“ nachgewiesen. „Priming“ liegen folgende Beobachtungen zugrunde: (1) Zur Bewertung von Politikern zieht ein Individuum nicht sämtliche zu diesen Personen vorliegenden Informationen heran, da dies zu aufwendig wäre. (2) Statt dessen werden bei der Urteilsbildung lediglich die Teilinformationen berücksichtigt, die zum Zeitpunkt der Bewertung gedanklich verfügbar, d.h. aktuell und zugänglich sind. (3) Vor allem Fernsehnachrichten bestimmen in erheblichem Maße, welche Teilinformationen verfügbar sind und welche nicht. Dominieren in der Medienberichterstattung sicherheitspolitische Meldungen, so ziehen Personen zur Bewertung von Politikern eher deren sicherheitspolitische Kompetenz heran als beispielsweise ihre sozialpolitischen Standpunkte. Weil Politikern in unterschiedlichen Themenfeldern unterschiedliche Problemlösungskompetenzen zugeschrieben werden, ist es für sie wichtig, daß diejenigen Themen in der Berichterstattung hervorgehoben werden, bei denen sie als kompetent gelten.Vor diesem Hintergrund besitzen „die Massenmedien auch dann einen Einfluß auf die Meinungsbildung und Wahlentscheidung, wenn sie die vorhandenen Einstellungen nicht ändern. Es genügt, sie mehr oder weniger stark zu aktualisieren“ (Kepplinger u.a. 1989, 75).

Besonders deutlich bekam dies 1992 der damalige US-Präsident George Bush zu spüren. Zu Beginn des Jahres 1991 erreichte er die höchsten Popularitätswerte, die bis dahin in der amerikanischen Bevölkerung je für einen Präsidenten ermittelt wurden. In den Massenmedien dominierte die Berichterstattung über den Golf-Krieg. Davon profitierte Bush, dem vor allem außen- und sicherheitspolitische Kompetenz zugeschrieben wurde. Mit dem Ende des Golf-Krieges wich die Dominanz der Außenpolitik in der Medienberichterstattung einem anderen Thema: der wirtschaftlichen Lage in den USA. Davon profitierte Bushs Herausforderer, Bill Clinton. Ihm gelang es, von der Bevölkerung auf diesem Themengebiet als kompetenter angesehen zu werden als Bush. Die Popularitätswerte von Bush sanken bis zur Wahl im Herbst 1992 dramatisch ab. Seine Wiederwahl scheiterte. Nicht eine offensichtliche Umbewertung Bushs in den Massenmedien verursachte seine Niederlage, sondern eine andere Schwerpunktsetzung in der Medienberichterstattung: Die Medien berichteten kaum noch über für Bush günstige außenpolitische Themen, sondern über für ihn ungünstige innenpolitische Themen (vgl. Pan/Kosicki 1997).

Bislang wurde die Medienberichterstattung insgesamt mit den Bevölkerungseinstellungen verglichen. Zur Untersuchung von Kausalbeziehungen zwischen Medienberichterstattung und Kandidatenbewertungen müßten hingegen für einen längeren Zeitraum die Kandidaten-Berichterstattung unterschiedlicher Medien, die Nutzung dieser Medien durch Individuen sowie deren Kandidatenorientierungen miteinander in Beziehung gesetzt werden (vgl. Kepplinger/Brosius/Dahlem 1994).

Dies kann hier nicht geleistet werden, weil für den vorliegenden Beitrag keine entsprechenden Längsschnitt-, sondern lediglich Querschnittdaten zur Verfügung stehen. Ferner liegen bedauerlicherweise keine Daten über die Mediennutzung und die Kandidatenorientierungen von Befragten einerseits sowie Inhaltsanalysedaten über die Kandidatenberichterstattung andererseits zu ein und demselben Zeitpunkt vor: Die Einstellungsdaten wurden Ende 1997 erhoben, die im folgenden präsentierten Inhaltsanalysedaten stammen aus dem August und September 1998.

In einem ersten Schritt wird daher gefragt, ob sich die Leser des politischen Teils der verschiedenen überregionalen Tageszeitungen und Wo-

Abbildung 7: Gesamtbeurteilung von Kohl und Schröder nach Mediennutzung (Mittelwerte auf einer Skala von –5 bis +5)

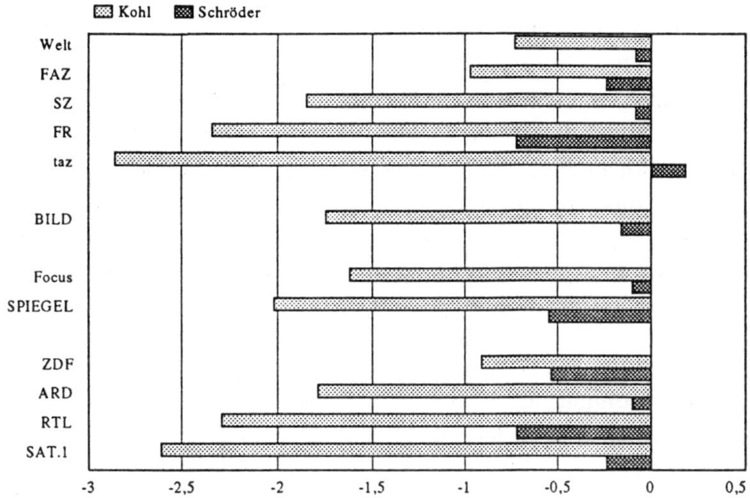

Fallzahlen: Welt 41, FAZ 60, SZ 64, FR 32, taz 29, BILD 315, Focus (sehr oft/oft) 74, SPIEGEL (sehr oft/oft) 139, ARD-Nachrichten (an mindestens fünf Tagen/Woche) 320, ZDF 135, SAT.1 51, RTL 84. Quelle: EMNID-Wissenschaftspreis November 1997; eigene Berechnung.

Abbildung 8: Gesamtbeurteilung von Kohl und Schröder in unterschiedlichen Medien (Saldo negativer und positiver Aussagen zwischen 1.8. und 10.9.1998 in Prozent)

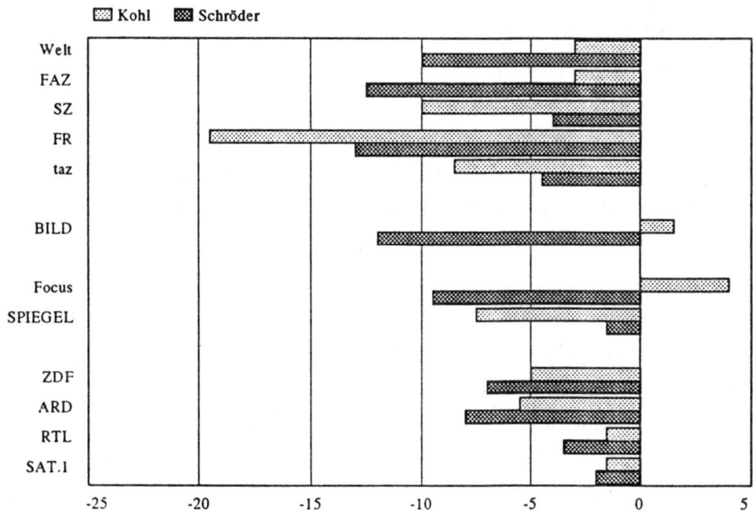

Quelle: nach Angaben im Medien Tenor 76 (1998).

chenmagazine sowie die Nutzer verschiedener Fernsehnachrichtensendungen knapp ein Jahr vor der Bundestagswahl in ihren Kandidatenbewertungen voneinander unterscheiden. (FN 7) Sind sich die Kandidatenbewertungen ähnlich, ist dies ein Hinweis auf Medienkonsonanz. Unterscheiden sie sich stark, liegt ein Indiz für eine ideologisch geprägte Berichterstattung über die Kandidaten vor. Gewißheit darüber könnte aber in jedem Fall nur eine Inhaltsanalyse der Berichterstattung im zeitlichen Umfeld der Befragung bringen. In einem zweiten Schritt wird die Medienberichterstattung über Kohl und Schröder unmittelbar vor der Wahl untersucht. Dabei steht erneut die Frage im Mittelpunkt, ob Medienkonsonanz oder eine ideologische Prägung der Berichterstattung überwiegt.

Die in Abbildung 7 präsentierten Befunde deuten einerseits auf eine ideologische Prägung der Berichterstattung hin, andererseits scheint ein relativ großes Ausmaß an Medienkonsonanz vorzuliegen. Auf eine ideologische Prägung kann vor allem von der Gesamtbeurteilung Helmut Kohls durch die verschiedenen Leserschaften der überregionalen Qualitätszeitungen sowie der Wochenmagazine geschlossen werden.

Erwartungsgemäß wurde der damalige Kanzler von den Lesern der Welt am besten beurteilt, gefolgt von den Lesern der FAZ, von Focus und der SZ. Am schlechtesten schnitt er bei den Lesern des SPIEGEL, der FR und der taz ab. Bei den Fernsehzuschauern findet sich eine unerwartete Reihenfolge: Die Nutzer der Nachrichten öffentlich-rechtlicher Sender beurteilten Kohl besser als die Nutzer der Nachrichtensendungen im privat-kommerziellen Fernsehen. Für eine relativ große Medienkonsonanz sprechen zwei Ergebnisse: Erstens beurteilten die Leser sämtlicher Zeitungen und Magazine sowie die Nutzer aller Nachrichtensendungen Kohl deutlich negativ. Dies gilt selbst für die Leser der konservativen Welt und der FAZ. Zweitens beurteilten alle Gruppen von Mediennutzern Gerhard Schröder zwar ebenfalls negativ (mit Ausnahme der taz-Leser), jedoch in jedem Fall besser als Helmut Kohl. Die geringsten Unterschiede in der Beurteilung des Kanzlers und seines Herausforderers finden sich bei den Personen, die regelmäßig die ZDF-Nachrichtensendungen Heute oder Heute-Journal ansehen. Die größte Differenz findet sich bei den Lesern der linksalternativen taz.

Die in Abbildung 8 präsentierten Inhaltsanalysedaten sprechen tendenziell die gleiche Sprache – und dies in zweierlei Hinsicht. Erstens fällt erneut die ideologische Prägung der Kandidatenberichterstattung der überregionalen Qualitätszeitungen sowie der Wochenmagazine auf: Die Welt, die FAZ, die Bild-Zeitung und Focus berichten über Schröder deutlich negativer als über Kohl. Bei der SZ, der FR, der taz und dem SPIEGEL wird über Kohl deutlich negativer berichtet als über Schröder.

Die Berichterstattung in den Fernsehnachrichten ist hingegen vergleichsweise ausgewogen. Zweitens ist die Berichterstattung über die beiden Kandidaten insofern konsonant, als sämtliche Medien in den Wochen unmittelbar vor der Wahl negativ über Schröder und fast alle – mit Ausnahme von Bild und Focus – auch negativ über Kohl berichten. Während dies für Helmut Kohl seit geraumer Zeit der Fall war, macht der Befund für Gerhard Schröder eine Veränderung deutlich: Die Berichterstattung über den einstigen „Medienliebling" wurde im Verlaufe des Wahlkampfes offenkundig negativer – und dies über alle Medien hinweg.

Aufgrund der relativ „dünnen" Datenbasis bleiben die Aussagen über Medienkonsonanz bis zu einem gewissen Grad spekulativ. Allerdings gab es vor der Bundestagswahl zwei Entwicklungen, die die hier angestellten Überlegungen stützen: Sie betreffen die Kanzlerpräferenz und die Erwartung, wer die Wahl gewinnen wird (vgl. Abbildungen 9 und 10). Wie bereits dargelegt, führten die Beurteilungen von Kohl und Schröder zu einer eindeutigen Kanzlerpräferenz: Eine große Mehrheit der Bevölkerung hätte sich bei einer Direktwahl des Kanzlers für Schröder entschieden. Zu Beginn des Jahres 1997 lag der Herausforderer in der Präferenz der Bevölkerung erstmals vor Kohl, bemerkenswert ist jedoch vor allem der Trend, der seitdem festzustellen war. So wuchs der Anteil der Wähler, die am liebsten Gerhard Schröder als Kanzler gesehen hätten, in nur sechs Monaten – zwischen November 1997 und April 1998 – von 56 auf 66 Prozent. Im gleichen Zeitraum verlor Helmut Kohl zehn Prozentpunkte. Nur noch ein Viertel der Bevölkerung präferierte im April 1998 den Amtsinhaber. Noch deutlicher ist die Entwicklung hinsichtlich der Erwartung der Bevölkerung, wer die Bundestagswahl gewinnen würde. Der in Abbildung 10 dargestellte, erdrutschartige Stimmungsumschwung zugunsten der SPD

Abbildung 9: Kanzlerpräferenz im Vorfeld der Bundestagswahl 1998

„Wen hätten Sie lieber als Bundeskanzler: Helmut Kohl oder Gerhard Schröder?"

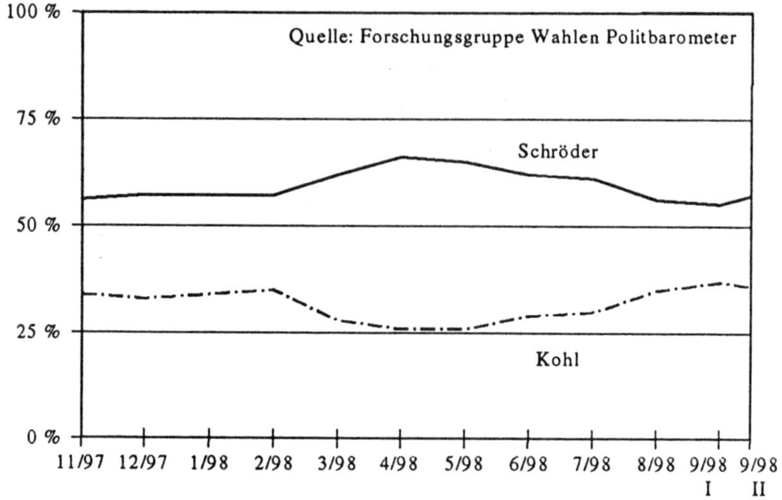

Abbildung 10: Erwarteter Wahlsieger im Vorfeld der Bundestagswahl 1998

„Was glauben Sie persönlich: Wer wird die nächste Bundestagswahl im Herbst 1998 gewinnen?"

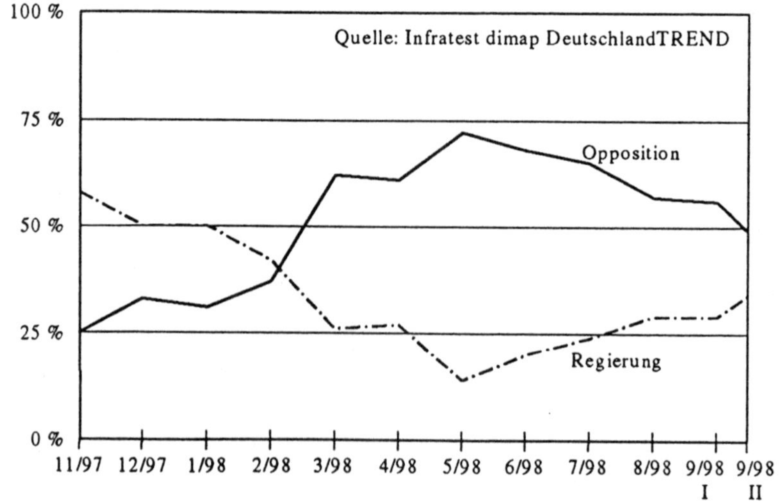

zwischen März und Mai 1998 deutet darauf hin, daß die Parteipräferenz eng mit der Person Gerhard Schröders verbunden war. Nach der Landtagswahl in Niedersachsen analysierte das Meinungsforschungsinstitut Infratest dimap (1998): „Seit November letzten Jahres spricht sich zwar eine Mehrheit der Deutschen für einen Regierungswechsel aus, jedoch wurde mehrheitlich bezweifelt, daß die Opposition die Bundestagswahl tatsächlich ge-winnen könnte. Mit der Nominierung Schröders hat sich dies geändert." Damit rückte erstmals seit langem ein Wahlsieg der Opposition in greifbare Nähe. Beide Entwicklungen – der bis Mitte 1998 wachsende Anteil von Befragten, die Gerhard Schröder als Kanzler präferierten sowie der wachsende Anteil derer, die einen Oppositionssieg erwarteten – weisen auf Medienkonsonanz hin und befinden sich im Einklang mit den in Abbildung 7 dargelegten Beurteilungen von Kohl und Schröder.

Gleiches gilt für die Entwicklungen zwischen April 1998 und dem Wahltag am 27. September. Der dramatische Vorsprung, den Schröder Mitte des Jahres vor Kohl hatte, schrumpfte etwas zusammen. Vor allem aber näherten sich Regierung und Opposition bei den Gewinnerwartungen wieder aneinander an. Dies ist für die Endphase des Wahlkampfes nicht ungewöhnlich. Ähnliche Veränderungen zugunsten Kohls und der Union gab es auch vor den Bundestagswahlen 1990 und 1994. Damals setzen sie jedoch früher ein und führten zu einem Wahlerfolg der amtierenden Regierung. So oder so: Ohne eine relativ konsonante Medienberichterstattung sind derartige Entwicklungen kaum denkbar. Diese Vermutung befindet sich im Einklang mit den in Abbildung 8 präsentierten Inhaltsanalysedaten, die darauf hinweisen, daß sich die Berichterstattung über Gerhard Schröder in den letzten Wochen vor der Wahl verschlechterte.

Image-Agenda-Setting

Der Medienberichterstattung wird nicht nur ein Einfluß auf die Gesamtbeurteilung von Kandidaten zugeschrieben. Die Medien werden auch für die vermeintliche Personalisierung der Politik (mit)verantwortlich gemacht (vgl. u.a. Lass 1995; Weischenberg 1998; Jäger 1992). Die Betonung apolitischer Eigenschaften von Kandidaten führe dazu, daß diese zunehmend aufgrund persönlicher Merkmale beurteilt, ihre politischen Standpunkte jedoch in den Hintergrund treten würden. Solche Überlegungen richten sich vor allem auf das Fernsehen. Dies hat mehrere Gründe: Zum einen sind optische Eindrücke für die Beurteilung von Charaktereigenschaften besonderes wichtig. So prägt das Fernsehen Eindrücke von Charaktereigenschaften stärker als Tageszeitungen. Letztere beeinflussen eher Eindrücke von der Sachkompetenz eines Kandidaten (vgl. Kepplinger/Brosius/Dahlem 1994, 57).

Zum anderen präsentieren die Printmedien und das Fernsehen Politik auf jeweils spezifische Art und Weise („Medienformate"). So ist beispielsweise das Fernsehen stärker auf Visualisierung, Verkürzung und Aktionshaltigkeit angewiesen als die Zeitungen. Dieses Format begünstigt eine an Personen ausgerichtete Politikberichterstattung. Dabei orientieren sich die privat-kommerziellen noch stärker als die öffentlich-rechtlichen Anbieter am typischen „Fernsehformat". Ihre politische Medienrealität ist knapper und einfacher als die der öffentlich-rechtlichen Anbieter (vgl. Pfetsch 1994, 117). Darüber hinaus unterscheiden sich die öffentlich-rechtlichen und die privat-kommerziellen Medienrealitäten auch hinsichtlich der Auswahl politischer Akteure. In knapp drei Viertel des Sendevolumens politischer Beiträge der öffentlich-rechtlichen Sender wird auf das politisch-administrative System (Regierung, Parlament, Verwaltung) bzw. seine Akteure Bezug genommen. Bei den privat-kommerziellen Anbietern beziehen sich hingegen nur die Hälfte der Informationsanlässe auf den institutionalisierten politischen Prozeß. Und dann dominiert bei SAT.1 und RTL eindeutig die Bundesregierung (vgl. Pfetsch 1991, 103f.).

Auch thematisieren die privat-kommerziellen Anbieter im allgemeinen häufiger als die öffentlich-rechtlichen Sender das Privatleben bzw. Persönlichkeitsmerkmale der Spitzenpolitiker. Bei den öffentlich-rechtlichen Anbietern kommen die Politiker hingegen häufiger im Originalton zu Wort (vgl. Pfetsch 1994, 119). Wie in den USA, wird auch in Deutschland im Fernsehen sehr viel öfter über den Charakter der Kandidaten berichtet als über deren Sachkompetenz (vgl. Kepplinger/Dahlem/Brosius 1993; für die USA vgl. Graber 1976; Patterson 1994; King 1995). In der Berichterstattung über Kohl und Scharping vor der Bundestagswahl 1994 dominierten ihre persönlichen und apolitischen Eigenschaften, während ihre Positionen zu politischen Sachfragen nur eine untergeordnete Rolle spielten (vgl. Donsbach 1994, 23).

Hier setzen die Überlegungen zum Image-Agenda-Setting an. Image-Agenda-Setting ist eine Abwandlung des auch in Deutschland nachgewiesenen Themen-Agenda-Setting (vgl. den Überblick über 25 Jahre Forschungsstand bei Brettschneider 1994). Der Kernbefund der Forschung zum Themen-Agenda-Setting lautet: Die Massenmedien beeinflussen durch die Betonung von Themen in der Berichterstattung – Publikationshäufigkeit, Plazierung und Aufmachung –, welche Probleme von der Bevölkerung als besonders wichtig angesehen werden und welche Probleme „unter den Tisch fallen". Sie sind beim Setzen der Tagesordnung um so erfolgreicher, je weniger die Bevölkerung Realität direkt wahrnehmen kann. Die Bedeutsamkeit eines Themas für die Bevölkerung ergibt sich dann nicht aus der Realität, sondern aus der Berichterstattung über die Realität. Die Medienagenda entsteht in Wechselwirkungsprozessen zwischen den Massenmedien und ihren Umwelten („Agenda-Building"). Dabei spielen medieninterne Einflüsse eine Rolle (z.B. Nachrichtenwerte, politische Einstellungen von Journalisten, Kollegenorientierung), aber auch externe Einflüsse, wie beispielsweise die Inszenierung von Pseudo-Ereignissen durch Politiker.

Dieser Mechanismus ist nicht nur bei der Berichterstattung über Themen zu beobachten, sondern auch im Hinblick auf Kandidatenimages. Die in der Medienberichterstattung häufig erwähnten Eigenschaften erhalten für die Gesamtbewertung eines Kandidaten ein größeres Gewicht als die selten erwähnten Eigenschaften. Dominieren in der Medienberichterstattung über Kandidaten beispielsweise Aussagen über managerielle Fähigkeiten, dann werden für die Gesamtbewertung der Kandidaten eher die Beurteilungen von deren manageriellen Fähigkeiten herangezogen als beispielsweise die Beurteilung der Integrität der Politiker. „By concentrating on certain attributes of a candidate and downplaying or ignoring other attributes, the mass media play an important agenda-setting role with regard to that candidate's image. In other words, the media provide an agenda of attributes from which voters´ images of the candidates are formed. Such an agenda of attributes for each candidate in a campaign constitutes a major portion of the raw material from which images are formed by voters" (Weaver u.a. 1981, 161f.).

In Verbindung mit den oben geschilderten Unterschieden in der Politikberichterstattung verschiedener Medien ergeben sich daraus folgende Überlegungen: Die Bedeutung der Image-Komponenten Problemlösungskompetenz, Manager-Fähigkeiten, Persönliches und Integrität für die Gesamtbewertung von Helmut Kohl bzw. Gerhard Schröder müßte je nach bevorzugtem Medium variieren. Beispielsweise müßte die Persönlichkeits-Dimension bei Personen, die ihre politischen Informationen fast ausschließlich aus dem Fernsehen beziehen, wichtiger sein als bei Personen, die ihre politischen Informationen überwiegend aus den Printmedien beziehen (vgl. für die USA Keeter 1987). Analoges gilt für die Unterscheidung zwischen privat-kommerziellen und öffentlich-rechtlichen Nachrichtensendungen: Die Persönlichkeits-Dimension müßte bei Personen, die ihre politischen Informationen fast ausschließlich aus den Nachrichtensendungen der privat-kommerziellen Fernsehanbieter beziehen, wichtiger sein als bei Personen, die ihre politischen Informationen überwiegend aus den Nachrichtensendungen der öffentlich-rechtlichen Fernsehanbieter beziehen. Diese Erwartungen bestätigen sich vor der Bundestagswahl 1998 nicht (vgl. Tabelle 2). Weder die Unterscheidung in Print- und Fernsehnutzer, noch die Unterscheidung der Fernsehzuschauer in Nutzer der öffentlich-rechtlichen bzw. der privat-kommerziellen Nachrichtensendungen wirkt sich systematisch auf das Gewicht der einzelnen Image-Komponenten für die Gesamtbeurteilung aus (für die Operationalisierung der unterschiedlichen Mediennutzungstypen vgl. Brettschneider 1998b, 398ff.). Dafür kommen mehrere Gründe in Betracht: Ende 1997 hat in der Bundesrepublik kein Image-Agenda-Setting stattgefunden. Möglicherweise wurden in der Medienberichterstattung über Kohl und Schröder einzelne Image-Komponenten nicht besonders hervorgehoben. Oder aber die Betonung bestimmter Kandidateneigenschaften in der Medienberichterstattung ähnelte sich trotz unterschiedlicher Medienformate. In beiden Fällen hätte erneut eine relativ große Medienkonsonanz vorliegen müssen. Ob dies der Fall war, läßt sich allerdings nur mit einer Inhaltsanalyse klären, die an dieser Stelle jedoch nicht vorgenommen werden kann.

Tabelle 2: Bedeutung der Eigenschaftsdimensionen für die Gesamtbeurteilung von Kohl und Schröder nach verschiedenen Mediennutzungstypen (unstandardisierte Regressionskoeffizienten bei Kontrolle von Bildung)

	Politische Mediennutzungstypen							
Helmut Kohl	keine politische Mediennutzung		nur TV-Nutzung		nur Presse-Nutzung		Presse- und TV-Nutzung	
Issue-Kompetenz	-0,20	n.s.	1,02	***	0,55	*	1,20	***
Manager-Fähigkeiten	0,18	n.s.	0,15	n.s.	0,32	n.s.	0,18	n.s.
Persönliches	0,63	*	0,39	*	0,82	**	0,47	n.s.
Integrität	1,42	***	0,68	***	0,80	**	0,61	**
adjusted R^2	0,53		0,56		0,63		0,64	
N	84		289		143		250	
Gerhard Schröder								
Issue-Kompetenz	0,98	**	0,99	***	0,04	n.s.	0,75	***
Manager-Fähigkeiten	0,65	n.s.	0,39	n.s.	0,84	*	0,50	*
Persönliches	0,70	n.s.	0,92	***	0,34	n.s.	0,69	**
Integrität	0,08	n.s.	-0,03	n.s.	0,66	n.s.	0,64	**
adjusted R^2	0,61		0,55		0,37		0,54	
N	68		261		118		218	

	Politische Fernsehnutzungstypen							
Helmut Kohl	keine politische TV-Nutzung		nur Nachrichten privat-kommerzieller Anbieter		nur Nachrichten öffentlich-rechtlicher Anbieter		Nachrichten beider Anbietergruppen	
Issue-Kompetenz	0,24	n.s.	0,91	*	0,84	**	1,28	***
Manager-Fähigkeiten	0,11	n.s.	0,41	n.s.	0,24	n.s.	0,11	n.s.
Persönliches	0,46	n.s.	0	n.s.	0,65	***	0,34	n.s.
Integrität	1,44	***	1,15	**	0,64	***	0,60	n.s.
adjusted R^2	0,61		0,71		0,60		0,57	
N	129		54		385		124	
Gerhard Schröder								
Issue-Kompetenz	0,55	*	1,55	***	0,72	***	0,82	**
Manager-Fähigkeiten	0,69	*	0,54	n.s.	0,47	**	0,69	*
Persönliches	0,97	**	0,72	**	0,84	***	0,35	n.s.
Integrität	0,25	n.s.	0,05	n.s.	0,32	n.s.	0,32	n.s.
adjusted R^2	0,58		0,77		0,51		0,43	
N	108		50		343		115	

Quelle: EMNID-Wissenschaftspreis 1997; November 1997; eigene Berechnungen. n.s.= nicht signifikant; * $p < .05$; ** $p < .01$; *** $p < .001$.

Zusammenfassung und Diskussion

Im vorliegenden Beitrag wurde untersucht, welche Vorstellungen die Bürger im Vorfeld der Bundestagswahl 1998 von Helmut Kohl und Gerhard Schröder hatten. Ferner wurde gefragt, welchen Beitrag die Medienberichterstattung über den Kanzler und seinen Herausforderer zur Herausbildung dieser Images geleistet hat. Die wichtigsten Ergebnisse lauten:

1. Die Einstellungen der Bevölkerung zu Helmut Kohl und Gerhard Schröder lassen sich zu vier Dimensionen zusammenfassen: Issue-Kompetenz, managerielle Fähigkeiten, persönliche Merkmale und Integrität. In allen vier Bereichen schnitt der damalige Kanzler schlechter ab als sein Herausforderer. Den größten Vorsprung erzielte Schröder bei der Kompetenz zur Bekämpfung der Arbeitslosigkeit. Während Kohl als verbraucht und tatenlos galt, wirkte Schröder dynamisch und tatkräftig. Kohl wurde mit politischem Stillstand, Schröder mit politischem Wandel in Verbindung gebracht.

2. Die Einschätzungen der einzelnen Eigenschaften von Kohl und Schröder schlugen sich in der Gesamtbeurteilung der Kontrahenten nieder. Schröder wurde mit Abstand positiver wahrgenommen als Kohl. Der negative Gesamteindruck Kohls beruhte vor allem auf der Einschätzung, er sei politisch nicht vertrauenswürdig. Dies spiegelte – aus der Sicht der Bürger – die mit ihm gesammelten Erfahrungen wider. Die Gesamtbeurteilung von Schröder beruhte vor allem auf der Einschätzung, er sei tatkräftig. Dies spiegelte die in ihn gesetzten Erwartungen wider.

3. Die Parteiidentifikation der Befragten beeinflußte sowohl die Gesamtbeurteilung von Kohl und Schröder als auch die Wahrnehmung ihrer Eigenschaften. Vor allem in die Beurteilung der Issue-Kompetenz und der Integrität ging die Parteineigung der Befragten ein. Persönliche Merkmale und managerielle Fähigkeiten wurden hingegen relativ parteiunabhängig wahrgenommen.

4. Es besteht ein Zusammenhang zwischen der Berichterstattung über Kohl und Schröder sowie der Gesamtbeurteilung beider Kontrahenten durch die Bevölkerung. Helmut Kohls Bewertung in den Massenmedien wurde seit 1996 negativer. Vor allem seine Wirtschafts- und Finanzpolitik wurde kritisiert. Die Gesamtbeurteilung Kohls durch die Bevölkerung wurde

ebenfalls negativer. Vor allem seine Kompetenz zur Bekämpfung der Arbeitslosigkeit sowie zur Ankurbelung der Wirtschaft wurde bezweifelt. Gerhard Schröders Bewertung in den Massenmedien wurde seit 1996 positiver. Gleiches gilt für seine Beurteilung durch die Bürger. Erst in den letzten Wochen vor der Bundestagswahl kam es offenbar zu einer negativeren Berichterstattung über den Herausforderer, die sich vor allem im „gegnerischen publizistischen Lager" – bei Welt, FAZ, Bild und Focus – vollzog, aber auch in der Frankfurter Rundschau eintrat.

5. Es gibt Hinweise auf eine ideologische Prägung der Berichterstattung über Helmut Kohl. Erwartungsgemäß beurteilten die Leser der konservativen Tageszeitungen den Kanzler besser als die Leser der linksliberalen Zeitungen. Gerhard Schröder wurde hingegen ein Jahr vor der Wahl von den Nutzern sämtlicher Medien relativ einheitlich beurteilt. Darüber hinaus spiegelt vor allem die Berichterstattung einzelner Medien über Helmut Kohl in den letzten Wochen vor der Wahl deren Plazierung im ideologischen Spektrum der Qualitäts- und Wochenpresse wider.

6. Es überwiegen die Hinweise auf eine starke Konsonanz der Medienberichterstattung. Zum einen wurde Helmut Kohl von allen Mediennutzungsgruppen – sogar von den Lesern der konservativen Tageszeitungen – schlechter beurteilt als Gerhard Schröder. Zum anderen ließ sich kein auf unterschiedlichen Medienformaten beruhendes Image-Agenda-Setting nachweisen, was für eine relativ einheitliche Berichterstattung über Kohl und Schröder spricht.Wie bereits dargelegt, bleiben zahlreiche der hier zum Zusammenhang zwischen Medienberichterstattung und Kandidatenorientierungen getroffenen Aussagen aufgrund der relativ schmalen Datenbasis im Bereich der begründeten Spekulation. Für künftige Wahlen wäre es daher äußerst wünschenswert, Umfragedaten und Inhaltsanalysedaten über einen längeren Zeitraum hinweg systematisch miteinander zu verknüpfen.

Fußnoten

1) Der EMNID-Wissenschaftspreis 1997 wurde an Angelika Vetter und mich für das Projekt „Personalisierung der Politik: Kandidatenimages und Image-Agenda-Setting der Massenmedien" vergeben. Mein Dank gilt der für die Preisvergabe verantwortlichen Jury, dem EMNID-Institut, das bei der Aufnahme der Kandidaten-Fragen in eine Mehrthemenumfrage großzügig war, und Dieter Walz für seine Kooperation und die schnelle Bereitstellung der Daten. CAPI-Umfrage; 953 Befragte (754 West, 199 Ost), Wohnbevölkerung der Bundesrepublik Deutschland im Alter von mindestens 18 Jahren. Grundlage: 315 Sample Points des ADM-Mastersamples; innerhalb der Sample Points erfolgte die Auswahl nach dem Random-Route-Verfahren; in den Haushalten erfolgte die Auswahl mittels Geburtstagsschlüssel. Zeitraum: 14.11. bis 24.11.1997. Angelika Vetter danke ich für inhaltliche Anregungen und Kritik.

2) Bei dieser wie auch bei den folgenden Analysen traten keine nennenswerten Unterschiede zwischen den Befragten in Ost- und Westdeutschland auf, so daß auf eine getrennte Ausweisung der Ergebnisse verzichtet wurde.

3) Die Güte des vierfaktoriellen Modells ist sowohl bei Kohl als auch bei Schröder etwas besser als hier nicht präsentierte ein- und zweifaktorielle Modelle.

4) Dies kann vor allem bei der Verwendung geschlossener Fragen auftreten. Die zu beurteilenden Kandidateneigenschaften werden vom Forscher vorgegeben. Das heißt aber nicht zwangsläufig, daß sie mit den Eigenschaften übereinstimmen, die den Befragten zu einem Kandidaten in den Sinn kommen. So bittet man Befragte möglicherweise um die Beurteilung einer Eigenschaft, über die sie noch nie nachgedacht haben. In zahlreichen Studien zu Kandidatenimages werden daher offene Fragen verwendet. So auch hier. Die Validierung der geschlossenen Fragen mittels offener Fragen führte jedoch zu keinen abweichenden Ergebnissen (vgl. Brettschneider 1998a).

5) Fragewortlaut: „Was halten Sie ganz allgemein von den Politikern, die ich Ihnen gleich nenne? Sagen Sie mir dies bitte anhand der folgenden Skala: +5 bedeutet, daß Sie sehr viel von dem genannten Politiker halten; -5 bedeutet, daß Sie überhaupt nichts von dem genannten Politiker halten. Mit den Werten dazwischen können Sie Ihr Urteil abstufen. Was halten Sie von Helmut Kohl? Und was halten Sie von Gerhard Schröder? Und was halten Sie von Wolfgang Schäuble? Und was halten Sie von Oskar Lafontaine?" Parteiidentifikation: „Viele Leute in der Bundesrepublik Deutschland neigen längere Zeit einer bestimmten Partei zu, obwohl sie auch ab und zu eine andere Partei wählen. Wie ist das bei Ihnen: Neigen Sie, ganz allgemein gesprochen, einer bestimmten Partei zu? [ggf.] Welcher Partei neigen Sie zu? [ggf.] Wie stark oder wie schwach neigen Sie – alles zusammengenommen – dieser Partei zu? Ist das 1. sehr stark, 2. ziemlich stark, 3. mittelmäßig, 4. ziemlich schwach oder 5. sehr schwach?". In Abbildung 3 sind die Ausprägungen 1 und 2 zu „starke Neigung" und die Ausprägungen 4 und 5 zu „schwache Neigung" zusammengefaßt. Ausprägung 3 bildet die mittlere Kategorie.

6) Codierung der Parteiidentifikation (Elfer-Skala von -5 bis +5): -5 = starke SPD-Parteiidentifikation, 0 = keine PI, +5 = starke CDU/CSU-PI. Bei dieser Codierung bleiben die Anhänger der FDP, der PDS und der Grünen unberücksichtigt. Codierung der je vier Eigenschaftsdimensionen für Kohl und Schröder (Fünfer-Skala von -2 bis +2): -2 = Eigenschaften treffen gar nicht zu, 0 = teils / teils, +2 = Eigenschaften treffen stark zu; Gesamtbeurteilung Kohl und Schröder (Elfer-Skala von -5 bis +5): -5 = halte nichts von dem Politiker, 0 = teils / teils, +5 = halte viel von dem Politiker; Kanzlerpräferenz (Dreier-Skala von -1 bis +1): -1 = Schröder, 0 = keiner von beiden, +1 = Kohl. Fragewortlaut: „Wenn es nach Ihnen ginge: Wen hätten Sie lieber als Bundeskanzler, Helmut Kohl oder Gerhard Schröder?". Die starken Zusammenhänge zwischen den Variablen führen zu einem Multikollinearitätsproblem. Dies gilt es bei der Interpretation zu bedenken, die sich jedoch eher auf die Struktur der Zusammenhänge richtet als auf den absoluten Grad der Stärke.

7) Fragewortlaut: „Lesen Sie regelmäßig oder gelegentlich die Bildzeitung?" Wenn ja: „Und an wie vielen Tagen in der Woche lesen Sie die Berichte über das politische Geschehen in Deutschland in der Bildzeitung?". „Und lesen Sie regelmäßig oder gelegentlich eine überregionale Tageszeitung – also die Frankfurter Allgemeine Zeitung, die Süddeutsche Zeitung, die Welt, die Frankfurter Rundschau oder die taz?" Wenn ja: „Welche Tageszeitung ist das?". „Und an wie vielen Tagen in der Woche lesen Sie darin die Berichte über das politische Geschehen in Deutschland?". „Und lesen Sie sonst noch eine Tageszeitung?" Wenn ja: „Welche Tageszeitung ist das?". „Und an wie vielen Tagen in der Woche lesen Sie darin die Berichte über das politische Geschehen in Deutschland?". „Bitte sagen Sie mir, ob Sie das Nachrichtenmagazin DER SPIEGEL sehr oft, oft, manchmal, selten oder nie lesen." „Und wie ist das mit dem Focus?" „Und wie ist das mit der Wochenzeitung Die Zeit?" „Ich nennen Ihnen jetzt verschiedene Nachrichtensendungen im Fernsehen. Sagen Sie mir bitte, an wie vielen Tagen pro Woche Sie diese Sendungen gewöhnlich sehen. Wie ist das mit ... Tagesschau in der ARD um 20.00 Uhr, Tagesthemen in der ARD um 22.30 Uhr, Heute im ZDF um 19.00 Uhr, Heute-Journal im ZDF um 21.45 Uhr, SAT.1 Nachrichten um 18.30 Uhr, RTL Aktuell um 18.45 Uhr?" Die für die weiteren Analysen relevanten Antwortverteilungen finden sich bei Brettschneider 1998b, 398

Literatur

Brettschneider, F. (1994). Agenda-Setting. Forschungsstand und politische Konsequenzen. In M. Jäckel & P. Winterhoff-Spurk (Hrsg.), Politik und Medien. Analysen zur Entwicklung der politischen Kommunikation (S. 211-229). Berlin: Vistas.

Brettschneider, F. (1997). Massenmedien und politische Kommunikation in Deutschland. In O. W. Gabriel & E. Holtmann (Hrsg.), Handbuch Politisches System der Bundesrepublik Deutschland (S. 557-595). München, Wien: Oldenbourg Verlag.

Brettschneider, F. (1998a). Kohl oder Schröder: Determinanten der Kanzlerpräferenz gleich

Determinanten der Wahlpräferenz? Zeitschrift für Parlamentsfragen 29, 401-421.

Brettschneider, F. (1998b). Medien als Imagemacher? Media Perspektiven 8/98, 392-401.

Campbell, A., Converse, P. E., Miller, W. E. & Stokes, D. E. (1960). The American Voter. New York et al.: John Wiley & Sons.

Dalton, R. J. & Rohrschneider, R. (1990). Wählerwandel und die Abschwächung der Parteineigungen von 1972 bis 1987. In M. Kaase & H.-D. Klingemann (Hrsg.), Wahlen und Wähler. Analysen aus Anlaß der Bundestagswahl 1987 (S. 297-324). Opladen: Westdeutscher Verlag.

Donsbach, W. (1991). Medienwirkung trotz Selektion. Einflußfaktoren auf die Zuwendung zu Zeitungsinhalten. Köln, Weimar, Wien: Böhlau.

Donsbach, W. (1994). What Part Did the Media Play? The Public Perspective 11-12, 21-23.

Falter, J. W. (1998). Alle Macht dem Spin Doctor. Die Amerikanisierung der Wahlkämpfe ist auch in Deutschland fortgeschritten. FAZ vom 27. April 1998, 11.

Falter, J. W. & Rattinger, H. (1983). Parteien, Kandidaten und politische Streitfragen bei der Bundestagswahl 1980: Möglichkeiten und Grenzen der Normal-Vote-Analyse. In M. Kaase & H.-D. Klingemann (Hrsg.), Wahlen und politisches System. Analysen aus Anlaß der Bundestagswahl 1980 (S. 320-421). Opladen: Westdeutscher Verlag.

Gabriel, O. W. & Vetter, A. (1998). Bundestagswahlen als Kanzlerwahlen? Kandidatenorientierungen und Wahlentscheidungen im parteienstaatlichen Parlamentarismus. In M. Kaase & H.-D. Klingemann (Hrsg.), Wahlen und Wähler. Analysen aus Anlaß der Bundestagswahl 1994 (S. 505-536). Opladen: Westdeutscher Verlag.

Gleich, U. (1998). Die Bedeutung medialer politischer Kommunikation für Wahlen. Aktuelle Forschungsergebnisse. Media Perspektiven 8/98, 411-422.

Graber, D. A. (1976). Press and TV as Opinion Resources in Presidential Campaigns. Public Opinion Quarterly 40, 285-303.

Haller, M. & Rettich, M. (Hrsg.) (1997). Wochenmedien Jahrbuch 1996. Bern u.a.: InnoVatio Verlag.

Hellweg, S. A. (1995). Campaigns and Candidate Images in American Presidential Elections. In K. L. Hacker (Ed.), Candidate Images and Presidential Elections (pp. 1-17). Westport, London: Praeger.

Holicki, S. (1993). Pressefoto und Pressetext im Wirkungsvergleich. Eine experimentelle Untersuchung am Beispiel von Politikerdarstellungen. München: Verlag Reinhard Fischer.

Infratest dimap (1998). Ein Ruck geht durch das Land. DeutschlandTREND März 1998.

Iyengar, S. & Kinder, D. R. (1987). News That Matters. Television and American Opinion. Chicago, London: University of Chicago Press.

Iyengar, S., Peters, M. D. & Kinder, D. R. (1982). Experimental Demonstrations of the „Not-So-Minimal“ Consequences of Television News Programs. American Political Science Review 76, 848-858.

Jäger, W. (1992). Fernsehen und Demokratie. Scheinplebiszitäre Tendenzen und Repräsentation in den USA, Großbritannien, Frankreich und Deutschland. München: Verlag C.H. Beck.

Kaase, M. (1994). Is There Personalization in Politics? Candidates and Voting Behavior in Germany. International Political Science Review 15, 211-230.

Keeter, S. (1987). The Illusion of Intimacy. Television and the Role of Candidate Personal Qualities in Voter Choice. Public Opinion Quarterly 51, 344-358.

Kepplinger, H. M. (1989). Theorien der Nachrichtenauswahl als Theorien der Realität. Aus Politik und Zeitgeschichte B15, 1-16.

Kepplinger, H. M.; in Zusammenarbeit mit Eps, P., Esser, F. & Gattwinkel, D. (1993a). Am Pranger: Der Fall Späth und der Fall Stolpe. In W. Donsbach, O. Jarren, H. M. Kepplinger & B. Pfetsch, Beziehungsspiele – Medien und Politik in der öffentlichen Diskussion. Fallstudien und Analysen (S. 159-220). Gütersloh: Verlag Bertelsmann Stiftung.

Kepplinger, H. M. (1993b). Medien und Politik. Fünf Thesen zu einer konflikthaltigen Symbiose. Bertelsmann Briefe 129, 20-23.

Kepplinger, H. M., Brosius, H.-B. & Dahlem, S. (1994). Wie das Fernsehen die Wahlen beeinflußt. Theoretische Modelle und empirische Analysen. München: Verlag Reinhard Fischer.

Kepplinger, H. M., Dahlem, S. & Brosius, H.-B. (1993). Helmut Kohl und Oskar Lafontaine im Fernsehen. Quellen der Wahrnehmung ihres Charakters und ihrer Kompetenz. In C. Holtz-Bacha & L. L. Kaid (Hrsg.), Die Massenmedien im Wahlkampf. Untersuchungen aus dem Wahljahr 1990 (S. 144-184). Opladen: Westdeutscher Verlag.

Kepplinger, H. M. & Donsbach, W. (1983). Der Einfluß der Kameraperspektiven auf die Wahrnehmung eines Parteiredners durch Anhänger, Gegner und neutrale Zuschauer. In W. Schulz & K. Schönbach (Hrsg.), Massenmedien und Wahlen. Mass Media and Elections: International Research Perspectives (S. 406-423). München: Ölschläger.

Kepplinger, H. M., Donsbach, W., Brosius, H.-B. & Staab, J. F. (1986). Medientenor und Bevölkerungsmeinung. Eine empirische Studie zum Image Helmut Kohls. Kölner Zeitschrift für Soziologie und Sozialpsychologie 38, 247-279.

Kepplinger, H. M., Gotto, K., Brosius, H.-B. & Haak, D. (1989). Der Einfluß der Fernsehnachrichten auf die politische Meinungsbildung. Freiburg, München: Alber.

Kindelmann, K. (1994). Kanzlerkandidaten in den Medien. Eine Analyse des Wahljahres 1990. Opladen: Westdeutscher Verlag.

Kinder, D. R. (1986). Presidential Character Revisited. In R. R. Lau & D. Sears (Eds.), Political Cognition (pp. 233-255). Hillsdale, London: Erlbaum.

King, E. G. (1995). The Flawed Characters in the Campaign: Prestige Newspaper Assessments on the 1992 Presidential Candidates' Integrity and Competence. Journalism and Mass Communication Quarterly 72, 84-97.

Krosnick, J. A. & Kinder, D. R. (1990). Altering the Foundations of Support for the President Through Priming. American Political Science Review 84, 497-512.

Lass, J. (1995). Vorstellungsbilder über Kanzlerkandidaten. Zur Diskussion um die Personalisierung von Politik. Wiesbaden: Deutscher Universitäts-Verlag.

Laux, L. & Schütz, A. (1996). „Wir, die wir gut sind". Die Selbstdarstellung von Politikern zwischen Glorifizierung und Glaubwürdigkeit. München: Deutscher Taschenbuch Verlag.

Mathes, R. & Freisens, U. (1990). Kommunikationsstrategien der Parteien und ihr Erfolg. Eine Analyse der aktuellen Berichterstattung in den Nachrichtenmagazinen der öffentlich-rechtlichen und privaten Rundfunkanstalten im Bundestagswahlkampf 1987. In M. Kaase & H.-D. Klingemann (Hrsg.), Wahlen und Wähler. Analysen aus Anlaß der Bundestagswahl 1987 (S. 531-568). Opladen: Westdeutscher Verlag.

Medien Tenor (1997a). Im Schröder-Rausch. Medien Tenor 60, 1, 4.

Medien Tenor (1997b). Wirtschaftskompetenz abgesprochen. Ein Jahr vor der Wahl: Schlechte Noten für Kohl und Co. in den Fernsehnachrichten. Medien Tenor 65, 4.

Miller, A. H., Wattenberg, M. P. & Malanchuk, O. (1986). Schematic Assessments of Presidential Candidates. American Political Science Review 80, 521-540.

Nimmo, D. & Savage, R. L. (1976). Candidates and their Images. Concepts, Methods and Findings. Pacific Palisades: Goodyear Publishing.

Noelle-Neumann, E. (1977). Das doppelte Meinungsklima. Der Einfluß des Fernsehens im Wahlkampf 1976. In M. Kaase (Hrsg.), Wahlsoziologie heute. Analysen aus Anlaß der Bundestagswahl 1976 (S. 408-451). Opladen: Westdeutscher Verlag.

Pan, Z. & Kosicki, G. M. (1997). Priming and Media Impact on the Evaluations of the President's Performance. Communication Research 24, 3-30.

Patterson, T. E. (1994). Out of Order. New York: Random House.

Pfetsch, B. (1991). Politische Folgen der Dualisierung des Rundfunksystems in der Bundesrepublik Deutschland. Baden-Baden: Nomos.

Pfetsch, B. (1994). Politische Fernsehwelten: Die Politikberichterstattung in privaten und öffentlich-rechtlichen Sendern. In O. Jarren (Hrsg.), Politische Kommunikation in Hörfunk und Fernsehen. Elektronische Medien in der Bundesrepublik Deutschland (S. 111-122). Opladen: Leske & Budrich.

Radunski, P. (1980). Wahlkämpfe. Moderne Wahlkampfführung als politische Kommunikation. München, Wien: Olzog.

Radunski, P. (1992). The Show must go on. Politiker in der Fernsehunterhaltung. Bertelsmann Briefe 129, 76-78.

Rahn, W. M. (1993). The Role of Partisan Stereotypes in Information Processing about Political Candidates. American Journal of Political Science 37, 472-496.

Rahn, W. M., Aldrich, J. H., Borgida, E. & Sullivan, J. L. (1990). A Social-Cognitive Model of Candidate Appraisal. In J. A. Ferejohn & J. H. Kuklinski (Eds.), Information and Democratic Processes (pp. 136-159). Urbana, Chicago: University of Illinois Press.

Schäuble, W. (1998). „Mit uns gibt es mehr Bewegung". Ein ZEIT-Gespräch mit Wolfgang Schäuble über die Amerikanisierung des Wahlkampfes und seine Suche nach Inhalten. DIE ZEIT Nr. 12, 12. März 1998, 3.

Schmitt, H. & Holmberg, S. (1995). Political Parties in Decline? In H.-D. Klingelmann &

D. Fuchs (Eds.), Citizens and the State (pp. 85-133). Oxford: Oxford University Press.

Schmitt-Beck, R. (1994). Eine „vierte Gewalt"? Medieneinfluß im Superwahljahr 1994. In W. Bürklin & D. Roth (Hrsg.), Das Superwahljahr. Deutschland vor unkalkulierbaren Regierungsmehrheiten? (S. 266-292). Köln: Bund-Verlag.

Schmitt-Beck, R. & Pfetsch, B. (1994). Politische Akteure und die Medien der Massenkommunikation. Zur Generierung von Öffentlichkeit in Wahlkämpfen. In F. Neidhardt (Hrsg.), Öffentlichkeit, öffentliche Meinung, soziale Bewegungen (S. 106-138). Opladen: Westdeutscher Verlag.

Schönbach, K. (1993). Images der Kanzlerkandidaten im Wahlkampf 1990: Einflüsse von PR und politischer Werbung im Vergleich. In W. Armbrecht, H. Avenarius & U. Zabel (Hrsg.), Image und PR. Kann Image Gegenstand einer Public Relations-Wissenschaft sein? (S. 215-226). Opladen: Westdeutscher Verlag.

Schulz, W. (1998). Wahlkampf unter Vielkanalbedingungen. Kampagnenmanagement, Informationsnutzung und Wählerverhalten. Media Perspektiven 8/98, 378-391.

Schulz, W. & Kindelmann, K. (1993). Die Entwicklung der Images von Kohl und Lafontaine im Wahljahr 1990. Ein Vergleich der Wählerurteile mit den Urteilen ausgewählter Leitmedien. In C. Holtz-Bacha & L. L. Kaid (Hrsg.), Die Massenmedien im Wahlkampf: Untersuchungen aus dem Wahljahr 1990 (S. 10-45). Opladen: Westdeutscher Verlag.

Schulz, W. & Schönbach, K. (Hrsg.) (1983). Massenmedien und Wahlen. Mass Media and Elections: International Research Perspectives, München: Ölschläger.

Shabad, G. & Anderson, K. (1979). Candidate Evaluations by Men and Women. Public Opinion Quarterly 43, 18-35.

Voltmer, K. (1997). Medien und Parteien im Wahlkampf. Die ideologischen Präferenzen der meinungsführenden Tageszeitungen im Bundestagswahlkampf 1990. Rundfunk und Fernsehen 45, 173-193.

Wattenberg, M. P. (1991). The Rise of Candidate-Centered Politics. Presidential Elections of the 1980s. Cambridge, London: Harvard University Press.

Weaver, D. H., Graber, D. A., McCombs, M. E. & Eyal, C. H. (1981). Media Agenda-Setting in a Presidential Election. Issues, Images, and Interest. New York: Praeger.

Weischenberg, S. (1998). In Szene gesetzt. Amerikanisierung der Politik. journalist 5, 12-16.

Astrid Schütz

Selbstdarstellung in der Politik: Techniken und ihre Wirkung

"You know what, Stu, politics is just like show business. You start with a hell of an opening, court for a while and end with a hell of a closing"

Bemerkung von Ronald Reagan nach seiner Wahl zum Gouverneur von Kalifornien zu seinem Berater Stuart Spencer, zitiert nach Chagall, 1981, S.3.

Öffentliche Ereignisse sind in der Mediengesellschaft vor allem als eine von Medien konstruierte bzw. inszenierte Realität erfahrbar (vgl. Fischer-Lichte, im Druck; Willems & Jurga, 1998). Typisch für dieses Medium ist die Betonung visueller Aspekte. Visuell vermittelte Nachrichten zeichnen sich besonders dadurch aus, daß ihnen hohe Glaubwürdigkeit zugeschrieben wird. Sie erzeugen subjektive Gewißheit, wirken wie Belege ohne tatsächliche Beweiskraft haben zu müssen (vgl. Barthes, 1964; Göttlich, Nieland & Schatz, 1998 Meyer & Kampmann, 1998; Müller, in diesem Band; Schatz, 1971). Rezipienten haben den Eindruck, sie "haben es ja gesehen", wenngleich die Übereinstimmung zwischen berichteter und gezeigter Information schwer prüfbar ist: Ist das im Film gezeigte Anwesen tatsächlich der Ort des berichteten Verbrechens oder handelt es sich lediglich um ein ähnliches Haus (vgl. Ontrup, 1998)?

Die Dominanz des Mediums Fernsehen in der öffentlichen Kommunikation gilt auch für den Bereich Politik. Politikvermittlung und politische Werbung erfolgt zum großen Teil über dieses Medium. Mitbedingt durch die Betonung visueller Aspekte ist dabei ein Trend zur Personalisierung der Politik zu beobachten (Edelmann, 1976; Meyer, Ontrup & Schicha, im Druck; Sarcinelli, 1986,1987). Politische Sachaussagen werden an bestimmte Personen gekoppelt und sind damit besser bildhaft zu vermitteln. Wahlkampf wird dabei zum Kampf zwischen den Spitzenkandidaten oder-

kandidatinnen[1], welche das politische Programm ihrer Partei quasi als Person verkörpern. Die Präsentation der Spitzenkandidaten wird zum wesentlichen Inhalt der Wahlkampagne.

Im Wahlwerbespot wird der Kandidat quasi als Werbeobjekt inszeniert und zur Steigerung seiner Attraktivität mit positiven Begriffen und Werten assoziiert (Abromeit, 1972; Schütz, 1995b). Höhere Anforderungen an die Darstellungsfähigkeiten des Kandidaten stellen Liveauftritte in Interview- und Diskussionssendungen. Der Kandidat kann nicht auf die stützende Kraft suggestiver Bilder bauen, sondern muß mit Worten und Körpersprache für sich werben. Gefragt sind Techniken der Selbstdarstellung. Dabei darf allerdings nicht übersehen werden, daß das medienvermittelte Bild des Kandidaten nicht nur durch dessen Selbstdarstellung bestimmt ist. Selbst Live-Regie ist stets mehr als die reine Wiedergabe eines Ereignisses, da durch die Art der Kameraführung (z.B. Zoom auf unruhige Füße unter dem Tisch vs. Brustbild) bestimmte Aspekte betont oder übergangen werden können (vgl. Eco, 1973; Meyer, Ontrup & Schicha, 1998). Ein weiterer Faktor ist die Inszenierung der Sendung, bzw. die Selbstdarstellung des Journalisten oder Moderators, der sich z.B. als geistreichen Entertainer oder als kritischen Fragesteller präsentieren möchte.

Techniken der Selbstdarstellung

Bei der Analyse von Techniken der Selbstdarstellung kann auf psychologische Theorien der Selbstdarstellung zurückgegriffen werden, die in der Tradition von Erving Goffman (1959) entstanden sind und vor allem die Selbstdarstellung im Alltag untersuchen. Jones und Pittman (1982) unterscheiden drei Ziele der Selbstdarstellung: sympathisch, kompetent und integer. Diese Selbstdarstellungsziele sind auch für den Bereich der politischen Selbstdarstellung relevant, etwa für Politikerauftritte in Wahlkämpfen und im Verlauf politischer Skandale (Schütz, 1992; Laux & Schütz, 1996). Eine auf die Politik bezogene Taxonomie von Selbstdarstellungstechniken unterscheidet offensive, defensive und assertive Reaktionen (Schütz, 1994, in press): Bei der assertiven Selbstdarstellung werden positive Selbstbilder durch Selbstbeschreibung oder zielgerichtetes Verhalten direkt aufgebaut. Bei der defensiven Selbstdarstellung wird versucht, Selbstbilder die durch Kritik oder andere Ereignisse in Frage gestellt sind, zu schützen oder zu verteidigen. Offensive Selbstdarstellung ist indirekt: Es wird versucht, die eigene Person durch aggressive Verhaltensweisen gegenüber Dritten in ein vorteilhaftes Licht zu rücken (vgl. R. Schütz & DePaulo, 1996; Schütz & Tice, 1996; Richardson & Cialdini, 1981). Aussagen politischer Spitzenkandidaten in Interview- und Diskussionssendungen lassen sich als Kombinationen und Sequenzen solcher Strategien abbilden (vgl. Schütz, 1992).

Abb. 1: Beispeil für Varianten der Selbstdarstellung

ASSERTIVE SELBSTDARSTELLUNG
Sympathien werben
Integrität darstellen
Kompetenz darstellen

DEFENSIVE SELBSTDARSTELLUNG
Leugnen
Umdeuten
Rechtfertigen
Verantwortlichkeit reduzieren

OFFENSIVE SELBSTDARSTELLUNG
Angriff gegen die Quelle der Kritik
Direkte oder indirekte Abwertung des politischen Gegners

Unter die Rubrik assertive Selbstdarstellung (vgl. Abb. 1) fallen u.a. folgende Verhaltensweisen: 1) Sympathien gewinnen: Typisch für Selbstdarstellungen die darauf zielen, Sympathien zu gewinnen sind Wahlversprechen oder die Darstellung als "ganz normaler Mitbürger", als "Mensch wie Du und ich". 2) Integrität darstellen: Bei dieser Form der Selbstdarstellung betont der jeweilige Darsteller, daß sein Handeln von ethischen Werthaltungen und moralischen Standards geleitet wird (Jones & Pittman, 1982). Das Image der Integrität wird allgemein sehr hoch bewertet und birgt damit auch gewisse Risiken: Wer einen hohen moralischen Anspruch vertritt, für den gerät eine Affäre leicht zu einer fundamentalen Vertrauenskrise. 3) Kompetenz darstellen: Die Darstellung von Kompetenz erfolgt häufig über die Präsentation von Erfolgen. Dies betrifft nicht nur Erfolge im Hinblick auf politisches Handeln, sondern auch Wahlerfolge. Die Erlanger Psychologin Abele (1989) analysierte die Stellungnahmen von Parteienvertretern am Abend nach Veröffentlichung der ersten Hochrechnungsergebnisse. Sie beobachtete dabei eine generelle Tendenz, das eigene Ergebnis nach dem Motto "Wir haben gewonnen" als (relativen) Erfolg zu präsentieren. Um dies zu ermöglichen, wurde das Ergebnis z.B. im Verhältnis zur letzten Wahl, den Prognosen oder den gegebenen Umständen relativiert.
Formen defensiver Selbstdarstellung sind vor allem als Reaktionen auf Angriffe oder eigenes Fehlverhalten zu beobachten, z.B. im Verlauf politischer Skandale. Defensive Reaktionen können im Hinblick darauf unterschieden werden, in welchem Ausmaß der Akteur bezüglich eines Vorwurfes Eingeständnisse macht: Leugnen, Umdeuten, Urheberschaft bestreiten, Rechtfertigen, Kontrollfähigkeit bestreiten, Etikettierung verhindern, Um Verzeihung bitten (Schütz, 1991; vgl. dazu auch Laux & Schütz, 1996; Ritterfeld & Leineweber, 1998; Schönbach, 1980, 1985; Schahn, Dinger & Bohner, 1994; Tedeschi & Riess, 1981).

Bei der offensiven Selbstdarstellung erfolgt die Darstellung der eigenen Person indirekt, über das Verhalten gegenüber Dritten: 1) Indem ein Politiker beispielsweise einen Journalisten zurechtweist, gibt er sich energisch und durchsetzungsfähig. 2) Kritik kann durch harsche Reaktionen abgeschmettert werden: Franz-Josef Strauß soll einmal einen kritischen Journalisten gefragt haben, ob er denn überhaupt Abitur habe. 3) Direkte oder indirekte Abwertung des politischen Gegners. Angriffe auf den Gegner sind vor allem typisch für Herausforderer, die sich gegenüber den Konkurrenten mit Amtsbonus profilieren müssen (vgl. Merten, 1991). Amtsinhaber demonstrieren dagegen oft die Bedeutungslosigkeit des Gegners, indem sie ihn ignorieren (Eltermann, 1980). Interessant am Wahlkampf 1998 und den Reaktionen der Spitzenkandidaten Helmut Kohl und Gerhard Schröder ist derzeit, daß diese Rollen implizit "getauscht" wurden. Der Amtsinhaber der seit der Nominierung des Herausforderers in Umfragen deutlich schlechtere Werte verzeichnet als dieser (vgl. Brettschneider, in diesem Band), verfolgt in der Öffentlichkeit eine relativ deutliche Angriffsstrategie, wie sie im allgemeinen für Herausforderer typisch ist: Nach dem Wahlerfolg Schröders in Niedersachsen und seiner damit verbundenen impliziten Nominierung zum Kanzlerkandidaten der Sozialdemokraten sagt Helmut Kohl über den Konkurrenten "Wir haben bei Schröder eine Tendenz der Entpolitisierung" und bezeichnet es als dessen Stil, "klaren Fragen auszuweichen" (Die Tagesschau, 2.3.1998). Im Juni publizierte die Union eine Broschüre "100 Tage Schröder", die im Wesentlichen die Glaubwürdigkeit des Kandidaten in Frage stellt. Umgekehrt läßt sich beim Herausforderer Gerhard Schröder eine relativ starke Zurückhaltung in Bezug auf direkte Angriffe gegen den Konkurrenten beobachten. Sein Stil entspricht weitgehend dem für Amtsinhaber typischen Ignorieren des Konkurrenten.

Angriffe sind grundsätzlich riskant: Statt des gewünschten Effektes der Abwertung des Gegners, stellt sich der Angreifer durch diese Strategie möglicherweise als aggressiven und unfairen Wahlkämpfer dar. Eine geschickte Möglichkeit, diese Negativwirkungen zu vermeiden sind indirekte Angriffe: Im Rahmen einer Sandwich-Strategie (Oslislo, 1987; Schütz, 1994) werden Angriffe etwa in Beteuerungen von Fairneß "verpackt".

Politiker als Experten oder als Showstars?

In der politologischen und publizistischen Literatur wird von einer Personalisierung der Politik und einer Entpolitisierung des politischen Diskurses gesprochen (vgl. Holly, Kühn & Püschel, 1989; Meyer & Ontrup,

1998; Kugler & Kurt, 1997; Grunert, Lustig & Raab, 1998). Beklagt wird, daß Politiker sich vor allem unterhaltsam und witzig geben, politische Inhalte dabei aber auf der Strecke bleiben (Pöttker, 1990). In der im folgenden berichteten Untersuchung (vgl. Schütz, 1995a) wurde geprüft, inwiefern sich im Auftreten von Politikern Elemente beobachten lassen, die für Entertainer und Fernsehstars typisch sind und inwiefern dabei politische Sachfragen vernachlässigt werden.

Anhand videographierter Talkshowauftritte wurden die Selbstdarstellungen von drei Personengruppen verglichen: Spitzenpolitiker, Stars aus dem Showbusiness (Schauspieler, Entertainer) und Experten (Personen, die wegen ihrer Fachkompetenz auf einem bestimmten Gebiet eingeladen worden waren). Ausgewertet wurden Auftritte in verschiedenen Talkshowsendungen(z.B. Talk im Turm, Boulevard Bio, Zeil um Zehn, "live", "Was nun ...?"). Die Auftritte wurden im Hinblick auf folgende Dimensionen kodiert: 1) Bezugnahmen auf ethische Werte 2) Positive Selbstbeschreibung, 3) Selbstöffnung (Privates und Persönliches berichten), 4) Bescheidenheit, 5) Fakten, Analysen, 6) Bezugnahme auf den eigenen Status, 7) Bezugnahme auf eigene Erfolge, 8) Präsentation innovativer Ideen. 24% des Materials konnten keiner dieser selbstdarstellungsbezogenen Kategorien zugeordnet werden; z.B. einfache sachbezogene Antworten hinsichtlich biographischer Aspekte. Die Kodierung wurde von zwei Personen vorgenommen, deren Übereinstimmung bei 88% lag.

Im Hinblick auf die Frage der Personalisierung der Politik sind die Werte auf dem Dimensionen 'Fakten, Analysen' und 'Privates/Persönliches' am bedeutsamsten. Bei diesen Dimensionen zeigt sich, daß die Werte der Politiker zwischen denen der Stars und denen der Experten liegen. Stars sprachen in fast 20% ihrer Antworten von Privatem oder Persönlichem. Politiker erzählten mehr Privates und Persönliches als Experten aber weniger als Stars (Abb. 2). Experten präsentieren in fast der Hälfte ihrer Antworten Fakten und Analysen. Politiker antworten seltener als Experten, jedoch häufiger als Stars unter Bezugnahme auf Fakten und Analysen (Abb. 3).

Abb. 2: Prozentsatz von Antworten, die Fakten oder Analysen enthalten

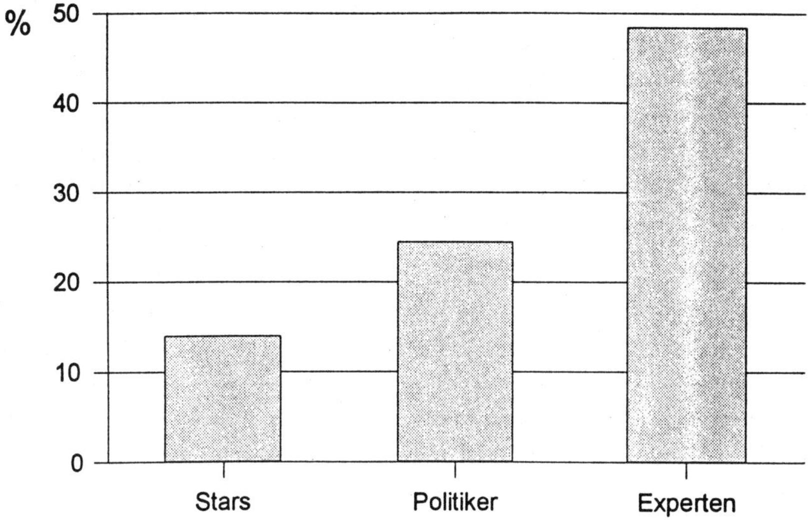

Abb. 3: Prozentsatz von Antworten, die Privates oder Persönliches enthalten

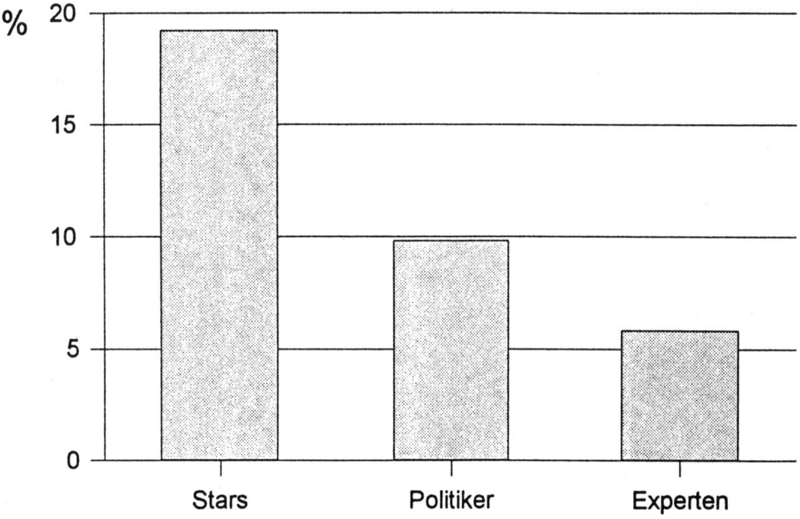

Weitere Unterschiede zeigten sich hinsichtlich der übrigen Dimensionen: Politiker und Stars präsentierten häufiger als Experten innovative Ideen (12% im Vergleich zu 3%), Stars äußerten sich häufiger bescheiden (26%) als die beiden anderen Gruppen (14%), Politiker beriefen sich häufiger auf Werte (13%) als die beiden anderen Gruppen (4%).Keine Unterschiede zeigten sich hinsichtlich positiver Selbstbeschreibung, die bei allen Gruppen bei etwa 14% der Aussagen kodiert wurde oder bei Bezugnahme auf den eigenen Status, die bei allen Gruppen in etwa 2% der Aussagen auftrat (vgl. Schütz, 1995a).

Insgesamt zeigen die Ergebnisse, daß die Selbstdarstellung von Politikern durch die Darstellung von Moralität gekennzeichnet ist und bezüglich der Darstellung von Kompetenz und dem Werben um Sympathien durch Selbstöffnung zwischen der von Experten und Stars liegt. Dies kann als Beleg für die These gelten, daß Politikerauftritte in Talkshows durch einen deutlichen Trend zur Personalisierung gekennzeichnet sind. Die Tendenz der analysierten Stars, Privates von sich zu erzählen, entspricht dem Wunsch der Öffentlichkeit nach Informationen über deren Privatleben. Dieses Verhalten ist dazu geeignet, Sympathien zu gewinnen und Intimität herzustellen (Jourard, 1971; Sennett, 1974). Das Auftrittsverhalten der analysierten Politiker entsprach diesem Stile mehr als das der Experten, die sich stärker an der Vermittlung von Kompetenz orientierten. Die Ergebnisse weisen insofern darauf hin, daß Politiker in Talkshows nicht als politische Experten auftreten sondern Elemente eines für Fernsehstars üblichen Stils übernehmen. Sie betonen dabei weniger als Experten die Auseinandersetzung mit Fakten und Problemen und präsentieren sich stattdessen als sympathische Personen.

Wirkung der Selbstdarstellung

Besonders wirksam ist Selbstdarstellung wenn sie beiläufig wirkt und eben nicht wie ein bewußter Versuch der Eindruckslenkung (Schlenker, 1980) Während in den Vereinigten Staaten relativ offen von der Inszenierung politischer Wahlkämpfe gesprochen wird (vgl. Goldman & Fuller, 1984), bemühen sich deutsche Spitzenpolitiker im allgemeinen, den Eindruck einer bewußten Inszenierung zu vermeiden: Vor einigen Jahren betonte Helmut Kohl in einem Interview, daß der Wechsel seines Brillenmodells nicht auf den Hinweis eines Werbeberaters zurückgehe, sondern, daß ihm die alte Brille schlichtweg nicht gepaßt habe (Was nun....?, 16.10.1986). In ähnlicher Weise berichtet Gerhard Schröder in einem Spiegel-Interview (Der Spiegel, 8, 1998), daß er mediengerechtes Auftreten "nie trainiert" habe. Der einzige Besuch eines derartigen Seminares sei "eine totale Pleite" gewesen. Seitdem, so Schröder, wisse er, daß man im Fernsehen authentisch sein müsse.

Selbstdarstellung ist oft eine Gratwanderung zwischen angestrebten positiven und verwandten negativen Eindrücken (Jones & Pittman, 1982). Will man sich etwa engagiert und kompetent zeigen, muß man auch kämpferisch auftreten und durchaus Unterschiede zum Gegner aufzeigen (vgl. Merten, 1991). Wird die Abgrenzung zum Gegner aber zu massiv und zu persönlich, besteht die Gefahr, daß der Eindruck umkippt - der Akteur wirkt nicht mehr engagiert, sondern aggressiv. Ähnliches gilt, wenn man selbstsicher eigene Vorzüge und Stärken herausstellen möchte. Wirkt man dabei zu siegesgewiß und zu sehr von sich eingenommen, kann die Wirkung umkippen und man wirkt arrogant.

Grundsätzlich stehen drei Wege offen bei der positiven Darstellung der eigenen Person: a) Direkte positive Selbstbeschreibung und Selbstaufwertung, b) Bescheidenes Auftreten, c) Kompetitive Abwertung anderer. Diese Varianten indirekter Selbstdarstellung wurden in Bezug auf Alltagsinteraktionen untersucht. Positive Selbstbeschreibung und Selbstlob sind grundsätzlich mit dem Risiko negativer Eindrücke (Überheblichkeit etc.) verbunden. Lediglich in Situationen, in denen ein Publikum keine Hintergrundinformationen über die tatsächlichen Leistungen eines Akteurs hat, erzielt dieses Verhalten eine günstigere Wirkung als bescheidene Selbstdarstellung (Brickman & Seligman, 1974). In solchen Situationen führt bescheidenes Auftreten im allgemeinen zu einer Unterschätzung des Akteurs (Baumeister, Tice & Hutton, 1989; Giacalone & Riordan, 1990). Sind Stärken und Erfolge eines Akteurs aber bekannt, kann eine bescheidene Selbstdarstellung zu besonders hoher Glaubwürdigkeit beitragen (Schlenker, 1980; Schlenker & Leary, 1982). Positive Selbstbeschreibung wirkt in derartigen Situationen leicht arrogant.

Eine kritische Beurteilung anderer kann in zweifacher Hinsicht indirekt auf die eigene Person zurückwirken: a) Man beweist durch kritische Urteile Kompetenz: In einem Experiment konnte gezeigt werden, daß Personen, die sich bei der Beurteilung eines Buches kritisch äußerten, bei Konstanthaltung anderer Faktoren als kompetenter eingestuft wurden als solche, die das Buch positiv bewerteten (Amabile, 1983). b) Sofern es sich um die Bewertung des direkten Konkurrenten handelt, bedeutet eine Abwertung des Gegners zusätzlich eine relative Aufwertung der eigenen Person. Das Risiko dieses kompetitiven Stiles ist aber, daß man als unfair oder aggressiv wahrgenommen wird (Amabile, 1984; Amabile & Glazebrook, 1981).

Die Wirkung verschiedener Varianten der Selbstdarstellung wurde in mehreren Studien untersucht, in denen videographierte Ausschnitte aus Politikerauftritten Personen unterschiedlicher politischer Präferenz zur Beurteilung vorgelegt wurden (Pscherer, 1992; Schütz, 1994, 1998). Die Ergebnisse weisen darauf hin, daß massive Angriffe sowie Selbstaufwertungen mit der Gefahr negativer Eindrücke verknüpft sind. Hoch positive Aussagen zur Wirkung der eigenen Person wurden über Parteigrenzen hinweg von einer relativ großen Zahl von Beobachtern als arrogant eingestuft. Verbal bescheidene Antworten, bei denen die Akteure Zuversicht nonverbal ausdrückten, wurden im Vergleich dazu positiver bewertet. Antworten, in denen abgestritten wurde, irgendwelche Fehler gemacht zu haben, wurden als weniger glaubwürdig beurteilt als das Eingeständnis kleiner Fehler bei gleichzeitiger Betonung von Stärken. Aggressive Angriffe auf Journalisten und Gegner wurden grundsätzlich kritisch beurteilt.

Hilfreich bei einer differenzierten Analyse der Effekte aggressiver Vergleiche ist ein Vergleich mit kommerzieller Werbung (vgl. Ash & Wee, 1983). Dies erscheint zulässig, da Werbespezialisten oft argumentieren, daß politische Werbung im Wesentlichen der Produktwerbung vergleichbar sei (Séguéla, 1983). Negativwerbung oder vergleichende Werbung kann insofern mit den Angriffen seines Spitzenkandidaten gegen einen Konkurrenten verglichen werden (vgl. dazu auch Müller, 1995). In Studien zur vergleichenden Werbung wurden verschiedene Negativeffekte beobachtet, z.B. Verwirrung, Provokation von Gegenargumenten sowie Glaubwürdigkeits- und Attraktivitätsverluste (Pechmann & Stewart, 1990; Rogers & Williams, 1989).

Dennoch ist vergleichende Werbung unter ganz spezifischen Umständen recht wirksam: Moderate und fundierte Angriffe, die Positiv- und Negativaspekte beider Marken nennen erwiesen sich als durchaus erfolgreich (Etgar, 1982: Golden, 1979: Gorn & Weinberg, 1983, 1984; Mc Dougall, 1978 Pride, Lamb & Pletcher, 1977). Neue Marken profitierten am meisten von derartigen Vergleichen. Ihnen gelang es z.B., die wahrgenommene Ähnlichkeit mit dem Branchenführer erhöhen. Insbesondere bei noch nicht stark festgelegten Konsumenten ließen sich positive Wirkungen erzielen (Mc Dougall, 1978: Monaco & Kaiser, 1983: Prasad, 1976). Übertragen auf die Politik heißt das: Noch relativ unbekannte Kandidaten können insbesondere bei Wechselwählern durch Angriffe auf den Amtsinhaber profitieren, wenn diese Angriffe und Vergleiche moderat, fundiert und nicht massiv einseitig sind.

Schließlich mag die Frage der Verwertbarkeit der Ergebnisse interessieren. Eine differenzierte Analyse des Auftrittsverhaltens und seiner Wirkung kann für Trainingsmaßnahmen zur Verbesserung individueller Selbstdarstellung genutzt werden. Eine alternative Nutzungsmöglichkeit ergibt sich aus Rezipientenperspektive: Da geschickte Selbstdarstellung dazu dienen kann, politische Realitäten zu verschleiern, ist eine kritische Meinungsbildung der Wählerschaft umso schwieriger, je perfekter die Selbstdarstellung politischer Akteure ist. Im Rahmen politischer Bildungsarbeit können die gewonnenen Erkenntnisse vermittelt werden, um die Öffentlichkeit sensibler und kritischer gegenüber Versuchen manipulativer Selbstdarstellung zu machen. Ein derartiges Training wurde in einer Pilotstudie von Maschmann (1988) erprobt (vgl. auch Laux & Schütz, 1996).

Fußnote

1) Da es sich bei den jeweiligen Personen in hohen politischen Ämtern meist um Männer handelt und Geschlechtsunterschiede an dieser Stelle nicht untersucht werden, verwende ich im Folgenden nur die männliche Form.

Literatur

Abele, A. (1989). Wir haben gewonnen. Zur Kommentierung von Ergebnissen der Bundestagstagswahl 1987 durch die betroffenen Politiker. Zeitschrift für Sozialpsychologie, 1, 38-57.

Abromeit, H. (1972). Das Politische in der Werbung. Opladen: Westdeutscher Verlag.

Amabile, T.M. (1983). Brilliant but cruel: Perceptions of negative evaluators. Journal of Experimental Social Psychology, 19, 146-156.

Amabile, T.M. & Glazebrook, A.H. (1981). A negativity bias in interpersonal evaluation. Journal of Experimental Social Psychology, 18, 1-22

Ash, S.B. & Wee, C.H. (1983). Comparative advertising: A review with implications for future research. In R.D. Bagozzi & Tybout, A.M. (Eds.), Advances in consumer research (Vol. 10, pp. 370-376). Ann Arbor: Association for Consumer Research.

Barthes, R. (1964). Mythen des Alltags (Original: Mythologies, 1957). Frankfurt: Suhrkamp.

Baumeister, R.F. Tice, D.M. & Hutton, D.G. (1989). Self-presentational motivations and personality differences in self-esteem. Journal of Personality, 57, 547-579.

Brickman, P. & Seligman, C. (1974). Effects of public and private expectancies on attributions of competence and interpersonal attraction. Journal of Personality, 42, 558-568.

Chagall, D. (1981). The new kingmakers. New York: Harcourt Brace.

Eco, U. (1973). Das offene Kunstwerk. Frankfurt/M: Suhrkamp.

Edelman. M. (1976). Politik als Ritual. Die symbolische Funktion staatlicher Institutionen und politischen Handelns. Frankfurt/M: Campus.

Eltermann, L.K. (1980). Kanzler und Oppositionsführer in der Wählergunst. Stuttgart: Bonn aktuell.

Etgar, M. (1982). One-sided versus two-sided comparative message appeals for new brand introductions. Journal of Consumer Research, 8, 460-465.

Fischer-Lichte, E. (Hrsg.). (im Druck) Inszenierung von Authentizität.

Giacalone, R.A. & Riordan, C.A. (1990). Effects of self-presentation on perceptions and recognition in an organization. The Journal of Psychology, 124, 25-38.

Goffman, E. (1959). The presentation of self in everyday life. New York: Doubleday.

Göttlich, U., Nieland, J. & Schatz, H. (Hrsg.) (1998). Kommunikation im Wandel. Zur Theatralität der Medien. Köln: Halem.

Golden, L.L. (1979). Consumer reactions to explicit brand comparisons in advertisements. Journal of Marketing Research, 16, 517-532.

Goldman und T. Fuller (Hrsg.). (1985. The quest for the presidency. Toronto: Bantam.

Gorn, G.J. & Weinberg, C.B. (1983). Comparative Advertising: Some positive results. In R.P. Bagozzi & A.M. Thybout (Eds.), Advances in Consumer Research (Vol. 10, pp. 377-380). Ann Arbor: Association for Consumer Research.

Gorn, G.J. & Weinberg, C.B. (1984). The impact of comparative advertising: Some positive findings. Journal of Consumer Research, 11, 719-727.

Grunert. M., Lustig, S. & Raab, J. (1998). Die theatrale Inszenierung von Politik am Beispiel Benito Mussolini. Beitrag für das Kolloquium des DFG-Schwerpunktes "Theatralität" in Berlin, 5.-.7. Juni 1998.

Hitzler, R. (1996). Die Produktion von Charisma. Zur Inszenierung von Politikern im Medienzeitalter. In K. Imhof & P. Schulz (Hg.), Politisches Raisonement in der Informationsgesellschaft. Zürich: Seismo.

Holly, W., Kühn, P., & Püschel, U. (1986). Politische Fernsehdiskussionen. Tübingen: Niemeyer.

Jourard, S. (1971). Self-disclosure: An experimental analysis of the transparent self. New York: Wiley.

Jones, E.E. und Pittman, T.S. (1982). Toward a general theory of strategic self-presentation. In J.Suls (Ed.), Psychological perspectives of the self (pp. 231-263). Hillsdale, N.J.: Erlbaum.

Kugler, Ch. & Kurt, R. (1997). Inszenierungsformen von Glaubwürdigkeit im Medium Fernsehen - Politiker zwischen Ästhetisierung und Alltagspragmatik. Beitrag für das Kolloquium des DFG-Schwerpunktes "Theatralität" in Berlin.

Laux, L. & Schütz, A. (1996). Wir, die wir gut sind. Die Selbstdarstellung von Politikern zwischen Glorifizierung und Glaubwürdigkeit. München: DTV.

Maschmann, A. (1988). Erfassung und Training der Sensibilität gegenüber politischer Selbstdarstellung.Universität Bamberg: Unveröffentlichte Diplomarbeit.

McDougall, G.H. (1978). Comparative advertising: The effect of claim type and brand loyalty. In J. Leigh & C.R. Martin Jr. (Eds.), Current issues and research in advertising (pp. 39-53). Ann Arbor: The University of Michigan.

Merten, K. (1991). Django und Jesus. Verbal- Nonverbales Verhalten der Kanzlerkandidaten im Bundestagswahlkampf 1987. In M.Opp de Hipt & E. Latniak (Eds.), Sprache statt Politik (pp. 188-210). Opladen: Westdeutscher Verlag.

Meyer, Th. & Kampmann, M. (im Druck). Politik als Theater. Die neue Macht der Darstellungskunst. Berlin: Aufbau-Verlag.

Meyer, Th. & Ontrup, R. (1998) . "Das 'Theater' des Politischen. Politik und Politikinszenierung im Fernsehzeitalter". In H. Willems & M.Jurga, (Hrsg.), Inszenierungsgesellschaft. Opladen: Westdeutscher Verlag.

Meyer, Th., Ontrup, R. & Schicha, Ch. (im Druck). Theatralität des politischen Welt-Bildes.

Politikinszenierung zwischen medialem und politischem Eigenwert. In E. Fischer-Lichte (Hrsg.), Inszenierung von Authentizität.

Meyer, Th., Ontrup, R. & Schicha, Ch. (1998). Von der Verkörperung der Politik zur Entkörperlichung im Bild. Beitrag für das Kolloquium des DFG-Schwerpunktes "Theatralität" in Berlin, 5.-7. Juni 1998.

Monaco, G.E. & Kaiser, D. (1983). Effects of prior preference, inferences, and believability in Consumer Advertising. In R.J. Harris (Ed.), Information Processing Research in Advertising (pp. 263-288). Hillsdale, N.J.: Erlbaum.

Müller, M.G. (1995). Politische Bildstrategien im amerikanischen Präsidentschaftswahlkampf 1828-1996. Berlin: Akademie.

Müller, M.G. (1998). Die zwei Körper des Präsidenten. Zur Inszenierung politischer Übergänge im amerikanischen Inaugurationszeremoniell. In S. Arnold, Ch. Fuhrmeister & D. Schiller (Hrsg.), Politische Inszenierung im 20. Jahrhundert: Zur Sinnlichkeit der Macht. Wien: Böhlau.

Ontrup, R. (1998). Die Macht des Theatralischen und die Theatralität der Macht. In U. Göttlich, Nieland, J.-U. & Schatz, H. (Hrsg), Kommunikation im Wandel. Zur Theatralität der Medien, 45-60. Köln: Halem.

Oslislo, W. (1987) Die Plananalyse als Diagnostikum von Formen der Selbstdarstellung bei Spitzenpolitikern. Universität Bamberg: Unveröffentlichte Diplomarbeit.

Pechmann, C. & Stewart, D.W. (1990). The effects of comparative advertising on attention, memory, and purchase intention. Journal of Consumer Research, 17, 180-191.

Pöttker, H. (1990). Was suchen die Politiker im Fernsehen - und was bewirken sie damit? Medium, 3,39-44.

Prasad, V.K. (1976). Communications-effectiveness of comparative advertising: A laboratory analysis. Journal of Marketing Research, 13, 128-137.

Pride, W.M., Lamb, C.W., & Pletcher, B.A. (1977). Are comparative advertisements more informative for owners of the mentioned competing brands than for non-owners? In B.A. Greenberg & D.N. Bellenger (Eds.), Contemporary marketing thought (pp. 298-301). Chicago: American Marketing Association.

Pscherer, J. (1992). Kampf der Köpfe. Wie glaubwürdig sind die politischen Selbstdarsteller. Universität Bamberg: Unveröffentlichte Diplomarbeit.

Richardson, K.D. & Cialdini, R.B. (1980). Two indirect tactics of image management: Basking and blasting. Journal of Personality and Social Psychology, 39, 406-415.

Ritterfeld, U. & Linneweber, V. (1997). Rechtfertigungen im sozialen Kontext: ökologische versus diskursive Normverstöße. Manuskript eingereicht zur Publikation: Universität Magdeburg.

Rogers, J.C. & Williams, T.G. (1989). Comparative advertising effectiveness, Journal of Advertising Research, 10/11, 22-37.

Sarcinelli, U. (1986). Wahlkampf zwischen Politikinszenierung und Bürgerdialog. Stuttgart: Klett.

Sarcinelli, U. (1987). Symbolische Politik. Zur Bedeutung symbolischen Handelns in der Wahlkampfkommunikation der Bundesrepublik Deutschland. Opladen: Westdeutscher Verlag..

Schahn, J., Dinger, J. & Bohner, G. (1994). Die Rolle von Rationalisierungen und Neutralisationen für die Rechtfertigung umweltschädigenden Verhaltens. Zeitschrift für Differentielle und Diagnostische Psychologie, 16, 177-194.

Schatz, H. (1971). Tagesschau und Heute - Politisierung des Unpolitischen. In R. Zoll (Hrsg.), Manipulation der Meinungsbildung. Reihe Kritik, Bd. 4, 109-123. Opladen: Westdeutscher Verlag.

Schicha, Ch. (1998). Medien, Moral und Kommunikation. Duisburg: IKÖ.

Schlenker, B.R. (1980). Impression management: The self-concept, social identity and interpersonal relations. Monterey, CA: Brooks.

Schlenker, B.R. & Leary, M.R. (1982). Audience's reactions to self-enhancing, self-denigrating and accurate self-presentations. Journal of Experimental Social Psychology, 18, 89-104.

Schönbach, P. (1980). A category system for account phases. European Journal of Social Psychology, 10, 195-200.

Schönbach, P. (1985). Account episodes. Cambridge: Cambridge University Press.

Schütz, A. (1991). Mehr oder weniger zugeben. Stufen defensiver Selbstdarstellung. In H.U. Kohr und M. Martini (Hrsg.). Bewußtsein - Macht - Identität. Europäische Beiträge zur Politischen Psychologie. Weinheim. Deutscher Studienverlag

Schütz, A. (1992). Selbstdarstellung von Politikern. Analyse von Wahlkampfauftritten. Weinheim, Germany: Deutscher Studien Verlag.

Schütz, A. (1994). Wirkung unterschiedlicher Selbstdarstellungsstrategien: Jugendliche beurteilen die Auftritte von Spitzenpolitikern. Publizistik, 289-306.

Schütz, A. (1995a). Entertainers, experts or public servants? Politicians' self-presentation on television talk shows. Political Communication, 12, 211-221.

Schütz, A. (1995b). Mythen in der politischen Kommunikation. Werbefilme für Ronald Reagan 1984 und Helmut Kohl 1994. Zeitschrift für Politische Psychologie, 3, 1+2,5-21.

Schütz, A. (1998). Audience perceptions of politicians' self-presentational behaviors concerning their own abilities. Journal of Social Psychology, 173-188.

Schütz, A. (1998). Assertive, offensive, protective and defensive styles of self-presentation. The Journal of Psychology, 132, 611-628.

Schütz, A. & DePaulo, B.M. (1996). Self-esteem and evaluative reactions: Letting people speak for themselves. Journal of Research in Personality, 30, 137-156.

Schütz, A. & Tice, D.M. (1997). Associative and competitive self-enhancement in close relationships moderated by trait self-esteem. European Journal of Social Psychology, 27, 257-273.

Sennett, R. (1974). The fall of public man. New York: Knopf.

Séguéla, J. (1983). Hollywood wäscht weisser. Landsberg/Lech, Germany: Verlag Moderne Industrie.

Tedeschi, J.T. und Riess, M. (1981). Predicaments and verbal tactics of impression management. In C. Antaki (Ed.), Ordinary language explanations of social behavior (pp. 271-310). London: Academic Press.

Willems, H. & Jurga, M. (Hrsg.). (1998). Inszenierungsgesellschaft. Opladen: Westdeutscher Verlag.

Marion G. Müller

„Seht mich, liebt mich, wählt mich!"

Wahlkampf in der ikonischen Öffentlichkeit am Beispiel des Bundestagswahlkampfes 1998

Seht mich, liebt mich, wählt mich! Die drei Appellative beschreiben ein Funktionsprinzip von politischer Kommunikation in der Gegenwart. Politik hat sich zu einem „System der Organisation von Aufmerksamkeiten gewandelt“ (Macho 1993: 762). Mit Hilfe von Politik wird festgelegt, „was es in sozialer Hinsicht bedeutet, zu sehen und gesehen zu werden“ (ebd.). Weit mehr als gedruckte oder gesprochene Texte sind es visuelle Eindrükke, die unsere Aufmerksamkeit fesseln. Metaphern, Bilder und Images werden von politischen Akteuren mehr oder weniger gezielt eingesetzt, mit der Intention, die emotionalen Reaktionen der potentiellen Betrachter zu steuern.

Da politische Wirklichkeit eine durch die massenmediale Wahrnehmung vermittelte Wirklichkeit ist, zielen die Werbestrategien der Parteien häufig nicht direkt auf die Wähler, sondern haben vor allem die Massenmedien im Blick, die dann die parteiliche Werbebotschaft als Katalysatoren „unters Volk“ bringen sollen. Plakate und Werbespots sind visuelle Versuche der Themensetzung (vgl. Merten 1994: 318-320). Dabei kann es sich sowohl um eine positive Besetzung von Wahlkampfthemen handeln, als auch um eine Negativbesetzung im Sinne einer „dethematisierenden“ Ablenkungsstrategie (vgl. Jakubowski 1998 und 1998a: 404; Jamieson 1992; Sarcinelli 1987: 142).

I. Visuelle Wahlkampfkommunikation 1994 und 1998

Die Bundestagswahlkämpfe von 1994 und 1998 boten gleich mehrere Beispiele für solche visuellen Ablenkungsmanöver. Dabei zeichnet sich eine Art Arbeitsteilung der eingesetzten visuellen Werbemittel ab: Während die Wahlwerbespots der etablierten Parteien darauf ausgerichtet sind, positive Aufmerksamkeitswerte zu vermitteln, im Sinne der Verknüpfung bestimmter Themen mit der werbenden Partei, sind die dethematisierenden Funktionen den Plakaten vorbehalten. Mit Dethematisierung wird „ein Argumentationsverhalten umschrieben, (...), das dazu führt, daß die politische Kommunikation sich nicht oder nicht mehr primär auf den ursprünglichen Streitgegenstand konzentriert. Durch Dethematisierung soll der Konflikt auf ein anderes Thema, wenn möglich aber auf eine 'Meta'-Ebene verlagert werden“ (Sarcinelli 1987: 142). Ob die These stimmt, daß beispielsweise in den Spots zu den Bundestagswahlen 1994 auf Dethematisierung verzichtet wurde, weil „in den Spots nicht der nötige Raum vorhanden“ sei (Jakubowski 1998a: 404), ist zumindest fraglich, da auf Plakaten, die jeweils nur aus einer Bildfläche bestehen, Dethematisierungsstrategien noch seltener angetroffen werden müßten. Dies war jedoch weder 1994 noch 1998 der Fall:

Versuchte 1994 die CDU erfolgreich mit zwei Plakaten (Abbildung 1 und 6) schon früh im Wahlkampf von den Positionen der SPD und ihres Kanzlerkandidaten Rudolf Scharping abzulenken (vgl. Müller 1997a: 202; Müller 1997b: 245f.), so scheiterte die Reprise dieser Wahlkampfstrategie 1998. Die Rote-Socken-Kampagne der CDU von 1994 (Abbildung 1) hat einen hohen Erinnerungswert. Allerdings beruht dieser nicht auf der tatsächlichen Plakatierung, sondern auf einer geschickten Medienstrategie: Die Rote-Socken-Kampagne war eine virtuelle Kampagne par excellence. Sie war nicht nur hoch-symbolisch, sie war auch höchst effektiv. Und das, ohne allzuviel Geld zu kosten. Denn die Landesverbände der CDU-Ost lehnten eine großflächige Plakatierung der roten Socke ab, die – um auf ein kleines, aber symbolträchtiges Detail hinzuweisen – mit einer grünen Wäscheklammer an einer naturfasernen Wäscheleine hängt.

Die öffentlich ausgetragene Debatte um Pro und Contra der Plakatierung erfüllte den eigentlichen Werbezweck der Ablenkung von den Themen der SPD, indem das Gespenst der „Rotfront“ beschworen wurde, und das, ohne daß die teure Plakataktion praktisch umgesetzt werden mußte.

In dieser Hinsicht ist die Rote-Socken-Kampagne zu einem „Klassiker“ der politischen Werbung geworden, mit dem Effekt, daß sie im Wahlkampf

1998 sowohl von der CDU wiederholt, als auch von der SPD übernommen wurde und zwar hinsichtlich ihrer „Virtualität". Beginnend im Juni 1998 plakatierte die SPD insgesamt 16 unterschiedliche Plakatmotive[1]. Die medial wirkungsvollsten waren jedoch Plakate, die überhaupt nicht zur Plakatierung vorgesehen waren. Adressaten dieser „Prototypen" waren die Journalisten der Leitmedien, vor allem das Nachrichtenmagazin DER SPIEGEL, das jeweils die speziell angefertigten Plakate abdruckte (Der Spiegel vom 20.07.1998: 18; vom 03.08.1998: 26/27). Darunter war eine Serie mit Filmpersiflagen, die etwa Kanzler Kohl und Finanzminister Waigel in „..., denn sie wissen nicht, was sie tun" darstellten oder Kohl als Rett Buttler und Waigel in der Rolle von Scarlett O'Hara zeigten, mit der Übertitelung „Vom Wähler verschmäht". Eigens für die Presse wurde auch ein Einzelplakat zu dem Kinospot der SPD produziert, der die amerikanische Science-Fiction-Serie Star Trek alias „Raumschiff Enterprise" zum Handlungsort machte. In dem 44-Sekunden-Spot tauchen Captain Kirk und seine Crew nicht auf. Auf dem Plakatprototyp steht Helmut Kohl jedoch neben dem amerikanischen Raumschiffkapitän und blickt betreten auf das Feld, das ihn in die Zukunft beamen soll. Die Botschaft des Spots ist zugleich Motto des Plakates: „Die Zukunft. Nicht jeder ist dafür geschaffen".

Die CDU wartete mit einem ähnlichen Gag auf und produzierte ein Presseplakat anläßlich der Urlaubszeit, das einen wasserprustenden Elefanten im Gebirgssee zeigt mit dem Übertitel „keep Kohl!" und der Untertitelung „Schöne Urlaubsgrüße vom Wolfgangsee". Der demonstrativen Coolness der Kohl-Werber hatte die SPD eine vergleichbar monströse Werbeidee entgegenzusetzen. Sie konterte mit einem zwei Plakatstellwände umfassenden Dinosaurier und der Betextung: „Schon Größere mußten gehen, weil sich die äußeren Umstände geändert hatten, Herr Kohl."

Allen diesen Plakaten ist neben ihrer geringen Auflage gemein, daß sie eine humorvolle Strategie verfolgen und dabei zugleich jeweils (mit Ausnahme des „keep Kohl" Plakates) den Gegner im Visier haben oder ihn sogar unmittelbar abbilden. Fast alle Plakate sind zudem auf mehreren Bedeutungsebenen angelegt und fordern die Interpretationsleistung der Betrachter heraus.

Wirkte das „Rote-Socken"-Plakat von 1994 (Abbildung 1) noch neuartig und überraschte Publikum und politischen Gegner gleichermaßen, so hatte die Konkurrenz vier Jahre später ganz offensichtlich mit den „Roten Händen“ gerechnet (vgl. Abbildung 3 und 2), denn der Bundesgeschäftsführer der SPD, Franz Müntefering, präsentierte zeitgleich zur Enthüllung des neuen CDU-Plakates durch Generalsekretär Peter Hintze am 27. Mai 1998, ein „Rote-Socken“-Plakat eigener Machart (Abbildung 2), wobei die rote zur alten, stinkenden Socke mutierte (Berliner Morgenpost vom 28.05.1998: 5). Dabei ging die SPD geschickt auf die einprägsame CDU-Kampagne vor vier Jahren ein und dethematisierte die neue Dethematisierungsstrategie der CDU.

Diese Form strategischer Meta-Kommunikation belegt, daß sich Wahlkampfkommunikation in der Gegenwart durch eine wachsende Tendenz zur Selbstreferentialität auszeichnet. Das CDU-Plakat von 1998 (Abbildung 3) nahm Bezug auf den SPD-Wahlslogan „Wir sind bereit“ (vgl. Abbildung 2), der bereits ein Jahr vor dem Wahltermin in ganzseitigen Zeitungsannoncen (Abbildung 7) publik gemacht wurde. Diese direkte Form der Bezugnahme auf den politischen Gegner zeugt nicht nur von dem forcierten Versuch der Dethematisierung konkurrierender Themen. Visuelle Dethematisierungsstrategien haben noch eine über die Ablenkung von gegnerischen Programmpunkten hinausgehende Wirkung: Sie verdichten Informationen. Diese Informations-Komprimierung wird für die Betrachter zunehmend schwerer zu entwirren. Im Zuge des Verdichtungsprozesses verblassen die Ursprünge der Informationen, die Botschaften beginnen zu überlappen. Plötzlich ist nicht mehr deutlich, ob die roten Socken als Symbol von der CDU, der SPD oder gar der PDS stammen.

Bewußt oder unbewußt steht jedes verwendete Bild in einem kultur- und zeitgeschichtlichen Kontext, der die Interpretation der Werbebilder entscheidend prägt. Die politische Berichterstattung spielt in diesem Zusammenhang eine große Rolle, denn sie vermittelt den Kontext und damit den Interpretationsrahmen für die Werbebotschaften der Parteien (vgl. Gleich 1998; Jamieson 1992)[2] . Ob ein Plakatmotiv von den Medien als neuartig interpretiert und damit mit einem hohen Nachrichtenwert versehen oder als Abklatsch einer alten Plakatidee präsentiert wird, kann für Erfolg oder Mißerfolg der Bildstrategie entscheidend sein. Daß das visuelle Gedächtnis der Medien zur fokussierenden Kurzweiligkeit neigt, wird daran deutlich, daß Peter Hintzes „neues Symbol“ der roten Hände von der CDU-Mecklenburg-Vorpommern bereits 1994 als Plakatmotiv verwendet wurde (Abbildung 4), dieser Umstand aber in der Berichterstattung kaum Erwähnung fand. Die „abgehackten Hände“, wie das Symbol auf dem SED-Parteiabzeichen im Volksmund genannt wurde, wird auf dem Pressefoto von der Landesvorsitzenden der CDU-Mecklenburg-Vorpommern und damaligen Bundesministerin für Frauen und Jugend, Angela Merkel, vorgestellt (Frankfurter Allgemeine Zeitung vom 03.08.1994, S. 4). Das ursprüngliche Plakat ist schlicht gehalten, sowohl der Text „Nein!“ wie auch das SED-Parteiemblem sind unmißverständlich. Gemeint war damals wie heute ein Nein zu der Kooperation zwischen SPD und PDS. Der Händedruck sollte an die Zwangsvereinigung von SPD und KPD in der sowjetischen Besatzungszone im April 1946 erinnern, als der SPD-Politiker Otto Grotewohl und der KPD-Vorsitzende Wilhelm Pieck sich symbolisch die Hand reichten. Über diese Bedeutungsebene hinaus ist der Handschlag ein traditionelles Symbol der Arbeiterbewegung und visualisiert deren alte Hymne „Brüder in eins nun die Hände“ (Ahbe/Gibas/Gries 1998: 852).

Der Generalsekretär der CDU präsentierte das neue Abgehackte-Hände-Plakat zwei Tage nachdem Reinhart Höppner mit den Stimmen der PDS zum Ministerpräsidenten von Sachsen-Anhalt gewählt worden war. Das CDU-Plakat versuchte, dieses Ereignis symbolisch zu konnotieren, indem es die auch in der SPD-Wahlkampfzentrale umstrittene Tolerierungsvereinbarung mit der PDS dramatisierte und mit dem, zumindest in Ostdeutschland, tendenziell negativ besetzten SED-Parteiabzeichen visuell verknüpfte.

Je kontroverser die intendierten Reaktionen auf ein Plakat sind, desto wahrscheinlicher ist, daß das Bild nur als Lockmittel für die Medien konzipiert wurde, um zunächst die Zuschauerreaktionen abzuwarten. Ist das Echo und damit die Nachfrage nach dem kontroversen Bild groß, so ist mit der massenhaften Produktion von Miniaturversionen als Postkarten, Kleinstplakate oder Sticker zu rechnen. Die ursprünglich mit der Pressevorstellung des Plakates verbundene Erwartung, das Plakat werde auch plakatiert, wird meist enttäuscht, denn Zeitschriften, Zeitungen und elektronische Medien haben Sinn und Zweck der Plakate bereits erfüllt und die parteiliche Werbebotschaft übermittelt. Die Presse spielt hierbei eine von den Plakatherausgebern einkalkulierte Transmitterrolle. Dadurch, daß die Wahlwerbung aufgrund ihrer Originalität und Brisanz reproduziert wird, erhält sie eine objektivere Konnotation, als wenn sie lediglich an der Straßenecke als parteiliche Plakatwerbung wahrgenommen worden wäre. Wahlkampfkommunikation wird so zur Metakommunikation. Die Metaebene ist nur schwer steuerbar. Leicht können sich Details und Themen verselbständigen oder Details werden zu Wahlkampfthemen, mit denen kaum einer gerechnet hätte, wie ein Beispiel aus dem Bundestagswahlkampf 1994 illustriert: Thematisch wurde wohl selten ein deutscher Wahlkampf so stark durch das Gesicht, konkreter den Bart, eines Politikers bestimmt. Dies lag an der Wahlkampfstrategie der CDU, die geschickt das Erscheinungsbild des jüngeren Konkurrenten thematisierte und so das Alter und die lange Amtszeit Helmut Kohls in Vergessenheit brachte (Abbildung 6). Helmut Kohl zeigte sich hier mit einem neuen Image: ohne Brille, verschmitzt lächelnd, das Kinn auf den Handrücken gestützt, „Politik ohne Bart, sicher in die Zukunft". Die Fotovorlage war zu diesem Zeitpunkt bereits fünf Jahre alt und stammte von dem Kanzlerfotografen Konrad R. Müller, der Helmut Kohl in einer Speyrer Weinschänke aufgenommen hatte (Grosser/Müller 1992: 172; Dreher 1994). Dieselbe Portraitvorlage wurde auch von der Jungen Union zur Gestaltung eines Kleinstwerbemittels benutzt: eine Postkarte, „Politik ohne Bart", mit aufgeklebtem Naßrasierer und dem Pflasterspruch „Da haben Sie sich geschnitten, Herr Scharping" (vgl. Müller 1997b: 245f.). Die Ungewöhnlichkeit der politischen Werbekampagne erzeugte eine enorme Medienresonanz, die zur Multiplikation und somit zur Verstärkung der Werbebotschaft durch die Massenmedien führte. Für den angegriffenen Kontrahenten wirkte sich die erfolgreiche Dethematisierungsstrategie der Union nachteilig aus, denn Rudolf Scharping mußte bei jedem seiner folgenden Auftritte zu seinem Bart und der gegnerischen Kampagne Stellung nehmen, statt seine eigenen Positionen zu vermitteln.

Vier Jahre später hat die SPD von ihren Fehlern gelernt. Ihr Spitzenkandidat knüpfte visuell nicht nur an die eigene Parteiikonographie an, sondern scheute auch vor der Übernahme des Kohlschen Gestus auf dem Politikohne-Bart-Plakat nicht zurück (vgl. Abbildung 5 und 6). Gerhard Schröders Wahlplakat wurde ebenfalls als Querformat produziert und an der SPD-Parteizentrale plakatiert. Drei Tage nach Schröders Wahlsieg in Niedersachsen erschien das Portrait mit dem Slogan „Ich bin bereit" ganzseitig in Tageszeitungen als Annonce (Abbildung 5). Die Plakatierung an der Bonner SPD-Kampa ging geschickt auf die Berichterstattungsformate von ARD und ZDF ein und sicherte so freie Werbezeit, denn häufig wurden zu einem Bericht über Presseerklärungen und Stellungnahmen des SPD-Kanzlerkandidaten Bilder von der Parteizentrale eingeblendet und damit auch das Plakatkonterfei Schröders.

Mit „Ich bin bereit" wendet sich der Kanzlerkandidat zwar, im Unterschied zu seinem Konkurrenten vier Jahre zuvor, frontal an den Betrachter und stützt sein Kinn parteipolitisch korrekt in die linke statt in die rechte Hand. Und doch knüpft der SPD-Herausforderer mit der Geste an einen unterbewußt mit dem Kanzler assoziierten Bildtypus an. Die „Ich bin bereit"-Anzeige vom März 1998 war Teil einer Anzeigenserie, die bereits im Oktober des Vorjahres begonnen hatte und damals noch das Kandidaten-Duo Schröder-Lafontaine zeigte, die gegen kopflose Politik neue Köpfe forderten und nur zwei Wochen später in dem gleichen Werbeformat mit den drei Schlüsselbegriffen „Gerechtigkeit, Innovation, Zukunft" warben (Abbildung 7). Die Besetzung dieser drei Schlüsselbegriffe durch die SPD begann also bereits ein Jahr vor der Wahl und wurde dann durch den Leipziger SPD-Parteitag im April verstärkt. Der Titel des Wahlprogramms lautete: „Arbeit, Innovation und Gerechtigkeit". Das Motto des Parteitages „Die Kraft des Neuen" war ebenfalls zukunftsorientiert. Allerdings unterlief den Parteistrategen ein juristischer Formfehler. Mit dem Slogan verletzten die Sozialdemokraten das Urheberrecht der Siemens AG, die seit 1997 in Anzeigen und auf Plakaten mit der „Kraft des Neuen" warb (Hamburger Abendblatt vom 22.4.1998, S. 2.).

Die symbolische Kraft politischer Inszenierung wirkt vor allem dann, wenn es dem Protagonisten gelingt, mit seinem Image die verschiedenen Bildmedien zu transzendieren, d.h. erkennbar er selbst zu sein: in seinen Werbedarstellungen, bei einem Live-Interview und auf Pressefotos, denen mehr Objektivität und Glaubwürdigkeit beigemessen wird als bunten Werbeprospekten und Wahlspots. Damit verläßt eine Bildstrategie den Bereich der reinen Denotation und wirkt konnotativ. Das Image ist offen für die Interpretationen der Betrachter und damit weitaus effektiver als eine eindimensionale Strategie, die den Bildkonsumenten keinen Interpretationsspielraum läßt.

Daß die SPD 1998 versuchte, eine ehemals rein denotative Strategie in eine konnotative zu verwandeln, zeigte der Presseauftritt des Kanzlerkandidaten Anfang Mai auf der Berliner Baustelle des Kanzleramtes (Abbildung 8; vgl. Leithäuser 1998). Die Selbstdarstellung mit Bauhelm wirkte nicht nur als Besichtigung der zukünftigen Residenz, quasi als visuelle Selffulfilling-prophecy, sondern knüpfte auch an das typische mit dem Begriff der „Arbeit" assoziierte SPD-Image an, so wie es in dem Wahlplakat für den Europawahlkampf 1994 ins Bild gesetzt wurde (vgl. Abbildung 9). Das Plakat mit dem repetitiven Titel „Arbeit! Arbeit! Arbeit!" ist ein Beispiel für eine rein denotative Bildstrategie, die dem Betrachter wenig Interpretationsspielraum läßt und ihn mit der bloßen Forderung nach Arbeit konfrontiert, ohne jedoch konkrete Programme zu offerieren. Zudem weist das Bild eines Bauarbeiters in Verbindung mit der dreifachen Wiederholung des Arbeitsbegriffes darauf hin, daß der Arbeitsbegriff der SPD in den 70er Jahren verhaftet ist, als Arbeit noch vor allem mit körperlicher Industriearbeit gleichgesetzt wurde und der Dienstleistungssektor vergleichsweise marginal war, wie das sehr ähnlich geartete Plakatmotiv „Modell Deutschland", aus dem Bundestagswahlkampf 1976 zeigt (Abbildung 10). Im Vergleich ist das ältere Plakat um einiges symbolhaltiger: mit dem schwarzrotgoldenen Parteilogo und dem sympathischen Arbeiter, der immerhin zur Identifikation einlädt, während auf dem Plakat von 1994 die Forderungen nach Arbeit und „Sicherheit statt Angst" neben dem merkwürdig distanzierten Bauarbeiter hoch oben auf dem Gerüst eher wie ein parteipolitischer Hilfeschrei wirken. Die vermutete Intention der Plakatgestalter, den witzigen und dadurch wirksamen Ablenkungsstrategien der CDU mehr inhaltliche Substanz im Sinne von seriösen Wahlkampfthemen entgegenzusetzen, scheiterte am Plakatstil, der dem Medium und damit mittelbar den Betrachtern nur eine geringe Interpretationsfähigkeit zutraute.

Der Wahlkampf 1998 verlief unter umgekehrten strategischen Vorzeichen. Während die SPD plakativ ihre Themen setzte, geriet die CDU schon früh in die Defensive und verließ sich auf altbewährte Motive (vgl. Abbildung 11 und 12). Helmut Kohl als Wegweiser mit einer in die Ferne gerichteten, ausgestreckten rechten Hand prangte bereits 1994 vor der Deutschlandfahne auf Plakaten und auf der Rückseite einer Werbebroschüre, die den TV-Magazinen beilag (Abbildung 11). 1998 wurde die gleiche Geste eigens für die Fotovorlage des zentralen Großflächenplakats „Weltklasse für Deutschland" (Abbildung 12) nachgestellt.

II. Wahlkampf in der ikonischen Öffentlichkeit

Professionelle Thematisierungs- und Dethematisierungsstrategien wie die Rote-Socken-Kampagne der CDU 1994 und die Wahlkampagne der SPD 1998 werden vor allem unter den Begriff „Amerikanisierung" subsumiert und in der Öffentlichkeit eher abschätzig kommentiert (vgl. exemplarisch Kämmerlings 1998). Die im Bundestagswahlkampf 1998 verstärkt wahrgenommene „Inszenierung" von Politik ist jedoch nicht nur ein Ergebnis der fortschreitenden „Amerikanisierung" (vgl. Schulz 1998: 378; Schulz 1997: 186f.; Gleich 1998: 412; Radunski 1996: 34f.) politischer Kommunikation, sondern vor allem das langsame gesellschaftliche Bewußtwerden eines erneuten Strukturwandels von Öffentlichkeit in den post-industriellen Gesellschaften.

Öffentlichkeit wird durch die Medien erzeugt und nimmt so auch mittelbar deren Kommunikationsstruktur an. Die beiden populärsten Theorien öffentlicher Kommunikation: Jürgen Habermas diskursives Öffentlichkeitsmodell (Habermas 1961/1996) sowie das der politischen Theorie der Ökonomie entlehnte liberale Modell öffentlicher Kommunikation, sind beide argument- und textzentriert. Unterschwellig ist den beiden herrschenden Theorien der Öffentlichkeit gemein, daß Kommunikation unter dem Aspekt rationaler Funktionalität betrachtet wird (vgl. Gerhards 1997, Habermas 1996).

Abbildung 1: Wahlplakat Bundestagswahlkampf 1994 (CDU)

Abbildung 2: SPD-Bundesgeschäftsführer Franz Müntefering stellt neues Anti-CDU-Plakat vor. *Berliner Morgenpost vom 28. Mai 1998, Seite 5*

Abbildung 3: CDU-Generalsekretär Peter Hintze präsentiert neues Anti-SPD-Plakat. *Berliner Morgenpost vom 28. Mai 1998, Seite 5*

Abbildung 4: Die Landesvorsitzende der CDU-Mecklenburg-Vorpommern Angela Merkel präsentiert das neue Wahlplakat.
Frankfurter Allgemeine Zeitung vom 3. August 1994, Seite 4

Abbildung 5: Ganzseitige Anzeige in: *Frankfurter Allgemeine Zeitung vom 4. März 1996, Seite 17*

Abbildung 6: Wahlplakat Bundestagswahl 1994 (CDU)

Abbildung 7: Ganzseitige Anzeige in: *Frankfurter Allgemeine Zeitung vom 18. Oktober 1997, Seite 7*

Abbildung 8: Pressefotografie zum Artikel von Johannes Leithäuser "Schröder will das Kinderzimmer im Kanzleramt sehen. Der Kandidat der SPD spielt sich bei seinem Besuch in Berlin selbst".
In Frankfurter Allgemeine Zeitung vom 7. Mai 1998, Seite 3 (Foto AP)

Abbildung 9: Großflächenplakat Europawahl 1994 (SPD)

Abbildung 10: Wahlplakat Bundestagswahl 1976 (SPD)

Abbildung 11: Rückseite einer Wahlbroschüre im Bundestagswahlkampf 1994 (CDU)

Abbildung 12: Großflächenplakat Bundestagswahlkampf 1998 (CDU)

Kommunikationsformen, die jenseits dieser argumentativen Strukturen funktionieren, erscheinen automatisch als nicht dem Habermasschen Ideal-Modell autochthoner Öffentlichkeit zugehörig, sondern dem Negativ-Bild „vermachteter Öffentlichkeit".

Beide Öffentlichkeitsmodelle gehen von einer Rationalitätsprämisse aus, die nicht-rationale Motivationen und Reaktionen ausklammert. Politische Kommunikation in einer durch Massenmedien vermittelten Realität weist jedoch nicht nur argumentative Strukturen auf. Vielmehr werden argumentative notwendigerweise durch ikonische Elemente ergänzt, die der Kommunikation eine emotionale Dimension hinzufügen. Diese visuelle Komponente ist kein Novum, wird jedoch in der Gegenwart verstärkt wahrgenommen.

Soll „Öffentlichkeit" als sozialwissenschaftlicher Begriff auch auf die Gegenwart des ausgehenden 20. Jahrhunderts passen, so muß er durch eine ikonische Komponente erweitert werden. Visuelle Kommunikation folgt einer eigenen, nicht-rational-argumentativen Logik. Das Prinzip dieser Logik ist die Assoziation. Assoziationen sind nicht rational erklärbar, sie beruhen aber auf Vorbildern, deren Bedeutungen analytisch dechiffrierbar sind.

III. Fazit

Die Kommunikation der politischen Elite hat sich gewandelt. Die Währung in der Mediengesellschaft ist nicht mehr Macht, sondern Aufmerksamkeit. Die Schauseite der Politik gewinnt mehr und mehr an Bedeutung, weil nur die Show Aufmerksamkeit garantiert. Aufmerksamkeit wird immer weniger diskursiv und immer stärker ikonisch erzeugt, so daß von einer ikonischen Öffentlichkeit gesprochen werden kann. Die Rolle der Images und Bilder ist, Aufmerksamkeit zu erregen, um so den öffentlichen Themendiskurs zu steuern, sei es, um die eigene Agenda zu propagieren oder von den Themen der politischen Konkurrenten abzulenken.

Definierte der amerikanische Politikwissenschaftler Harold D. Lasswell in der ersten Hälfte des 20. Jahrhunderts noch Politik als „Who Gets What,

When, How?" (Lasswell 1936), so könnte das Leitmotiv der Politik im 21. Jahrhundert lauten: „Who Shows What, When, How?". Aus dem politischen Handeln ist ein Zeigen geworden, aus der diskursiven Öffentlichkeit eine ikonische.

Fußnoten

1) In der letzten Plakatierungs-Dekade, zehn Tage vor der Wahl, wurden vier unterschiedliche Plakate von Gerhard Schröder geschaltet, die jedoch jeweils dasselbe Bildmotiv - den Kanzlerkandidaten im frontalen Brustporträt - zeigt. Die Übertitelung des Plakates variierte jeweils beginnend mit „Deutschland braucht neuen Mut", „Deutschland braucht neue Kraft", gefolgt von „Deutschland braucht neue Ideen" und schließlich, kurz vor dem Wahltag, „Deutschland braucht einen neuen Kanzler".

2) Vgl. den Beitrag von Uli Gleich in diesem Band.

Literatur

Ahbe, T., Gibas, M. & Gries, R. (1998). Die Rot-Händler. Anmerkungen zur Wahlpropaganda der CDU. Blätter für deutsche und internationale Politik 7, 850-861.

Dreher, K. (1994). Kohls erstes 'Werbe-Poster'. Neidische Blicke der Konkurrenz. Süddeutsche Zeitung 05./06.03., 6.

Gerhards, J. (1997). Diskursive versus liberale Öffentlichkeit. Eine empirische Auseinandersetzung mit Jürgen Habermas. Kölner Zeitschrift für Soziologie und Sozialpsychologie 49 (1), 1-34.

Gleich, U. (1998). Die Bedeutung medialer politischer Kommunikation für Wahlen. Media Perspektiven 8, 411-422.

Grosser, A. & Müller, K. R. (1992). Die Kanzler. Bergisch Gladbach: Gustav Lübbe.

Habermas, J. (1996). Strukturwandel der Öffentlichkeit. Untersuchungen zu einer Kategorie der bürgerlichen Gesellschaft", 5. Aufl. der Neuauflage von 1990. Frankfurt/Main: suhrkamp.

Jakubowski, A. (1998). Parteikommunikation in Wahlwerbespots. Eine systemtheoretische und inhaltsanalytische Untersuchung von Wahlwerbespots zur Bundestagswahl 1994. Wiesbaden: Westdeutscher Verlag.

Jakubowski, A. (1998a). Kommunikationsstrategien in Wahlwerbespots. Media Perspektiven 8, 402-410.

Jamieson, Kathleen Hall (1992). Deception, Distraction, and Democracy. New York: Oxford University Press.

Kämmerlings, R. (1998). Sternzeichen D - Die Partei als Marke. Frankfurter Allgemeine Zeitung 16.09., 43.

Lasswell, H. D. (1936). Politics: Who Gets What, When, How. New York.

Leithäuser, J. (1998). Schröder will das Kinderzimmer im Kanzleramt sehen. Der Kandidat der SPD spielt sich bei seinem Besuch in Berlin selbst. Frankfurter Allgemeine Zeitung, 07.05., 3.

Macho, Th. H. (1993). Von der Elite zur Prominenz. Zum Strukturwandel politischer Herrschaft. Merkur 9/10, 762-769.

Merten, K. (1994). Wirkungen von Kommunikation. In Merten K., Schmidt S. J. & Weischenberg, S. (Hrsg.), Die Wirklichkeit der Medien. Eine Einführung in die Kommunikationswissenschaft. (S. 291-328) Opladen: Westdeutscher Verlag.

Müller, M. G. (1997a). Politisches Parfüm. Die visuelle Vermarktung des Immateriellen. In Röttger, U. (Hrsg.), PR-Kampagnen. Über die Inszenierung von Öffentlichkeit.(S. 195-206). Opladen: Westdeutscher Verlag.

Müller, M. G. (1997b). Politik mit (bewegten) Bildern. Wahrnehmung und Wirklichkeit der Wahlwerbung. Sowi Sozialwissenschaftliche Informationen 26 (4), 239-247.

Radunski, P. (1996). Politisches Kommunikationsmanagement. Die Amerikanisierung der Wahlkämpfe. In Bertelsmann Stiftung (Hrsg.), Politik überzeugend vermitteln. Wahlkampfstrategien in Deutschland und den USA (S. 33-52). Gütersloh: Verlag Bertelsmann Stiftung.

Sarcinelli, U. (1987). Symbolische Politik. Zur Bedeutung symbolischen Handelns in der-Wahlkampfkommunikation der Bundesrepublik Deutschland. Opladen: Westdeutscher Verlag.

Schulz, W. (1998). Wahlkampf unter Vielkanalbedingungen. Media Perspektiven 8, 378-391.

Schulz, W. (1997). Politische Kommunikation. Theoretische Ansätze und Ergebnisse empirischer Forschung zur Rolle der Massenmedien in der Politik. Opladen: Westdeutscher Verlag.

Roland Eckert

Jugendkulturen und ihr Einfluss auf die Formulierung von Politik

"Die Kultur des Überflusses brachte Auto und Autoradio in jede bürgerliche Familie und schuf damit die Basis für Elvis Presleys Feldzug."
Jerry Rubin (1977, S. 19)

"Wir wurden verrückt. Wir konnten es nicht mehr zurückhalten. Elvis Presley machte Schluß mit Ike Eisenhower, indem er unsere bedrängten, jungen, erwachenden Körper in Bewegung setzte. Harte, animalische Rock-Energie schoß uns durch die Glieder, der hämmernde Rhythmus weckte verdrängte Leidenschaften. Musik, die den Geist befreite. Musik, die uns zusammenbrachte."
Jerry Rubin (1977, S. 18)

"Die erste ‚Studentendemonstration' verbreitete sich 1964 wie ein Mythos über die Bildschirme der Nation. In jenem Jahr war die erste Generation, die von Geburt an mit TV groß geworden war, neun, zehn und elf Jahre alt. ‚Sobald ich die Chance hab', dachten sie, ‚will ich das auch machen.' Die erste Chance bekamen sie, als sie fünf Jahre später in die High-School kamen - 1969! Und das war das Jahr, in dem die High-Schools Amerikas explodierten. Ein offizieller Bericht der Regierung zeigt, daß es 1969 in drei von fünf Schulen zu Formen ‚aktiven Protestes' kam. Das Fernsehen erzieht Generationen von Kindern, die erwachsen und Demonstranten werden wollen."
Jerry Rubin (1977, S. 106)

Jugendkulturen

Seit Schule und Berufsvorbereitung einen immer längeren Zeitraum im Leben der Menschen einnehmen, sind Gesellschaften mit der Bildung jugendlicher Gruppen konfrontiert, in denen eigene und im Hinblick auf die Gesellschaft immer auch abweichende Werte, Normen und Verhaltensweisen entwickelt werden (Eisenstadt 1956; Tenbruck 1962). Dies beginnt mit der studentischen Subkultur des 18. Jahrhunderts, mit der Literaturrevolte der Stürmer und Dränger um 1770, setzt sich fort mit der Revolte der Burschenschaften 50 Jahre später, erfaßt die Gymnasialjugend im Wandervogel der Jahrhundertwende, dringt mit der Arbeiterjugendbewegung und den "wilden Cliquen" in die Arbeiterjugend vor und verästelt sich seit den "Halbstarkenkrawallen" der fünfziger Jahre in die verschiedensten Subkulturen. Allgemein gilt für diese Gruppen, daß Jugendliche in ihnen Identität über Abgrenzung (von den Eltern, von der Nachbarschaft, von den Lehrern und von anderen Gruppen) gewinnen. Diese Abgrenzung wird einerseits symbolisch durch Kleidung und Haartracht zum Ausdruck gebracht, die eigene Welt verdichtet sich zudem in spezifischen "Gefühlen", die vor allem in der Musik zum Ausdruck kommen. Abgrenzung bedeutet andererseits häufig auch Konflikt: einmal, weil diese Jugendlichen für die Umwelt (die Eltern, Lehrer, Lehrherrn) eine Herausforderung darstellen und aggressive Antworten erfahren, zum anderen, weil die Herausforderung und der Konflikt von den Jugendlichen auch häufig gesucht wird. Der Konflikt wird als Ausweis der eigenen Bedeutung erfahren. Selbst-Stigmatisierung ist immer auch Selbst-Bestätigung. Die konkreten Selbstdarstellungs- und Konfliktstrategien sind freilich höchst unterschiedlich. Teilweise sind sie auf die Wertmuster der "Stammkulturen" (Brake 1981) (z.B. Bildungsbürgertum bei den Hippies, Arbeiterschaft bei den Rockern) zurückzuführen, teilweise haben sie spezifische Lebensbedingungen (z.B. negative Familien-, Wohn-, Schul- und Arbeitsmarkt-Erfahrungen) zur Voraussetzung, zum Teil sind sie schließlich auf dem von den Massenmedien eröffneten Markt jugendlicher Individualitätsmuster frei gewählt.

Konkurrenz im Persönlichen

Diese Wahlakte haben für Jugendliche existentielle Bedeutung. Nachdem die Verwandtschaft es weithin aufgegeben hat, die Partnerwahl zu kontrollieren, nachdem die kirchliche Sexualmoral über Teilgruppen hinaus fast nur noch als dumpfes Schuldgefühl wirksam wird, haben sich nicht nur die Selbstverwirklichungschancen, sondern hat sich auch die Geltungskonkurrenz unter Jugendlichen verstärkt. Die Konkurrenz im Persönlichen beginnt heute früher und endet - wenn überhaupt - später. Wie überall, wo Konkurrenz herrscht, müssen sich Anbieter und Nachfrager persönlicher

Beziehungen profilieren. Selbststilisierung von Jugendlichen ist eine Strategie auf dem Beziehungsmarkt, im Kampf um das knappe Gut der Anerkennung und der erotischen Zuwendung. Neben der Schule und Lehre wird hier die Freizeit als ein relativ risikofreier Variationsbereich wichtiger, in dem persönliche Kompetenzen und Gratifikationen ausgetestet werden. Hier mag sich vieles zunächst zufällig "ergeben", positive und negative Befriedigungen und Bestätigungen werden aber eine erste Selektion von Interessen stattfinden lassen. Jugendliche werden sich auf Aktivitäten spezialisieren, in denen sie sich als erfolgreich erfahren haben, und dies kann durchaus die "bad reputation" sein nach dem Motto: "Und wenn sie mich nicht lieben, so sollen sie mich doch fürchten." Dabei werden sie feststellen, daß nicht beliebige Aktivitäten miteinander kompatibel sind. Gerade weil Jugendliche Identität auch über Abgrenzung herstellen, werden unterschiedliche "Programmfarben" - um einen Begriff der Rundfunkanstalten zu gebrauchen - miteinander unvereinbar. Drastisch tritt dies in den abweichenden Subkulturen zutage. Niemand kann Rocker und Popper, Punk und Skinhead, Techno- und HipHop-Freak zugleich sein. Ähnliches gilt aber auch für die übrigen Gruppenkulturen, die sich in Sport und Jugendarbeit, in der Musik und am Computer herausbilden. Alle werden in sich zusammengehalten durch Vorstellungen, was "echt gut" oder aber "ätzend" ist. Zudem haben Gruppen interne Rangordnungen (auch dort, wo die Leistung nicht, wie es im Sport oder am Computer der Fall ist, eindeutig meßbar ist, sondern Gegenstand nicht abschließbarer Aushandlungsprozesse bleibt), die als Motivationsvehikel ähnliche Bedeutung gewinnen wie die soziale Ungleichheit in den beruflichen Hierarchien (Eckert et al. 1999).

Kultur als Markt

Diesem Prozeß der Suche nach den höchstpersönlichen Interessen- und Leistungsbereichen entspricht auf der Seite der Kultur die Ausweitung der Märkte an Verhaltensmodellen, die für Jugendliche über Massenmedien weltweit annonciert werden. Durch das immer differenziertere Verbundsystem der Massenmedien ist ein fundamentaler Wandel in Gang gekommen, der die sich heute entwickelnde Weltgesellschaft von einfachen Stammesgesellschaften und ebenso von Hochkulturen, ja sogar der industriellen

Klassengesellschaft des 19. und 20. Jahrhunderts, trennt. Traditionelle Kulturen zeichneten sich durch tendenziell hoheitliche Verwaltung von Deutungsmustern über Priester, Richter und Ärzte aus. Das entfaltete Kommunikationssystem der Moderne hat dazu geführt, daß Kultur als "Markt" von Sinnwelten reorganisiert wird. Während die traditionellen Orientierungsmächte (Nachbarschaft, Verwandtschaft und Kirche) dem Menschen wenig Wahlmöglichkeiten gelassen haben, mit wem er wohnen, wen er lieben, was er glauben sollte, werden heute Werthaltungen und Mitgliedschaften wählbar (Winter & Eckert 1990). Zwar gibt es noch die Sinnoligopole der Kirchen, die ihren angestammten Markt gegen Kleinanbieter von Sinn wie therapeutische und mystische Gemeinschaften zu behaupten versuchen; zwar behaupten sich die Partizipationstrusts der Parteien. Beide stützen sich direkt oder indirekt auf fiskalische Alimentationen über das staatliche Steuermonopol. Neben ihnen gibt es aber andere "Identitätsagenturen", die sich massenmedial annoncieren (vgl. z.B. die Fernsehkirchen der USA), gibt es politische Kondottieri, die spezifische Ressentimentgruppen zusammenschließen können und bei Erfolg über Wahlkampfkostenerstattung ebenfalls staatlicher Finanzierung teilhaftig werden. Und schließlich gibt es eben auch Jugendgruppen, die durch demonstrative Abweichung die Medien mobilisieren und Modelle für andere Jugendliche annoncieren - Modelle, die rasch ihr Saatbeet auf kalifornischem Campus und in den zusammenbrechenden Industriestädten Englands verlassen und sich rund um die Welt verbreiten.

Damit unterliegen jugendliche Subkulturen auch den Mechanismen der Mode. Öffentliche Aufmerksamkeit verarbeitet die Überfülle der Informationen durch sequentielle Anordnung. Ein Thema, ein Problem hat seine Konjunktur und wird schließlich von einem anderen abgelöst. Neue Subsinnwelten und Spezialkulturen in Sport und Musik, Politik und Religion verallgemeinern sich also in der Form einer massenmedial getragenen Mode, bis die Themen ausgereizt sind und sich das Interesse der Journalisten und die Aufmerksamkeit der Öffentlichkeit neuen Reizquellen zuwendet. Medien sind, so gesehen, nicht nur für Absatz und Verbreitung, sondern auch für den Verschleiß der neuen Ausdrucksformen verantwortlich. Die originären Spezialkulturen bedauern diesen Prozeß häufig als Kommerzialisierung und Inflationierung ihrer Symbole. Sie reagieren darauf mit der erneuten Produktion von Exklusivität (Diederichsen 1985). Mit den verkürzten Informationszeiten breitet sich Neues viel schneller um die Welt aus und trivialisiert alsbald und wird langweilig. Darum wird Mode als Steuerungsmedium nicht nur von Bekleidung, sondern auch von Ideen, Meinungen, Vorlieben und Abneigungen an Bedeutung gewinnen. Gerade weil die Ausbreitung von stilistischen Innovationen so schnell vor sich geht, wird sich der Druck auf die Individuen erhöhen, kreativ und innovativ zu sein, um ihre Authentizität und Singularität auszuweisen.

Chancen und Gefahren

Diese Strukturveränderungen enthalten durchaus neue Chancen für Jugend und Gesellschaft. Entsprechend der Erfahrung, daß ihr Leben von persönlicher Leistung bestimmt wird, ist die Bereitschaft von Jugendlichen, sich politisch zu engagieren (Umwelt, Frieden, Dritte Welt, Frauenbewegung), gestiegen, allerdings weniger als Bereitschaft zur Mitarbeit in Parteien und Gewerkschaften als in aktualitätsorientierten und medienvermittelten "neuen" sozialen Bewegungen. Auch die spirituelle Sinnsuche der Jugendlichen erfolgt nicht allein in kirchlich vorgegebenen, sondern vielfach in experimentellen Glaubens- und Lebensformen.

Spezialkulturen von Jugendlichen aber bilden sich nicht nur um prosoziale Gefühle und Handlungen, sondern auch um antisoziale: selbstschädigende (Drogen) und gewaltaffine Affekte, für die die Modelle jeweils auch in den Medien (bzw. der nächsten Videothek) abgerufen werden können. Im Hintergrund der Faszination durch aggressive Gruppenkulturen stehen bei Jugendlichen häufig Probleme der familialen Beziehungen, aber auch negative Erfahrungen mit den Selektionsprozessen in Bildung, Beruf und Partnermarkt. Die Ausweitung des Schulsystems hat nicht nur zu positiven Mobilitätschancen, sondern auch vermehrt zu "Negativkarrieren" geführt. Wenn die Hauptschule immer mehr leistungsfähige Schüler an weiterführende Schulen abgibt, erleben Jugendliche ihren Erfolg und Mißerfolg "hautnah", d.h. nicht als Klassenschicksal, sondern als individuelle Leistung und individuelles Versagen. Neben erfolgszuversichtlichen Jugendlichen gibt es darum auch immer mehr mißerfolgsängstliche. Neben depressiven Reaktionen können auch aggressive subjektiv sinnvoll sein. Auch außerhalb der Schule geraten Jugendliche ins Hintertreffen, wenn sie spezifische Eigenschaften aufweisen, die früher (beispielsweise als Kraft, Kampfesmut und Tapferkeit) geehrt wurden, heute aber an gesellschaftlicher Funktion und Anerkennung verloren haben. In der Verschränkung von Stimulationsbedürfnissen und Sinnsuche werden darum nicht nur die universalistischen Ideale von Freiheit, Gleichheit und Brüderlichkeit (bzw. Schwesterlichkeit) aller Menschen, sondern auch partikularistische, ausschließende Werte von ethnischer Zugehörigkeit kultiviert. Ideologien festigen das Wir-Gefühl, definieren den 'Feind' und legitimieren das Selbstbild des 'Kämpfers'. In (parlamentarisch unbewältigten) gesellschaftlichen Konflikten können Jugendliche eine höhere Weihe erhalten: aus 'Schlägern' werden dann 'Kämpfer': wie zuletzt im Asylstreit 1992-94 (Willems et al. 1993).

Die Parteiendemokratie

Das moderne Parteiensystem, so wie es sich ausgehend von Amerika in allen Industriestaaten ausbreitet, ist realistisch bereits in Anthony Downs Ökonomischer Theorie der Demokratie (1957) beschrieben worden: Politische Großunternehmen konkurrieren auf einem Markt, auf dem Kaufkraft in Form von Wählerstimmen sich alle vier Jahre erneuert. Die Besonderheit dieses Marktes ist es, daß er demjenigen einen hohen Zusatzgewinn einräumt, der in der Lage ist, Mehrheiten zu bilden und die Regierung zu stellen. Dies führt zu einer Mechanik der Willensbildung, in der die Aggregation (die Bündelung) der Interessen im Vordergrund steht, während die Artikulation (die Äußerung) von Interessen, die nicht oder noch nicht zur Mehrheitsbildung beitragen, systematisch vernachlässigt wird. Parteipolitiker bringen darum unterschiedliche Interessen auf einen Nenner, indem sie intern und extern Kompromisse eingehen, Koalitionen bilden, Stillhalte- oder Unterstützungsvereinbarungen aushandeln. Damit werden sie jedoch gleichzeitig intransigent gegenüber neuen und noch wenig einträglichen Positionen und vermeiden es, politische Führung in noch unpopulären Fragen zu übernehmen. Wer etwas erreichen will, möchte nicht durch angreifbare Aussagen zusätzliche Gegner mobilisieren, will 'keine schlafenden Hunde' wecken - nur so scheint ihm die Mehrheit gesichert. Das oberste Kriterium öffentlicher Verlautbarungen ist daher, daß sie dem Gegner keine Zitate liefern dürfen. Daraus resultiert die zunehmende Unschärfe der Aussagen insbesondere der großen Parteien. Die Unfähigkeit, auch unpopuläre Maßnahmen zu verkünden, zeigte sich beispielsweise anläßlich der Wiedervereinigung, als niemand für die unausweichlich zu bringenden Opfer warb. Diese Mechanik der Mehrheitsbildung hat auch Konsequenzen für die Kandidatenauslese und die Persönlichkeitsbildung der Politiker: Chancen hat, wer vom Gegner (oder besser: von den Konkurrenten auf dem Markt) schwer angreifbar ist. So setzt sich in den zahllosen professionellen Ausscheidungsrunden der Typus des strategischen Kiesels durch: glattgeschliffen, ohne Ecken und Kanten, vielseits verwendbar, mit einer Instant-Rhetorik, die jede Frage beantwortet. Vielleicht wären Politiker glaubwürdiger, würden sie sich - wie Brecht einmal für die Kommunisten vorschlug - Fragen überlegen, auf die sie noch keine Antworten wissen.

Jugendliche Subkulturen und soziale Bewegungen als Kleinanbieter von Politik

Weil das so ist, wird die Frage dringlich, wo die Artikulation, also die Formulierung von neuen Interessen und Ideen, heute stattfindet. Auch hier kann das Marktmodell der Demokratie helfen: Wenn die Großanbieter von Politik kaum neue, spezielle und noch wenig einträgliche Produkte anbieten, eröffnet sich ein Markt für Waschküchenbetriebe und Nischenanbieter von Politik (Zald & McCarthy 1981): Bürgerinitiativen, soziale Bewegungen, Protestaktionen und Unruhen. Solange deren Akteure selbst nicht regieren wollen, können sie eine andere Gewinn- und Verlustrechnung aufmachen: Sie brauchen keine Rücksichten zu nehmen, können zweckspezifische Bündnisse unabhängig von Differenzen in anderen Fragen eingehen, müssen sich nicht in Fraktions- oder Koalitionsdisziplin einbinden lassen, können zu den Mitteln der Provokation und der Regelverletzung greifen, sich viele Feinde (und darum viel 'Ehr') machen. Genau darum können sie Überraschungen produzieren und das Interesse der Fernsehanstalten mobilisieren. Haben sie - zunächst mit Spektakel, dann mit

Argumenten - die Aufmerksamkeit des Publikums gewonnen und zeichnen sich Meinungsänderungen in den Umfragen ab, geraten schließlich auch die Großanbieter von Politik, die Parteien, unter Zugzwang und können dann rasch handeln, um sich 'an die Spitze des Zuges' zu setzen. Die Mobilisierung von Öffentlichkeit auch durch kleine Gruppen ist also ein effizientes Mittel, um politische Entscheidungen zu beeinflussen. Entdeckt hat diesen Mechanismus die amerikanische Studentenbewegung vor mehr als 35 Jahren, einen gleichen Effekt hatten die Jugendproteste 1980/81, die Friedensbewegung 1983, perfektioniert wurde diese Technik in der Ökologiebewegung z.B. von Greenpeace (Eckert et al. 1990). Auch die fremdenfeindlichen Gewalttäter 1991-1994 haben mit ihren Anschlägen das Asylrecht rasch zum Kippen gebracht.

Die programmatische Unschärfe der großen Parteien, die Kieselform ihrer Repräsentanten auf der einen Seite und die spektakulären Kampftechniken außerparlamentarischer Aktivisten auf der anderen Seite sind komplementär zueinander: Interessenartikulation und Interessenaggregation, die in der politikwissenschaftlichen Theorie (Almond & Powell) noch 1966 als die Funktionen der Parteien bezeichnet wurden, haben sich voneinander getrennt und sich in eigenen Organisationsstrukturen und Handlungsformen verselbständigt. Die Allgegenwart der Medien hat einen neuen Differenzierungsschub ausgelöst: Parteien aggregieren, Interessenverbände und nun auch Protestbewegungen aus jugendlichen Milieus artikulieren, was sich als politischer Wille äußert. Einige Beispiele:

- Der Vietnamkrieg in den fünfziger Jahren entsprang der herrschenden realistischen Theorie der internationalen Politik, speziell der Dominotheorie für Südostasien. An ihr wurde in den USA in Regierung und Kongreß, also im Zentrum des politischen Systems, konsequent festgehalten. Unter den Intellektuellen des Bildungssystems hatte sich jedoch längst die Imperialismustheorie durchgesetzt. Die amerikansiche Studentenbewegung entwickelte die Protestformen, die ihr die Medienpräsenz sicherten und zu dem amerikanischen Rückzug aus Vietnam entscheidend beigetragen haben.

- Das Wirtschaftswachstum der Nachkriegszeit hatte nicht nur vormalige Knappheiten beseitigt, sondern neue Knappheiten in Form von Umweltschäden geschaffen. Dies geriet einer Generation, für die Wohlstand schon selbstverständlich geworden war, deutlich in das Blickfeld. Die Ökologiebewegung formierte sich und erreichte die Institutionalisierung von Umweltpolitik.

- Die zunehmende berufliche Qualifizierung von Frauen ließ traditionelle Muster geschlechtstypischer Arbeitsteilung verblassen. Die Frauenbewegung erzwang Frauenpolitik und Gleichstellungsbürokratie im öffentlichen Dienst.

- Die Verselbständigung jugendeigener Gruppen führte über die Jugendkonflikte der achtziger Jahre zur Anerkennung spezifisch jugendkultureller Bedürfnisse in den Kommunen.

- Die Eigendynamik der Rüstungseskalation provozierte die Friedensbewegung, die wiederum in Deutschland zum Ende der sozialliberalen Koalition beitrug.

- Die Einwanderungsschübe von Aussiedlern und Asylbewerbern ließen Ängste in Bevölkerungsgruppen entstehen, die sich in Konkurrenz zu den Einwanderern fühlten; fremdenfeindliche Gewalt führte schließlich zur Änderung des Asylrechts.

- Mikroelektronische Revolution und weltwirtschaftliche Konkurrenz führen gegenwärtig zu wachsenden Arbeitsmarktproblemen von niedrigqualifizierten Jugendlichen aus einheimischen und eingewanderten Bevölkerungsgruppen. Wachsende Gewalt und Bandenbildung werden entweder mit Qualifizierungsmaßnahmen und/oder einer verschärften Kriminalpolitik beantwortet werden müssen.

In all diesen Fällen erfolgte die Problemdefinition häufig zunächst außerhalb der politischen Parteien. Demgegenüber sind freilich auch einige politische Kurskorrekturen zu verzeichnen, die von den parlamentarischen Parteien selbst zustande gebracht wurden - wie z.B. die Revision der Ostpolitik 1972, die europäische Einigung bis hin zur Währungsunion, die deutsche Einheit, die Neudefinition des Auftrags der Bundeswehr und die Einführung der Pflegeversicherung. Von letzterer abgesehen, scheint also vor allem die Außenpolitik der Bereich zu sein, in der Parteien aktiv an der Formulierung der politischen Agenda beteiligt sind. In vielen, insbesondere innenpolitischen Feldern dagegen verlaufen die Fronten anders als in den überkommenen Konflikten, in denen sich unser Parteiensystem formiert hat. Ganz neue Akteure haben hier die Medienbühne betreten.

Hier ist eine Weltöffentlichkeit entstanden, die allen Themen einen weitreichenden Resonanzboden zur Verfügung stellt, sofern sie das menschliche Interesse an Stimulation durch Bilder, Töne und Kämpfe mit ungewissem Ausgang bedienen können. Insbesondere neu entstehende Konflikte sind über spektakuläre Öffentlichkeit politisierbar; dies ist die Chance von Jugendlichen, die sich auf Protest spezialisieren.

Grenzen und Generationen

Dennoch sollte man nicht übersehen, daß die Akteure in diesen Konflikten - insbesondere auf seiten der Jugend - relativ kleine Gruppen ("Eliten") sind, die durch Innovation, Sezession und Regelverletzung öffentliche Aufmerksamkeit gewinnen, aber nie statistisch repräsentativ sind. Sie bringen zeitgenössische Erfahrungen ‚exemplarisch' zum Ausdruck und liefern Interpretationen, die von anderen Gruppen der Gesellschaft übernommen oder bekämpft werden müssen. Wenn wir in der Geistegeschichte von Generationen sprechen, meinen wir in der Regel auch solche kleinen, kulturell und politisch dominanten Gruppen. Insbesondere Generationstheorien, die mit Dilthey und Mannheim von formativen Jugenderfahrungen ausgehen, haben eine besonders hohe Plausibilität, wenn wir literarische, künstlerische, pädagogische oder politische Bewegungen betrachten. Die ‚Ehemaligen' solcher Bewegungen leben und denken über Jahrzehnte hinweg mit Bezug auf ihre formativen Jugenderfahrungen[1]. Fraglich ist jedoch, ob diese unbezweifelbaren generationsbildenden Phänomene nicht lediglich typisch für Aktivisten von sozialen Bewegungen sind und daher kaum generalisiert werden können. Soziale Bewegungen leben von außeralltäglichen (extatischen, emphatischen, charismatischen) Gruppenprozessen. Sie haben aber ihre Zeit und ihre Höhepunkte, ihre Erregung ist nicht auf Dauer zu stellen.

In ihren Wirkungen bleiben sie jedoch nicht auf die Aktivisten beschränkt, sondern bestimmen den öffentlichen Diskurs ihrer Zeit. Je nach bestehenden Kommunikationsmedien (von den Lesezirkeln des 18. Jahrhunderts bis zum Internet heutiger Tage) liefern sie Definitionen und Interpretationen zeitgenössischer Problemlagen, die auch von Unbeteiligten und Gegnern aufgegriffen werden müßten. Gerade weil sie außeralltägliche Erfahrungen produzieren, können sie den ‚Zeitgeist' mitbestimmen. Denn Zeitgeist geht nicht auf die Erfahrungen aller zurück, sondern kristallisiert sich um Problemlagen und Handlungschancen kleiner, manchmal sogar marginaler Gruppen, weil die Aufmerksamkeit der Öffentlichkeit abweichendes und insbesondere demonstrativ abweichendes Verhalten verstärkt wahrnimmt. Nachdem manche Jugendliche aufgrund ihrer Freiräume eher abweichen können als Erwachsene, prägen sie das Bild, das die Gesellschaft von ‚der' Jugend hat - zunächst einmal unabhängig von der Verteilung abweichenden Verhaltens innerhalb der Jugend. Damit gewinnen sie so etwas wie kommunikative Dominanz, können sich so zu Repräsentanten ‚der' Jugend stilisieren. Innovativ abweichende Subgruppen können sich als Avantgarde der Jugend deuten und schließlich auch in deren Namen Machtansprüche einfordern.

Dies ist auch als Karrieremuster interpretierbar. Jugendliche erfahren zunächst einmal, daß soziale Positionen bereits vergeben sind. Zugangsbeschränkungen in der Form von Examina, wohl ausgebaute Marktanteile, gut abgestützte politische Stellungen in den Händen von Älteren, der Ruf, den diese in Wissenschaft, Kunst, Politik und Wirtschaft genießen, macht es den Newcomern nicht leicht, in Konkurrenz zu diesen zu treten. Wie es Vilfredo Pareto für den von ihm angenommenen Kreislauf der Eliten formuliert hat, müssen die Jungen vielfach erst die "Massen", das "Publikum" von ihren Fähigkeiten überzeugen. Ihre Waffe ist die Neuigkeit, die andere Sichtweise, die Regelverletzung oder gar Gewalt und - wenn die Alten mitspielen - der Skandal. Ob daraus langfristig Wandel resultiert, bleibt freilich immer offen. Oft gilt auch nur die Regel des Straßenverkehrs: links überholen und rechts fahren, wie in vielen Biographien von Protagonisten der neuen Mehrheit deutlich wird.

Fußnote

1) Für die Protagonisten der amerikansichen Studentenbewegung: Richard G. Braungart (1980): Political Career Patterns of Radical Activists in the 1960s and the 1970s: Some Historical Comparions. In: Sociological Focus, 13, S. 237-254. Ferner James M. Fendrich und Ellis S. Krauss (1978): Student Activism and Adult Left-Wing Politics. In: Louis Kriesberg (Hrsg.): Research in Social Movements, Conflicts and Change. Bd. 1. Greenwich/CON, S. 231-255.

Literatur

Almond, G.A. & Powell, G.B., Jr. (1966): Comparative Politics: A Developmental Approach. Boston, Toronto

Brake, M. (1981): Soziologie der jugendlichen Subkulturen. Frankfurt/M.

Diederichsen, D. (1985): Sexbeat. 1972 bis heute. Köln

Dilthey, W. (1957): Über das Studium der Geschichte der Wissenschaften vom Menschen, der Gesellschaft und dem Staat. In: Wilhelm Dilthey, Gesammelte Schriften, hrsg. von Georg Misch, Bd. V. Stuttgart, S. 37

Eckert, R. (zus. mit H. Goldbach, T. Loosen, I. Schmitt, H. Willems) (1990): Selbsterfahrung und Gesellschaftsveränderung: Die Faszination neuer sozialer Bewegungen In: Sachverständigenrat 8. Jugendbericht (Hrsg.): Materialien zum 8. Jugendbericht. Band 2. Weinheim, München, S. 4-80

Eckert, R., Reis, Ch. & Wetzstein, Th.A. (1999): Ich will halt anders sein wie die anderen - Gruppengrenzen, Gewalt und Kreativität bei Jugendlichen. Opladen

Eisenstadt, S.N. (1956): Von Generation zu Generation. München

Mannheim, Karl (1928): Das Problem der Generationen. In: Kölner Vierteljahreshefte für Soziologie, 7, S. 157-185; 309-330

Rubin, J. ([2]1977): Do it - Scenarios für die Revolution. München

Tenbruck, F.H. (1962): Jugend und Gesellschaft. Freiburg

Winter, R. & Eckert, R. (1990): Mediengeschichte und kulturelle Differenzierung: Zur Entstehung und Funktion von Wahlnachbarschaften. Opladen

Willems, H., Würtz, S., Steinmetz, L. & Eckert, R. (1993): Fremdenfeindliche Gewalt. Einstellungen - Täter - Konflikteskalation. Opladen

Zald, M.N. & McCarthy, J.D. (1981): Social Movement Industries - Competition and Cooperation Among Movement Organizations. In: Kriesberg, L. (Ed.): Research in Social Movements, Conflict and Change. Vol. 3. Greenwich/Con, S. 1-20

Uli Gleich

Parasoziale Bindungen zu Politikern?

1. Einleitung

Inwieweit existieren parasoziale Bindungen zu Politikern bzw. Politikerinnen, die nach Peters (1996) einen bedeutenden Anteil der im Fernsehen auftretenden Prominenz ausmachen? Eine Antwort auf diese Frage kann - um es gleich vorwegzunehmen - lediglich spekulativ sein, da diesbezügliche empirische Ergebnisse nach meinem derzeitigen Erkenntnisstand noch nicht vorliegen. Die folgenden Überlegungen basieren zum einen auf bisherigen Erkenntnissen zum Phänomen der parasozialen Bindung. Zum anderen werden Entwicklungstendenzen der medialen Präsentation von Politik sowie einige Ergebnisse zur Wahrnehmung von Politikern durch die Rezipienten in die Überlegungen mit einbezogen.

In Publikationen zur (medial vermittelten) politischen Kommunikation spielt desöfteren der Begriff „Beziehung" eine Rolle. Häufig wird er verwendet, um das wechselseitige Verhältnis von Politik und Medien auf der Ebene komplexer Systeme zu beschreiben (siehe z.B. Donsbach et al., 1993: „Beziehungsspiele - Medien und Politik in der öffentlichen Diskussion"). Explizit von „Beziehung" ist dagegen kaum die Rede, wenn es um Fragestellungen geht, die das Verhältnis zwischen Politik - oder vielmehr medienvermittelter Politik - einerseits und dem Publikum andererseits behandeln, wie etwa Studien zur Nutzung politischer Information in unterschiedlichen Medien oder Studien zu deren Wirkung. Dies mag daran liegen, daß in Untersuchungen dieser Art sowohl die medienvermittelte Politik als auch das Publikum häufig als jeweils wenig differenzierte Aggregate behandelt werden. Da jedoch einerseits Politikinformation eng an Individuen - nämlich die Politiker - geknüpft ist und es sich andererseits beim Publikum ebenfalls um Individuen handelt, kann der Begriff „Beziehung" auch eine andere Bedeutung erhalten, wenn man darunter die (emotionale) Bindung zwischen zwei Individuen versteht.

Diese Art von Beziehung bzw. emotionaler Bindung zwischen Fernsehzuschauern und Personen auf dem Bildschirm, in vorliegenden Fall Politikern, soll es im folgendenetwas genauer betrachtet werden. Sie wird in der Medienforschung auch als parasoziale Beziehung bezeichnet. Zunächst wird daher ein kurzer Abriß über die theoretischen Hintergründe sowie Ergebnisse der Forschung zu parasozialen Bindungen gegeben (Abschnitt 2). Ich werde dabei auf die ursprünglichen Überlegungen von Horton und Wohl (1956) zurückgreifen und einige empirische Befunde vorstellen. Unter Einbezug der Überlegungen von Wenner (1985) zu inhalts- und prozeßbezogenen Gratifikationen der Mediennutzung - wird sodann auf die Frage einzugehen sein, welche Funktionen parasoziale Bindungen zu Medienpersonen für die Zuschauer haben. Wenige Ergebnisse sollen dann verdeutlichen, mit welchen Faktoren wie zum Beispiel Geschlecht, Bildung und Fernsehmotiven parasoziale Bindungen zusammenhängen. In Abschnitt 3 wird anschließend die Frage diskutiert, inwieweit im Fernsehen auftretende Politiker möglicherweise parasoziale „Bindungspartner" sein können. Ich gehe dabei auf Aspekte der medialen Vermittlung von Politik bzw. Politikern sowie auf einige Ergebnisse zur Wahrnehmung von Politikern durch die Rezipienten ein. Mit einem kurzen Fazit (Abschnitt 4) endet der Beitrag.

2. Parasoziale Interaktionen und Beziehungen

Unter parasozialer Interaktion versteht man eine spezifische, auf TV-Personen gerichtete Form von kognitiven und emotionalen Aktivitäten der Fernsehzuschauer. Horton und Wohl (1956) haben dazu bereits Ende der 50er Jahre folgendes postuliert: Wenn Zuschauer fernsehen, nehmen sie die auf dem Bildschirm auftretenden Personen nicht nur beobachtend wahr, sondern es finden kognitive und emotionale Prozesse in Bezug auf die TV-Akteure statt, die mit solchen in realen Interaktionssituationen vergleichbar sind. Zuschauer reagieren auf TV-Akteure im Sinne einer „Als ob"-Interaktion. Horton und Wohl prägten dafür in Abgrenzung zu realen (orthosozialen) Interaktionen den Begriff „para"soziale Interaktion (vgl. Horton & Wohl, 1956; Horton & Strauss, 1957). Parasoziale Interaktionen werden möglich durch eine Reihe von Faktoren bzw. Merkmale auf seiten des Mediums, der Kommunikatoren (TV-Personen) sowie der Rezipienten (vgl. Abb. 1):

Abb. 1: Für parasoziale Interaktion / Beziehung relevante Faktoren:

Medium	• „realitätsanaloge" Stimuli • Synchronizität (Direktheit) der Wahrnehmung • Fernsehen als „natürliches" Kommunikationsmittel • Illusion von Face-to-face-Kontakten
TV-Akteur	• TV-Akteure als soziale Stimuli • Kommunikationsangebot der TV-Akteure • Direkte Adressierung
Rezipient	• soziale Wahrnehmung und Urteilsbildung • Rolle des „Gegenübers" • kognitive und emotionale Prozesse (z.B. i.S.v. Imagination) • Parasoziale Interaktion $\neq$ Identifikation

Betrachten wir zunächst das Medium: Fernsehen zeigt ein wirklichkeitsnahes Abbild des Geschehens, oder wie Weidenmann (1989) es formulierte, „realitätsanaloge Stimuli". Ebenso ermöglicht Fernsehen - egal ob live oder nicht - eine Synchronizität der Wahrnehmung, das heißt die Gleichzeitigkeit von Informationsübermittlung und Informationsaufnahme (Fabian, 1993). Durch diese Faktoren wird beim Zuschauer das Erleben von Nähe und Intimität mit den Bildschirmpersonen unterstützt. Die durch die Kamera vermittelte Realität entspricht prinzipiell einer Realität, wie ein

Zuschauer sie auch durch seine eigenen Sehgewohnheiten gewinnen würde - der Zuschauer wird zum „Augenzeugen" des Geschehens (vgl. Mattenklott et al., 1995), die TV-Akteure sind per Bildschirm quasi unmittelbar im eigenen Wohnzimmer präsent (vgl. auch Meyrowitz, 1987). Der Präsentationsmodus und die spezifischen formalen Gestaltungsmerkmale des Fernsehens unterstützen somit ein „Wirklichkeitserleben", das im Hinblick auf Fernsehakteure bei den Zuschauern den Eindruck von Realität, Gleichzeitigkeit und subjektiver Nähe hervorruft. Noelle-Neumann (1989) hat das Fernsehen sogar als das „erste natürliche Kommunikationsmittel" bezeichnet. Fernsehen erzeugt damit nach Horton und Wohl (1956) die Illusion eines Face-to-face-Kontaktes mit Fernsehakteuren. Diese Unmittelbarkeit und Plastizität der Erfahrung, die durch die (technischen) Merkmale des Mediums Fernsehen ermöglicht werden, sind Voraussetzungen für parasoziale Interaktion.

Ein weiterer wichtiger Aspekt für das Zustandekommen parasozialer Interaktion ist das kommunikative Verhalten der TV-Akteure: Als Personen sind sie - ebenso wie reale Personen - als soziale Stimuli zu begreifen, auf die die Zuschauer reagieren. Personen auf dem Bildschirm machen den Zuschauern Kommunikationsangebote, häufig sogar in Form einer direkten Adressierung. Diese Kommunikationsangebote basieren auf allgemein bekannten Zeichensystemen, für deren Dekodierung der Zuschauer keine speziellen Kenntnisse braucht. TV-Akteure realisieren eine Reihe sozialer Handlungen, die als grundlegende kommunikative Akte auf die Initiierung von Kontaktaufnahme mit dem Rezipienten und damit auf Interaktion ausgerichtet sind (vgl. dazu auch Mancini, 1988). Solche grundlegenden Kommunikationsakte sind nach Horton und Wohl vergleichbar mit denen in realen Interaktionssituationen (vgl. hierzu auch die Ergebnisse einer Reihe textanalytischer Studie, in denen die Autoren zu dem Schluß kamen, daß in vielen Teilen der Fernsehunterhaltung ein dialogischer Charakter durch die „Aufhebung der Distanz" [Woisin, 1989, 32] zwischen Akteuren und Publikum immanent angelegt ist; zusammenfassend, vgl. Wulff, 1995).

Entscheidend ist aber schließlich, inwieweit sich der Rezipient auf dieses Kommunikationsangebot einläßt. Unter dieser Voraussetzung wird parasoziale Interaktion als eine spezifische Form von Rezipientenaktivität realisiert: Es finden - ähnlich wie in interpersonalen Kommunikationssituationen - Prozesse sozialer Wahrnehmung und Urteilsbildung statt, bei denen sich die Zuschauer nicht nur ein Bild vom TV-Akteur machen, sondern sich selbst zu diesem „in Beziehung setzen", etwa im Sinne von sozialen Vergleichen. Dies gelingt, indem sie imaginativ am Ablauf des Bildschirm-Geschehens teilnehmen, indem sie sich zum Beispiel vorstellen, daß sie mit der Person auf dem Bildschirm interagieren, ihr implizit antworten, ihren Aussagen zustimmen, ihr die Meinung sagen etc.. Parasoziale Interaktion ist dabei eindeutig abzugrenzen von Identifikationsprozessen: Es erfolgt keine Rollenübernahme, vielmehr behält der Zuschauer in parasozialen Interaktionen seine eigene Identität bei.

Es ist unmittelbar einsichtig, daß parasoziale Interaktionen im Sinne von emotionalen und kognitiven Prozessen, die auf eine im Fernsehen auftretende Person gerichtet sind, einer Operationalisierung und damit der empirischen Beobachtung nur sehr schwer zugänglich sind. Es scheint daher sinnvoll, sich weniger auf die rezeptionssimultanen Prozesse als vielmehr auf die Konsequenzen dieser Prozesse zu konzentrieren (vgl. Gleich, 1997). Wenn Zuschauer mit TV-Akteuren nicht nur einmal, sondern über einen gewissen Zeitraum hinweg öfter in Kontakt kommen und parasozial interagieren, dann ist - ähnlich wie bei realen Interaktionen - die Wahrscheinlichkeit hoch, daß sich emotional geprägte soziale Beziehungen bzw. Bindungen zu dieser Person herausbilden. Parasoziale Bindungen können demnach als das Resultat einer Reihe von Interaktionen, d.h. Erfahrungen und Interpretationen, die man im Laufe der Zeit mit dem TV-Akteur gemacht hat, verstanden werden (oder wie Wulff, 1992, es formuliert hat - als subjektive „Interpretationen des medialen Gegenübers mit Blick auf das eigene Selbst"). Die immanente Dynamik parasozialer Beziehungen ergibt sich aus der Annahme, dass einerseits als das Ergebnis vorausgegangener und andererseits als Determinanten nachfolgender parasozialer Interaktionen begriffen werden können.

Im Gegensatz zu den rezeptionssimultanen parasozialen Interaktionen können die so konzipierten parasozialen Bindungen zu TV-Akteuren zumindest in ihrer jeweils aktuellen Ausprägung empirisch zugänglich gemacht werden, indem man sie zum Beispiel als als Set von selbstrelevanten Einstellungen gegenüber einem TV-Akteur erfaßt. Hierzu können entsprechend modifizierte Instrumente aus der sozialpsychologischen Beziehungsforschung herangezogen werden, die es erlauben, die (aktuelle) Intensität bzw. Qualität emotionaler Bindungen zu (Medien-) Personen auf unterschiedlichen Dimensionen (z.B. wahrgenommenes Vertrauen, Leidenschaft, Nähe, Ausmaß der intellektuellen Anregung) zu beschreiben und mit realen Beziehungen zu vergleichen. So weisen zum Beispiel die Ergebnisse einer Studie mit über 400 Versuchspersonen darauf hin, daß sich parasoziale Bindungen zu beliebten TV-Akteuren und reale soziale Beziehungen durchaus auf ähnliche Wahrnehmungs- und Beurteilungskriterien begründen (vgl. Gleich, 1997). Evidenzen für die Existenz parasozialer Bindungen belegen auch die Studien von Vorderer und Knobloch (1996), Rubin & McHugh (1987), Turner (1993), Cohen (1997). Parasoziale Beziehungen korrelieren positiv mit dem Alter der Rezipienten und negativ mit deren Bildung.

Die zunächst naheliegende Annahme, bei parasozialen Beziehungen handele es sich um eine Kompensation defizitärer Sozialbeziehungen, konnte nicht bestätigt werden (vgl. z.B. Rubin, Perse & Powell, 1985; Vorderer & Knobloch, 1996; Gleich, 1997). Welche Funktionen haben sie dann für die Rezipienten? Erstens: Es ist anzunehmen, dass sie mit spezifischen Motiven und Gratifikationen des medialen Kommunikationsprozesses verbunden sind. Wenner (1985) hat dazu eine grundlegende Unterscheidung getroffen. Er differenziert zwischen: (1) Inhaltsbezogenen Gratifikationen („content gratifications"), die sich aus den per Fernsehen vermittelten Inhalten ergeben. Sie beziehen sich zum Beispiel auf Wissenserwerb, soziale Orientierung etc.. (2) Prozeßbezogenen Gratifikationen („process gratifications"), die sich - nur bedingt abhängig vom konkreten Inhalt - aus dem medialen Kommunikationsprozeß selbst ergeben, wie z.B. Involviertheit oder emotionales Wohlbefinden. Parasoziale Bindungen werden nun von Wenner eindeutig dem Bereich der Prozeßgratifikationen zugeordnet (vgl. Abb. 2).

Abb. 2: Inhalts- und prozeßbezogene Gratifikationen (nach Wenner, 1985)

Inhaltsbezogene Gratifikationen	**Prozeßbezogene Gratifikationen**
ergeben sich aus den vermittelten Inhalten	ergeben sich aus dem medialen Kommunikationsprozeß selbst
z.B. Wissenserwerb, soziale Orientierung	z. B. Involvement, emotionales Wohlbefinden

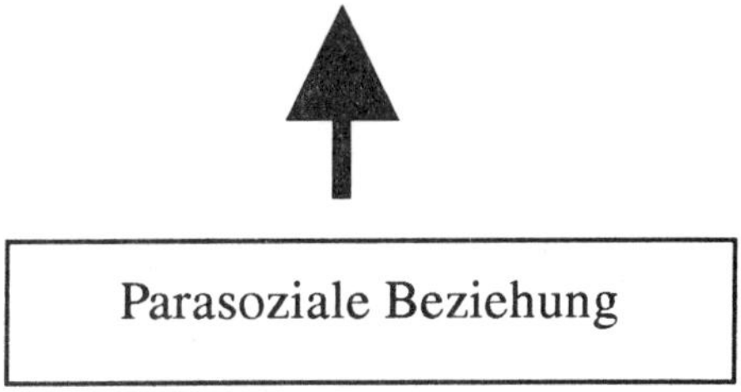

Dies bedeutet: Positive Bindungen zu TV-Akteuren befriedigen die Zuschauer sozusagen „in situ“, etwa indem das „Zusammensein“ mit dem Medienakteur als angenehm und emotional zufriedenstellend erlebt wird (etwa nach dem Motto: „Hier treffe ich eine Person, der ich Vertrauen kann, zu der ich positive, vielleicht sogar leidenschaftliche Gefühle habe, die mich intellektuell anregt, zu der ich eine persönliche Nähe empfinde“). Die Beziehung zum TV-Akteur wird vom Zuschauer als aktuell belohnend empfunden. Durchaus nicht abwegig ist allerdings auch die Annahme, daß auch negative Beziehungen als aktuell belohnend empfunden werden, etwa im Sinne einer „Ärgerlust“, bei der man ohne das Risiko einer Sanktionierung seinen Gefühlen freien Lauf lassen kann. (i.S.v. „Ich schaue mir eine Person im Fernsehen an, weil ich mich so schön über sie ärgern kann“). Die Quelle der Gratifikation ist also zunächst einmal die TV-Person selbst.

Zweitens: Nicht nur in der Untersuchung von Gleich (1997) ergaben sich signifikante (alters- und bildungsbereinigte) Zusammenhänge zwischen dem Ausmaß parasozialer Beziehungen und den allgemeinen Fernsehmotiven „Bedürfnis nach sozialer Orientierung“ und „Informationssuche“. Akzeptiert man nun die Vorstellung, daß das Fernsehangebot in erster Linie aus handelnden Personen besteht, so haben die oben genannten Motive bzw. die daraus resultierenden Gratifikationen auch immer etwas mit TV-Personen zu tun. Dies bedeutet: TV-Personen, zu denen parasoziale Bindungen aufgebaut werden, befriedigen offensichtlich gleichzeitig auch allgemeine Orientierungsmotive. Ob und in welchem Ausmaß diese gesuchten Gratifikationen von den Zuschauern tatsächlich erhalten werden, ist demnach nicht nur ausschließlich von den „puren Inhalten“ abhängig, sondern auch davon, welche TV-Personen in diesem Zusammenhang auftreten und wie belohnend (i.S.v. prozeßorientierten Gratifikationen) diese Personen für die Zuschauer sind (dies würde beispielsweise erklären, warum identische Sendungen oder Show-Konzepte von Zuschauern völlig unterschiedlich beurteilt werden, wenn sie von verschiedenen Moderatoren präsentiert werden). Angesichts des bereits erwähnten Zusammenhangs zwischen parasozialen Bindungen und Motiven der sozialen Orientierung und Information ist dieser Gedanke jedoch nicht nur für unterhaltungsorientierte, sondern auch für informationsorientierte TV-Inhalte plausibel.

Costello (1982) hat in Anlehnung an Watzlawick auf diesen „Inhalts- und Beziehungsaspekt“ des Fernsehens hingewiesen. Danach könnte die Qualität der parasozialen Beziehung (emotionalen Bindung) eine bedeutungsgenerierende Funktion im Hinblick auf die Interpretation und Bewertung der vom Fernsehen erhaltenen Gratifikationen haben. Dieser Gedanke läßt sich auch durch die Überlegungen von Krotz (1993) stützen, der die Rolle des emotionale Erlebens von Fernsehen betont: „Das individuelle Bewußtsein wird durch Emotionen ‘organisiert’, und ohne emotionale Qualifizierung ist das meiste von unseren Meinungen und unserem Wissen psychisch irrelevant“ (Krotz, 1993, 487). Das Fühlen sei als sozialer Prozeß und konstruktiver Erlebnisakt diejenige Komponente kommunikativen Handelns, in der das Individuum sich selbst und seine Umwelt in Bezug zueinander setzt: „Gefühle liefern Hinweise auf subjektive Bedeutung (...) Sie geben damit dem Individuum einen Standpunkt und eine Perspektive auf die aktuellen Sachverhalte" (489). Neben der rationalen Auseinandersetzung mit Fernsehinhalten und deren Verarbeitung ist die subjektive Definition der Rezeptionssituation, ihre Beurteilung und damit die Evaluation der individuellen Gratifikation in nicht geringem Maß von dem gefühlsmäßigen Erleben der Situation abhängig, die dem Zuschauer „Auskunft" über die subjektive Bedeutung dieser Situation gibt.

Eine entscheidende Funktion dürften in dieser Hinsicht die in der medialen Präsentation auftretenden Personen haben. Das Grundbedürfnis nach angenehmen, positiv emotionalen Erfahrungen, die sich in sozialen Kontakten bzw. Beziehungen (hier: zu Fernsehpersonen) befriedigen lassen, dominiert nach Ansicht von Westerbarkey (1991) auch die auf die Informationsvermittlung ausgerichtete Funktion des Medienangebots. Selbst bei der Informationsvermittlung durch das Fernsehen stehen also die emotionalen Bindungen zu den Personen, die diese Information vermitteln, häufig im Vordergrund. In der parasozialen Interaktion können damit unterschiedliche, auf das Fernsehen gerichtete Motive und Bedürfnisse befriedigt werden, die jeweilige Beziehung zur Fernsehperson dient sozusagen als der sozio-emotionale „Rahmen", innerhalb dessen die aus dem Fernsehen gezogenen Gratifikationen bewertet werden können.

3. Politiker als parasoziale Beziehungspartner?

Bis hierher kann also als Fazit festgehalten werden: 1) Zuschauer bauen emotionale Bindungen (parasoziale Beziehungen) zu Fernsehpersonen auf. 2) Sie tun dies, weil parasoziale Beziehungen zum einen in der Kommunikationssituation für sie aktuell belohnend sind. Zum anderen ist zu vermuten, dass sie den sozio-emotionalen Rahmen bilden, innerhalb dessen die erwarteten bzw. erhaltenen Gratifikationen, insbesondere im Hinblick auf soziale Orientierung bewertet werden. Ich komme nun zu der Frage, inwieweit vor diesem Hintergrund auch Politiker möglicherweise Partner für parasoziale Bindungen sein können. Horton und Wohl (1956) sehen prinzipiell die Möglichkeit, dass mit allen auf dem Bildschirm erscheinenden Personen bzw. Figuren solche Beziehungen aufgebaut werden können. Die Frage ist also, auf welche Weise im Fernsehen auftretende Politiker für den Zuschauer in dieser Hinsicht belohnend sein können. Welche Voraussetzungen bietet die Präsentation von Politikern im Fernsehen, diese als Persönlichkeiten in ihren unterschiedlichen Facetten wahrzunehmen und „kennenzulernen“? Welche Informationen erhalten die Zuschauer, die es ihnen erleichtern, eine (emotionale) Nähe zu diesen Personen herstellen zu können? Welche Aspekte der Präsentation sprechen dafür, dass die Rezipienten den Auftritt von Politikern im Fernsehen in irgendeiner Weise als angenehm und belohnend empfinden? Hinweise zur Beantwortung dieser Fragen lassen sich diversen Veröffentlichungen entnehmen, die sich unter anderem mit den Aspekten der Darstellung medial vermittelter Politik auseinandersetzen; vgl. z.B. Jansen und Ruberto (1997), Böckelmann (1989), Jarren (1994), Jarren, Schatz und Weßler (1996), Donsbach et al. (1993), Bertelsmann Stiftung (1996). Im folgenden möchte ich auf vier Punkte eingehen, die mir im Zusammenhang mit der Frage nach der Wahrscheinlichkeit von parasozialen Bindungen zu Politikern relevant erscheinen (vgl. Abb. 3):

Abb. 3: Aspekte der Darstellung fernsehvermittelter Politik

Personalisierung und Kontaktchance
„Verschlagwortung“ und Unterhaltungsorientierung
Kommunikative Kompetenz
Human Touch

3.1 Personalisierung und Kontaktchance:

Die Darstellung von Personen und die Berichterstattung über sie ist einer der wichtigsten Aspekte von Medieninhalten (vgl. z.B. Lang & Lang, 1984; Staab, 1990). Dies gilt insbesondere auch für politische Inhalte. Die Personalisierung der Politik ist zwar so alt wie die Politik selbst, gerade aber für die elektronischen Massenmedien (Fernsehen) eignet sie sich besonders gut: Politische Botschaften werden im Fernsehen in der Regel durch Personen, das heißt Politiker, repräsentiert - die Person ist die Botschaft (vgl. auch Schulz, 1994, 1997). Dabei ist Personalisierung nicht nur ein Merkmal der Politikvermittlung im allgemeinen (z.B. in den Nachrichten). Besonders deutlich ist sie zu Zeiten des Wahlkampfs im Rahmen der Präsentation von Wahlprogrammen sowie in der Wahlkampfberichterstattung zu beobachten (vgl. auch Müller in diesem Band). Hinzu kommt, dass die Rezipienten Informationen über Politik in erster Linie aus dem Fernsehen beziehen (vgl. Schulz, 1994, 1997). Durch die damit verbundenen hohen Kontaktchancen sind auch die Politiker selbst daran interessiert, häufig im Fernsehen aufzutreten, da somit auch diejenigen besser erreicht werden können, die sich nur wenig für Politik interessieren. Das Fernsehen genießt darüber hinaus eine hohe Glaubwürdigkeit im Hinblick auf die Vermittlung politischer Information. Eines der wichtigsten Merkmale des Fernsehens in diesem Zusammenhang ist jedoch, daß es über visuelle Darstellungsmöglichkeiten verfügt. Visuelle Informationen unterstützen den wahrgenommenen Realitätsgrad der präsentierten Inhalte und erhöhen somit die Glaubwürdigkeit des Gesehenen (der Rezipient als „Augenzeuge“; vgl. auch Mattenklott, 1995). Desweiteren belegen Studien, daß Bilder besser und sicherer erinnert werden und gleichzeitig mit einem höheren emotionalen Involvement des Rezipienten verbunden sind. Bilder unterstützen somit die Wahrnehmung von Intimität und Aktualität, insbesondere im Hinblick auf die Kandidaten (vgl. Graber, 1996). Schließlich konnte Plonka (1998) in ihrer Studie zeigen, dass die Rezipienten personenorientierte Berichterstattung gegenüber detaillierterer Information über die politischen Arbeits- und Entscheidungprozessen präferieren. Wichtige Voraussetzungen für den Aufbau von parasozialen Beziehungen mit Politikern können somit durch die hohen Kontaktchancen (zumindest bei führenden nationalen Politikern) und die spezifischen Präsentationsmodi des

Fernsehens (Personalisierung, Visualisierung, s.o.) als gegeben angesehen werden.

3.2 „Verschlagwortung" und Unterhaltungsorientierung:

Die Schnelligkeit und zeitliche Begrenztheit politischer Informationsvermittlung im Fernsehen bringt es mit sich, daß die Politiker das, was sie sagen wollen, in wenigen Sätzen bzw. Worten auf den Punkt bringen müssen (Stichwort: „Sound-bites"). Die Vermittlung von Politik wird dadurch zunehmend plakativ und für den „Normalverbraucher", der sich nicht zusätzlich durch andere Medien informiert, undifferenzierter und unverständlicher. Gleichzeitig ist eine Verlagerung der Politik in den redaktionellen Unterhaltungskontext des Fernsehens zu beobachten (vgl. Radunski, 1996). Auftritte von Politikern in Talk- und Unterhaltungsshows gehören zum Programm, sogar Gastauftritte in Soap-Operas hat es schon gegeben. Kontexte dieser Art ermöglichen den Politikern einerseits, verschiedene Facetten ihrer Persönlichkeit (z.B. Humor, Witz, Ironie, Privates, nichtpolitische Themen) zu präsentieren und damit zu einer umfassenderen Imagebildung beizutragen. Andererseits können solche Kontexte gleichzeitig zur Vermittlung politischer Aussagen und Inhalte dienen und zwar in einer weniger ritualisierten Form als dies sonst der Fall ist. Man kann also Inhalte und Sympathie gleichzeitig „rüberbringen" und erreicht damit auch noch ein größeres und weniger politisch interessiertes Publikum (Peter Radunski, ehemaliger Bundesgeschäftsführer der CDU, empfiehlt daher den Politikern: „Rein in Talk-Shows und Unterhaltungssendungen"; vgl. Radunski, 1996). Die „Verknüpfung" von (politischer) Informationsvermittlung und unterhaltenen Kontexten der oben beschriebenen Art korrespondiert m.E. mit den spezifischen Gratifikationserwartungen, die - wie oben beschrieben - mit parasozialen Beziehungen verbunden sind: Die Zuschauer haben die Chance, Politiker in angenehmeren als rein informationsorientierten Kontexten als Personen zu erleben und können möglicherweise gleichzeitig ihr Bedürfnis nach Orientierung befriedigen.

3.3 Kommunikative Kompetenz:

Die kommunikative und visuell-darstellerische Kompetenz (Aussehen, Stimme, Mimik) der Politiker gewinnt an Bedeutung, d.h. Politiker brauchen neben Sachverstand immer mehr auch die Fähigkeiten eines Darstellers und Schauspielers (Ronald Reagan soll einmal auf die Frage „Wie konnten Sie als Schauspieler Präsident werden?" geantwortet haben: „Wie hätte ich Präsident werden können, ohne vorher Schauspieler gewesen zu sein?"). Diese Kommunikationskompetenz schließt nach Radunski (1996) zunehmend unterhaltungsorientierte Elemente mit ein, die weitere positive Aspekte der Politikerpersönlichkeit (z.B. Witz und Humor) betont. Für die Zuschauer sind Politiker somit nicht mehr nur nach Parteizugehörigkeit und / oder Sachverstand einzuteilen, sondern auch nach der Qualität ihres Selbstdarstellungstalentes auf der öffentlichen Bühne. So verwundert es nicht, daß für Personen, die ihre Informationen hauptsächlich aus dem Fernsehen beziehen, die persönlichen Qualitäten der Kandidaten für ihre Wahlentscheidung wichtiger sind als beispielsweise für Zeitungsleser (vgl. Keeter, 1987). Lanzetta et al. (1985) konnten experimentell zeigen, daß insbesondere dargestellte Emotionen von Politikern bei den Betrachtern - je nach Voreinstellung - positive oder negative Emotionen auslösten und ebenso die Sympathieurteile in die entsprechende Richtung beeinflußten. Dass die Wahrnemung und Beurteilung von Politikern in nicht geringem Maße auf affektiven Bewertungen (bezogen auf Aspekte der Sympathie und Emotionalität) beruhen, belegt auch die Studie von Kaid und Holtz-Bacha (1993). Dabei zeigte sich vor allem eines deutlich: Die Bewertungen der Kandidaten korrelierten in hohem Maße mit den positiven Emotionen, die bei den Rezipienten durch die Spots ausgelöst wurden (insbesondere Gefühle des Optimismus und der angenehmen Erregung). Anzunehmen ist, daß in diesem Zusammenhang vor allem die kommunikativen Kompetenzen und wahrgenommenen persönlichen Merkmale der Kandidaten ausschlaggebend sind, die wiederum im Rahmen von Selbstdarstellungsstrategien moderiert werden können. Schütz (1994), die sich mit Selbstdarstellungsstrategien von Politikern und deren Wirkung auf Kandidatenbewertungen von Jungwählern beschäftigte, liefert unterstützende Befunde für diese Annahme. In ihrer Untersuchung kommt sie im Widerspruch zur These, daß die Kandidatenbeurteilung sehr stark mit politischen Standpunkten und Parteiidentifikation zusammenhängt, zu dem Schluß, daß vor allem die gegenüber den Kandidaten empfundene Sympathie das Urteil der Probanden prägte.

3.4 Betonung des „Human Touch":

Schließlich ist in diesem Zusammenhang auch die zunehmende Boulevardisierung von Politik zu erwähnen. Politiker werden als Ehemann, Vater, Sportler, Mensch „wie du und ich" dargestellt, in Home-Stories wird ihr Privatleben gezeigt. Durch diesen Human-Touch (sei er nun inszeniert oder nicht) wird beim Publikum Aufmerksamkeit erregt, Distanz verringert, der Politiker vom Sockel der Unerreichbarkeit und vor allem der Unverständlichkeit gehoben. Gleichzeitig werden die Politiker anderen Medienprominenten immer ähnlicher: „Das Fernsehen produziert sich seine Showstars und Entertainer - und beginnt, sie auch in der Politikwelt zu suchen" (Radunski, 1996).

4. Fazit

Nach Sarcinelli (1997) kann mediatisierte Politik verstanden werden als die ständige Produktion von Kommunikationsangeboten zwecks Zustimmungserwerb. Politik in den Medien hat sich von der Sach-, Entscheidungs- und Handlungsebene auf eine Kommunikationsebene verlagert. Dadurch gewinnt die Darstellungskompetenz von Politikern gegenüber ihrer Sachkompetenz zunehmend an Bedeutung, Fernsehpräsenz und Telegenität sind inwischen zu einer entscheidenden Machtressource von Politikern geworden (vgl. Jarren, 1994). Die Präsentationslogik des Fernsehens, nämlich Personalisierung, unterhaltende und Human-Touch-Elemente sowie adressierende Kommunikationsstrategien, führt dabei meines Erachtens zu einer Emotionalisierung von Politik auf einer personalisierten Ebene. Dies bringt den Zuschauern die Politiker als Personen näher, macht sie in vielerlei Facetten in ihren Stärken und Schwächen erlebbar. Die dadurch erweiterte Informationsbasis erleichtert es den Zuschauern, sich ein umfassenderes Bild des privaten Menschen zu machen und es erleichtert ihnen den Aufbau emotionaler Bindungen zu diesen Personen. Ob dies tatsächlich geschieht, und ob es sich dabei eher um positive oder negative emotionale Bindungen handelt, sei zunächst dahingestellt. Wenn sie jedoch aufgebaut werden, so kann man vermuten, daß sie auch mit dem Wunsch nach sozialer Orientierung und Information zu tun haben. Gerade aber weil Informationen über politische Zusammenhänge, Handlungen und Entscheidungen in ihrer Komplexität vom Fernsehen nur bedingt vermittelt werden (können), werden für einen Teil der Zuschauer die Politiker selbst zu Orientierungspunkten. Inhaltsaspekte werden dann im Rahmen eines Beziehungskontextes quasi mittransportiert, in dem sich der Zuschauer mit dem jeweiligen Politiker befindet. Dies dürfte vor allen Dingen für diejenigen Zuschauer zutreffen, die im Fernsehen nach sozialer Orientierung und persönlich verwertbaren Informationen suchen. Prozeßorientierte Gratifikationen, wie sie in parasozialen Beziehungen entstehen (i.S.v. „ich fühle mich wohl mit diesem oder jenem?") können somit neben den eigentlichen Inhalten (i.S.v. politischen Informationen) zur Grundlage für Glaubwürdigkeit, Bewertung und „Übernahme" von politischen Statements werden.

Literatur

Bertelsmann Stiftung (Hrsg.) (1996). Politik überzeugend vermitteln. Wahlkampfstrategien in den USA und Deutschland. Gütersloh: Verlag Bertelsmann Stiftung.

Böckelmann, F. (1989). Medienmacht und Politik. Mediatisierte Politik und politischer Wertewandel (AKM-Studien, Bd. 30). Berlin: Volker Spiess.

Cohen, J. (1997). Parasocial relations and romantic attraction: gender and dating status differences. Journal of Broadcasting & Electronic Media, 41(4), 516-529.

Costello, P. C. (1982). Being with television: Interpersonal elements in the experience of viewing. Et Cetera., 39, 349-355.

Donsbach, W., Jarren, O., Kepplinger, H. M. & Pfetsch, B. (1993). Beziehungsspiele -- Medien und Politik in der öffentlichen Diskussion. Fallstudien und Analysen. Gütersloh: Verlag Bertelsmann Stiftung.

Fabian, T. (1993). Fernsehen und Einsamkeit im Alter. Eine empirische Untersuchung zu parasozialer Interaktion. Münster: LIT Verlag.

Gleich, U. (1997). Parasoziale Interaktionen und Beziehungen von Fernsehzuschauern mit Personen auf dem Bildschirm. Ein theoretischer und empirischer Beitrag zum Konzept des Aktiven Rezipienten. Landau: VEP.

Graber, D. A. (1996). Say it with pictures. In K. Hall Jamieson (Ed.), The media and politics. The Annals of The American Academy of Political and Social Science, Vol. 546 (pp. 71-84). Thousand Oaks, CA: Sage Publications.

Horton, D. & R. Wohl. (1956). Mass communication and parasocial interaction: observation on intimacy at a distance. Journal of Psychiatry, 19, 215-229.

Horton, D. & Strauss, A. (1957). Interaction in audience-participation shows. American Journal of Sociology, 62, 579-587.

Jansen, A. & Ruberto, R. (1997). Mediale Konstruktion politischer Realität. Politikvermittlung im Zeitalter der Fernsehdemokratie. Wiesbaden: DUV.

Jarren, O. (Hrsg.) (1994). Politische Kommunikation in Hörfunk und Fernsehen. Elektronische Medien in der Bundesreublik Deutschland. Opladen: Leske + Budrich.

Jarren, O., Schatz, H. & Weßler, H. (Hrsg.) (1996). Medien und politischer Prozeß. Politische Öffentlichkeit und massenmediale Politikvermittlung im Wandel. Opladen: Westdeutscher Verlag.

Kaid, L. L. & Holtz-Bacha, C. (1993). Audience reactions to televised political programs: an experimantal study of the 1990 German National Election. Journal of Communication 8(1), 77-99.

Keeter, S. (1987). The illusion of intimacy. Television and the role of candidate personal qualities in voter choice. Public Opinion Quarterly, 51, 344-358.

Krotz, F. (1993). Fernsehen fühlen. Auf der Suche nach einem handlungstheoretischen Konzept für das emotionale Erleben des Fernsehens. Rundfunk und Fernsehen, 41(4), 477-496.

Lang, K. & Lang, G. E. (1984). Politics and television re-reviewed. Beverly Hills, CA: Sage.

Lanzetta, J. T., Sullivan, D. G., Masters, R. D. & McHugo, G. J. (1985). Emotional and cognitive responses to televised images of political leaders. In S. Kraus & R. M. Perloff (Eds.), Mass media and political thought. An information processing approach. Beverly Hills, CA.: Sage Publications.

Mancini, P. (1988). Simulated interaction: how the television journalist speaks. European Journal of Communication, 3(2), 151-166.

Mattenklott, A., Donsbach, W. & Brosius, H.-B. (1995). Die Realität des Fernsehzuschauers: die Illusion des Augenzeugen. In B. Franzmann, W. D. Fröhlich, H. Hoffmann, B. Spörri & R. Zitzlsperger (Hrsg.), Auf den Schultern von Gutenberg. Medienökologische Perspektiven der Fernsehgesellschaft (S. 252-263). Berlin: Quintessenz.

Meyrowitz, J. (1987). Die Fernsehgesellschaft. Wirklichkeit und Identität im Medienzeitalter. Weinheim: Beltz.

Noelle-Neumann, E. (1989). Wirkung der Massenmedien. In E. Noelle-Neumann, W. Schulz & W. Wilke (Hrsg.), Fischer Lexikon Publizistik, Massenkommunikation (S. 360-400). Frankfurt/Main: Fischer.

Peters, B. (1996). Prominenz. Eine soziologische Analyse ihrer Entstehung und Wirkung. Opladen: Westdeutscher Verlag.

Plonka, B. (1998). Show-politics: pseudo-events on the European political scene. Communications 23(2), 227-238.

Radunski, P. (1996). Politisches Kommunikationsmanagement. Die Amerikanisierung der Wahlkämpfe. In Bertelsmann Stiftung (Hrsg.), Politik überzeugend vermitteln.

Wahlkampfstrategien in den USA und Deutschland (S. 33-52). Gütersloh: Verlag Bertelsmann Stiftung.

Rubin, A. M., Perse, E. M. & Powell, R. A. (1985). Loneliness, parasocial interaction, and local television news viewing. Human Communication Research, 12(2), 155-180.

Rubin, R. B. & McHugh, M. P. (1987). Development of parasocial interaction relationships. Journal of Broadcasting & Electronic Media, 31(3), 279-292.

Sarcinelli, U. (1997). Von der Parteien- zur Mediendemokratie? Das Beispiel Deutschland. In H. Schatz, O. Jarren & B. Knaup (Hrsg.), Machtkonzentration in der Multimediagesellschaft? Beiträge zu einer Neubestimmung des Verhältnisses von politischer und medialer Macht (S. 34-45). Opladen: Westdeutscher Verlag.

Schulz, W. (1994). Wird die Wahl im Fernsehen entschieden? Der „getarnte Elefant" im Lichte der neueren Forschung. Media Perspektiven (7), 318-327.

Schulz, W. (1997). Politische Kommunikation. Theoretische Ansätze und Ergebnisse empirischer Forschung zur Rolle der Massenmedien in der Politik. Opladen: Westdeutscher Verlag.

Schütz, A. (1994). Die Wirkung unterschiedlicher Selbstdarstellungsstrategien. Jugendliche beurteilen die Auftritte von Spitzenpolitikern. Publizistik 39(3), 289-306.

Staab, J. F. (1990). Nachrichtenwert-Theorie. Formale Struktur und empirischer Gehalt. Freiburg: Karl Alber.

Turner, J. R. (1993). Interpersonal and psychological predictors of parasocial interaction with different television performers. Communication Quarterly, 41(1), 443-453.

Vorderer, P. & Knobloch, S. (1996). Parasoziale Beziehungen zu Fernsehfiguren: Ergänzung oder Ersatz? Medienpsychologie, 8(3), 201-216.

Weidenmann, B. (1989). Der mentale Aufwand beim Fernsehen. In J. Groebel & P. Winterhoff-Spurk (Hrsg.), Empirische Medienpsychologie (S. 134-149). München: Psychologie Verlags Union.

Wenner, L. A. (1985). The nature of news gratifications. In K. E. Rosengren, L. A. Wenner & P. Palmgreen (Eds.), Media gratification research. Current perspectives (pp. 171-194). Beverly Hills, CA.: Sage Publications.

Westerbarkey, J. (1991). Vom Gebrauchswert der Massenmedien: Prämissen, Präferenzen und Konsequenzen. Medienpsychologie, 3(1), 27-52.

Woisin, M. (1989). Das Fernsehen unterhält sich: Die Spiel-Show als Kommunikationsereignis. Frankfurt/Main: Verlag Peter Lang.

Wulff, H. J. (1992). Fernsehkommunikation als parasoziale Interaktion: Notizen zu einer interaktionistischen Fernsehtheorie. Semiotische Berichte, 16(3-4), 279-295.

Wulff, H. J. (1995). Zwischen Nähe und Distanz. Neue Arbeiten zur Showkommunikation. Rundfunk und Fernsehen, 43(1), 71-79.

Interview mit Diether Breitenbach

Interviewt von Peter Winterhoff-Spurk (PWS)

PWS:
Zuerst die Frage: Wie sind Dein persönlicher Werdegang und Deine politische Sozialisation verlaufen?

DB:
Ich wurde am 13. Mai 1935 in Dortmund als drittes und letztes Kind in einem Lehrerhaushalt geboren. Meine Kindheit in einer liebevollen Familie war wunderbar, wurde dann aber etwa von meinem 7. Lebensjahr an war dann vom Krieg überschattet. Mein Vater und Bruder wurden zum Militär eingezogen, meine Schwester und ich wurden zu unterschiedlichen Verwandten auf's Land geschickt, und nur meine Mutter blieb in unserem kleinen Einfamilienhaus, das dann noch in den letzten Kriegstagen von einer Bombe zerstört wurde. Als wir alle im Mai 1945 zurückkamen, standen wir vor den Trümmern und mußten alles wieder aufbauen. Das war für die ganze Familie eine entbehrungsreiche Zeit, in der ich allerdings nach meiner Einschätzung sehr viel Beharrlichkeit erworben habe.

In der Schule hatte ich nie Probleme, da ich von meinem 12. Lebensjahr an in allen schriftlichen Fächern Nachhilfe gab und entsprechende Übungsvorteile hatte. Die Freizeit war vom 15. Lebensjahr mit Rudern ausgefüllt. Ich war Schlagmann in einem Vierer und einem Achter, was mich sicherlich auch geprägt und veranlaßt hat, Sprecher meiner Schule zu werden.

In Münster, Freiburg und Hamburg habe ich 8 Semester Germanistik, Geographie und Philosophie und parallel dazu Psychologie studiert und hatte schon mit 24 Jahren die Voraussetzungen für die Abschlußexamen in beiden Studiengängen. Eher zufällig habe ich zuerst das Diplom in Psychologie erworben. Unmittelbar nach dem Diplom erhielt ich das Angebot, mehrere Studien über ausländische Praktikanten und Studenten in Deutschland und nach ihrer Rückkehr in deren Heimatländer durchzuführen. Da habe ich alle Pläne, Lehrer zu werden, beiseite gelegt und mich in Berlin und später in Saarbrücken ca. 14 Jahre mit Fragen der Bildungshilfe für die und in der Dritten Welt befaßt.

Das Thema Bildungshilfe führte mich 1969 auch in die Pädagogische Hochschule, wo ich zunächst als Lehrbeauftragter tätig war und 1974 zum Psychologie-Professor, 1975 auch zum Rektor der Hochschule berufen bzw. ernannt wurde. Bei Auflösung der Hochschule wurde ich schließlich 1978 als Psychologie-Professor an die Universität des Saarlandes "übergeleitet" und war dort je zur Hälfte in der Lehrer- und Psychologenausbildung tätig. Meine Forschungsschwerpunkte lagen im Bereich der Bildungsplanung, der Kulturpsychologie und der Medienforschung.

PWS:
Zum Stichwort politische Sozialisation: Was hat Dich in die Politik geführt?

DB:
Als junger Mensch war ich zwar allgemein an Politik interessiert, aber nicht parteipolitisch festgelegt. Das änderte sich, als Willy Brandt seine neue Politik der Versöhnung mit Osteuropa formulierte, die mich sehr beeindruckt hat. Auf persönliche Bitte von Günter Grass habe ich dann im Wahlkampf 1969 eine Wählerinitiative für die SPD gegründet, der sich mehr als 150 parteilose Wähler angeschlossen haben. Einige von ihnen sind später in die SPD eingetreten, andere haben sich unter meinem Vorsitz in einer überparteilichen "Gesellschaft für demokratische Information e.V." organisiert, die sich vor allem in der Medienpolitik engagierte und in den Wahlkämpfen 1970 und 1972 überparteiliche, thematisch begrenzte Veranstaltungen (z.B. zur Wirtschaftspolitik) durchführte, die von hohem Informationswert waren. Ich selbst bin im November 1970 in die SPD eingetreten, wurde im Januar 1971 zum Stellvertreter von Oskar Lafontaine in Saarbrücken und wenig später zum Vorsitzenden des kulturpolitischen Ausschusses der SPD-Saar gewählt. In dieser Funktion habe ich die Bildungs- Kultur- und Wissenschaftspolitik der SPD-Saar maßgeblich beeinflußt, so daß meine Ernennung zum Kultusminister im April 1985 nicht überraschend war.

PWS:
Das sind zwei parallele Karrieren - die eine im System Hochschule, die andere im System Politik. Gab es Berührungspunkte? Waren das Psychologiestudium und die Tätigkeit als Professor für Psychologie im politischen Bereich hilfreich?

DB:
Das Psychologiestudium in den 50er Jahren mit seinem antiquierten Themenkatalog sicherlich nicht, aber die Planung und Durchführung empirischer Studien in den 60er - 80er Jahren, die strenge Systematik der Versuchsplanung und Variablenkontrolle haben mir auch in der politischen Planung sehr geholfen, ungeprüfte Statistiken als solche zu erkennen und sie nicht in der politischen Planung zu benutzen. Die Statistiken der öffentlichen Verwaltung sind leider nur selten für valide Prognosen geeignet.

Andererseits habe ich durch meine politische Tätigkeit auch erhebliche Vorteile in den Gremien der Hochschulen, in der Hochschulrektorenkonferenz und im Wissenschaftsrat gehabt. Wer oft den Ablauf kontroverser Debatten in politischen Veranstaltungen erlebt hat, kann sich auch in anderen Gremien argumentativ besser durchsetzen. Ich glaube z.B. nicht, daß ich ohne meine politische Vorerfahrung 1975 zum Rektor der Pädagogischen Hochschule gewählt worden wäre.

PWS:
Nun zum zweiten Fragenkomplex, Deinem Verhältnis zu den Medien. Könntest Du einmal skizzieren, wie sich das von den ersten politischen Schritten bis zu Deiner Tätigkeit als Minister entwickelt hat?

DB:
In den 70er Jahren bis in die 80er Jahre hinein waren die Medien im Saarland sehr regierungsorientiert, d.h. sie begünstigten sehr deutlich CDU und FDP. Als Oppositionspolitiker - noch dazu außerhalb des Parlaments - hatte ich es nicht einfach, in den Medien präsent zu sein. Andererseits fand man bei den Journalisten immer wieder Interesse, wenn man neue Themen brachte und sie auch noch gut aufbereitete.

PWS:
Hast Du ein bestimmtes Image angestrebt, und wie, glaubst Du, sah Dein tatsächliches Image aus?

DB:
Jeder Mensch hat ein Bild von sich, das er positiv realisieren möchte. Das gleiche gilt für Politiker nicht mehr und nicht weniger als für andere. Natürlich , wenn man stärker in der öffentlichen Berichterstattung ist, dann werden die Konturen der Selbstdarstellung vielleicht auch deutlicher. Bei mir waren es sicherlich Eigenschaften wie Verläßlichkeit, Durchsetzungsfähigkeit, Engagement, Beharrlichkeit, die ich mir selber zuschreiben würde und die ich auch versucht habe, in der öffentlichen Darstellung zu transportieren. Inwieweit mir das gelungen ist, kann ich nicht beurteilen.

PWS:
Wie hast Du die Grenze zwischen dem privaten Bereich und der öffentlichen Tätigkeit definiert? Hast Du es zugelassen, daß die Medien auch die Privatperson Diether Breitenbach kennenlernen?

DB:
Die Medien haben das selten versucht. Zu Beginn meiner Ministerzeit gab es natürlich eine Berichterstattung über die Familie, zwischendurch waren dann ein oder zwei Fernsehberichterstattungen über Privates, aber das hielt sich alles in Grenzen. Es war nicht so, daß es unzulässige Eingriffe in die Privatsphäre gegeben hätte. Das ist sicher eher ein Thema für politische Spitzenpersonen wie den Bundeskanzler oder ähnliche, aber nicht für Landesminister.

PWS:
Wenn Du einem Nachwuchspolitiker einen Ratschlag für den Umgang mit den Medien geben solltest, wie würdest Du den formulieren?

DB:
Ich würde ihm empfehlen, auf die Medien zuzugehen und ihnen interessante, neue Themen anzubieten. Dazu gehört auch, daß man solche Themen - z.B. im Bereich der Wissenschaftspolitik - so aufbereitet und strukturiert, daß sie auch für einen Nichtfachmann, wie es der Journalist ja notwendigerweise oft ist, verständlich und interessant zu machen.

PWS:
Was waren Deine beste und Deine schlechteste Erfahrung im Umgang mit den Medien?

DB:
Ich habe in den zurückliegenden 25 Jahren eine Reihe von Freunden in den Medien gefunden und dementsprechend viele positive Erfahrungen gemacht. Die beste berufliche Zusammenarbeit entstand immer dann, wenn die journalistischen Partner ähnliche Interessen hatten wie ich selbst. Ich denke da z.B. an meinen Freund Norbert Klein beim Saarländischen Rundfunk, der sich aus einer ähnlichen persönlichen Betroffenheit wie ich selbst für den Bereich der Behindertenintegration interessiert hat und mit dem ich sehr interessante Sendungen machen konnte.

Die schlechteste Erfahrung habe ich mit Journalisten gemacht, die in der ersten Hälfte der 90er Jahre unter dem Slogan "investigativer Journalismus" eine besonders aggressive, menschenverachtende Berichterstattung entwickelt hatten, gegen den sich auch der damalige Ministerpräsident Lafontaine zu Recht entschieden und mit allen rechtlichen Mitteln gewandt hat. Diese Art von Journalismus gehört gottseidank inzwischen im Saarland weitgehend der Vergangenheit an.

PWS:
Dann möchte ich zum dritten Fragenkomplex kommen, zum Stichwort Metamorphose der Macht. Elfeinhalb Jahre im Ministeramt - haben sie Dich verändert?

DB:
Für mich wahrnehmbar hatten sich in dieser Zeit mein Arbeitsvolumen, mein Arbeitstempo und meine Entscheidungsbereitschaft verändert. Es gab Freunde, die gesagt haben, ich sei in dieser Zeit distanzierter geworden. Aber das hatte vielleicht auch damit zu tun, daß wir uns einfach nicht mehr so oft trafen wie vorher. Was mir aufgefallen ist - ich war gelegentlich bei Smalltalks ungeduldiger. Ich habe nachgefragt, woher Leute ihre Informationen hatten und wie sie zu einer Meinung gekommen sind. Meine Frau hatte den Eindruck, daß ich im Umgang mit anderen härter geworden sei, auch etwas unduldsamer, aber das kann ich selbst schwer beurteilen. Mir hat die Tätigkeit als Minister sehr viel Spaß gemacht, weil man relativ

schnell zu Entscheidungen kommen und man die Folgen des eigenen Handelns dann wiederum auch rasch erleben konnte. Ein solches System gibt viel Befriedigung durch aktuelle Rückmeldung

PWS:
Du warst durch Dein politisches Amt in hohem Maße sozial attraktiv. Hast Du beobachtet, daß sich das Umfeld in seinem Verhalten Dir gegenüber verändert hat?

DB:
Ja, das ergibt sich eben aus der Rolle, die man hat. Wenn ich zu Veranstaltungen ging und dann zurück ins Ministerium kam, dann hatte ich mir mindestens 10 - 15 Notizen über Wünsche gemacht, die Dritte mir gegenüber formuliert hatten. Es ist dann auch nur natürlich, daß solche Wünsche freundlich und mit Lob vorgetragen werden.

PWS:
Wie schätzt Du die Rolle von beruflichen Beratern ein, also von „spin doctors“ oder einem Küchenkabinett?

DB:
Zunächst hat man ja die gesamte politische Beratung eines Ministeriums, die ich außerordentlich hoch eingeschätzt habe. Bevor ein Papier zu mir auf den Tisch kam, war es im Ministerium mindestens auf drei Instanzenebenen geprüft worden. Ministerien sind durchaus kreativ. Es gibt in ihnen eine Reihe von Leuten, die eigene Ideen haben, die sie vortragen, und die müssen sich dann der internen Konkurrenz der mitzeichnenden anderen Referate, des mitzeichnenden Abteilungsleiters und des mitzeichnenden Staatssekretärs stellen. Insofern hat jeder Minister ein außerordentlich großes Beratungssystem um sich herum. Eine relativ starke Position hat immer der persönliche Referent, den man sich ja aussucht als jemanden, der besonders kommunikativ ist, viele Außenkontakte hat und Anregungen von außen mit einbringt. Und natürlich der Staatssekretär - mein engster Berater in all den Jahren.

PWS:
Ich komme zum vorletzten Fragenkomplex - zum Stichwort „Psychopathologie des politischen Handelns“. Wenn Du mal den Blick über die Poli-

tikerkollegen wandern läßt, die Du im Laufe Deiner politischen Laufbahn kennengelernt hast - läßt sich so etwas wie eine Typologie des Berufspolitikers skizzieren? Muß man beispielsweise eine gewisse Portion Narzißmus mitbringen, um dieses Amt anzustreben und auf Dauer innezuhaben?

DB:
Ich glaube nicht, daß der Narzißmus bei Politikern als gesamte Berufsgruppe größer ist als etwa der Narzißmus bei Professoren. Bei den Kollegen, sprich den Kultusministerinnen und -ministern, habe ich dieselbe Verhaltensbreite wie in jedem andern Beruf feststellen können. Die einzige politische Kaste, die mir in dieser Hinsicht ein bißchen aufgefallen ist, waren die Ministerpräsidenten, die offensichtlich durch die jeweiligen Landesverfassungen eine so hervorgehobene Stelle haben, daß sie ihre Machtmöglichkeiten nicht selten überschätzen. Ich erinnere mich vor allem an eine Ministerpräsidentenkonferenz mit Bundeskanzler Kohl, die einen politischen Psychologen wirklich begeistern konnte.

PWS:
Könnte man sagen, daß es mindestens zwei Gruppen von Politikern gibt: Zum einen die Fachminister, vorzugsweise auf Länderebene, die aufgabenbezogen arbeiten und die nicht übermäßig in den Medien präsent sind, und zum anderen die Politiker, die vorne stehen, die Ministerpräsidenten und vielleicht auch die Bundesminister und der Bundeskanzler? Auf diese Zweiteilung noch mal meine Frage bezogen: Wenn man nur die Gruppe betrachtet, die sehr stark vorne steht, z.B. den gegenwärtigen Bundeskanzler, muß man da nicht sagen: Zumindest bei diesen ist eine sehr viel deutlichere Portion von Narzißmus notwendig, um dieses Amt anzustreben und auch auszuhalten?

DB:
Spitzenpolitiker stehen sicher unter einem psychischen Dauerstreß, den man nur mit verschiedenen psychologischen Mechanismen bewältigen kann. Die besondere Charakteristik dieser Gruppe ist wahrscheinlich die ständige Kritik in der Öffentlichkeit, die sie aushalten müssen. Das ist ja beim „normalen" Landesminister nicht der Fall.

PWS:
Sind damit Deiner Meinung nach Gefahren sowohl für das betroffene Individuum als auch für das demokratische System insgesamt verbunden?

DB:
Ich sehe da keine besonderen Gefahren. Entweder hält man das aus und es macht einem Spaß, dann macht man's, oder man hält es nicht mehr aus, dann quittiert man besser den Dienst. Unser demokratisches System ist durch eine starke Kontrolle gekennzeichnet. Das, was ich eben Streß genannt habe, resultiert ja aus öffentlicher Kontrolle, und da halte ich unser politisches System für außerordentlich belastbar und flexibel.

PWS:
Welche Rolle spielen allgemein im politischen Geschäft Phänomene wie Streß und „Burn-out"? Man liest beispielsweise gelegentlich, daß die Bundestagsabgeordneten in Bonn in hohem Maße mit Alkoholproblemen zu tun hätten. Sind die politischen Eliten in dieser Hinsicht stärker belastet als andere Berufsgruppen?

DB:
Ich kenne die Mortalitätsrate bei Politikern nicht. Ich vermute mal, daß sie nicht höher ist als bei anderen Berufsgruppen. Wahrscheinlich ist sie, gemessen am Durchschnitt, sogar geringer, denn die Arbeitsbelastung eines Hüttenarbeiters und die Streßsituationen, die er zu bewältigen hat, sind sicherlich noch größer als die eines Politikers, soweit die Physis betroffen ist. Das Burn-out-Syndrom stellt sich dann ein, wenn jemand nicht genügend positive Rückmeldung hat. Das kann bei der Lehrerin vor einer Grundschulklasse genauso sein wie bei einem Politiker, der zum Beispiel den politischen Durchbruch nicht schafft. Für mich war Burn-out nie ein Problem, die Arbeit hat mir Spaß gemacht, sie war deutlich umfangreicher als das, was ich vorher als Professor gemacht hatte. Ich habe als Minister im Schnitt eine 80-Stunden-Woche gehabt. Es kam sehr oft vor, daß ich abends noch Veranstaltungen hatte und dann erst nachts um 12 oder 1.00 Uhr nach Hause kam. Für mich war dann immer wichtig, daß ich anschließend noch mit meiner Frau reden konnte und daß es vor dem Zubettgehen immer noch einen privaten Bereich mit privaten Themen gab, selbst, wenn der Schlaf sich hinterher auf drei Stunden reduzierte. Wenn ein Politiker in

Situationen kommt, wo er diesen Privatbereich nicht mehr hat oder wo er im Privatbereich Belastungssituationen hat, dann kann ich mir schon vorstellen, daß die Doppelbelastung schwierig wird.

PWS:
Stichwort Clinton und Impeachment-Verfahren: Spielt das Thema Sexualität Deiner Meinung nach im politischen Bereich eine besondere Rolle in Deutschland?

DB:
Das ist so wie überall. Ich bin relativ sicher, daß man hier wie auch in anderen Bereichen, wenn man eine exakte Statistik der Kaste Politiker versus Durchschnitt der Bevölkerung machen würde, oder Politiker versus Wirtschaftsführer, daß man nicht zu wesentlichen Unterschieden käme.

PWS:
Dürfen sich die Medien Deiner Ansicht nach überhaupt für das sexuelle Leben von Politikern interessieren? Oder müßte man sagen: Das hat die Öffentlichkeit nicht zu interessieren?

DB:
Man kann es nicht verhindern. Man müßte ja eine Zensur verhängen, die sich ausweiten würde. Ich bin nicht dafür, hier irgendeine Zensur zu verhängen. Wenn das Publikumsinteresse nachläßt, so wie es im Fall Clinton deutlich nachgelassen hat, dann reguliert sich das von selbst. Was der amerikanische Kongreß und der amerikanische Senat im Fall Clinton mit der Demokratie angestellt haben, war fürchterlich. Ein Senat und auch ein Kongreß entwürdigen sich selbst, wenn sie sexuelle Eskapaden des Präsidenten zum Gegenstand der parlamentarischen Kontrolle machen.

PWS:
Zum letzten Punkt, zur Bilanz Deiner politischen Tätigkeit. Wenn Du Deine ethischen und politischen Ziele zu Beginn und Dein konkretes politisches Handeln während der elfeinhalb Jahre als Minister vergleichst: Bist Du mit der Bilanz zufrieden?

DB:
Ich meine: Ja. Ich hätte auch keine Politik gemacht, wenn da ein Bruch gewesen wäre. Es ist leichter, aus der Opposition heraus seine Ziele zu formulieren als sie in der Regierung umzusetzen, weil man da sehr schnell an finanzielle Grenzen stößt. Reformen kosten immer Geld, und seien es nur die Kosten der Umstellung von einem System auf das andere. Aber das, was ich gemacht habe, entsprach den Zielen, mit denen ich schon vor 25 Jahren in die Politik gegangen bin. Von daher war die Tätigkeit für mich auch außerordentlich erfüllend, weil sie mit meinen ethischen Grundüberzeugungen übereinstimmte. Als ich Minister wurde, in der Nacht vor der Vereidigung, habe ich mit meiner Frau darüber diskutiert, was passieren würde, wenn ich eine Politik machen müßte, die ich nicht vertreten könnte. Wir waren beide der Meinung, daß ich dann sofort aufhören sollte, und mit dieser Einstellung habe ich dann meine Arbeit begonnen.

PWS:
"Politische Eliten in der Mediengesellschaft", hieß unsere Tagung in Otzenhausen. Glaubst Du, daß sich in den nächsten Jahren im Verhältnis der politischen Eliten zur Mediengesellschaft etwas verändern wird?

DB:
Die Medienberichterstattung ist ein immer wichtigerer Vorgang in der Politik, der auch Wahlen in erheblichem Maße beeinflußt. Ich glaube, daß sich das in Richtung auf einen noch stärkeren Einfluß der Medien weiter entwickeln wird. Ich würde es begrüßen, wenn die Bereitschaft der Politiker, auf die Öffentlichkeit zuzugehen, zu einer stärkeren Partizipation der unmittelbar Betroffenen führen würde, also Öffentlichkeit nicht in erster Linie und nicht nur über Medien repräsentiert würde, sondern über die Beteiligung von Betroffenen, über Bürgerbeteiligung. Das war für mich zu Beginn meiner politischen Tätigkeit Ende der 60er, Anfang der 70er Jahre ein ganz wichtiges Stichwort - Partizipation. Wir hatten damals im Bereich der Bildungspolitik und der Pädagogik eine intensive Debatte darüber, wie weit Eltern, Lehrer, Schüler an bildungspolitischen Entscheidungen beteiligt werden. Es gab eine große Debatte darüber, wie weit Bürgerbeteiligung und parlamentarische Demokratie miteinander korrespondieren. Das

alles ist in den 80er und 90er Jahren wieder ein bißchen in den Hintergrund getreten, aber ich glaube, es ist wichtig, diese Debatte noch einmal aufzufrischen. Politikerentscheidungen im luftleeren Raum sind nicht gut. Öffentliche Kontrolle über die Medien ist erforderlich, aber sie müßte auch korrigiert und ergänzt werden durch eine stärkere Bürgerbeteiligung.

Interview mit Florian Gerster

Interviewt von Peter Winterhoff-Spurk (PWS)

PWS:
Als erstes interessiert mich Ihr persönlicher Werdegang, Ihre politische Sozialisation und die Frage, aufgrund welcher Ereignisse in Ihrem Leben Sie die Politik als Beruf gewählt haben?

FG:
Ich stamme aus einer bildungsbürgerlichen Familie, die sozialliberal geprägt war und von daher offen war für neue, modernere Standpunkte und Lebensweisen, die aber gleichzeitig in der soziologischen Schicht des akademischen Bürgertums verankert war. Ich habe die Freiheiten genutzt, um mich zu engagieren, zuerst in der Schulzeit und dann fast in einem fließenden Übergang - nach Schülerzeitung, Schulsprecherphasen und Jugendarbeit - in der politischen Jugendarbeit bei den Jungsozialisten. Warum Jungsozialisten, warum SPD? Ich bin in der Zeit der großen Koalition aus der Mitte zur SPD gekommen, bin also kein 68er, der ein paar Jahre später eher von der Linken zur SPD gekommen wäre, um diese nach links zu positionieren. Ich war ein Bürgersohn, der sich der Sozialdemokratie zuwandte, auch aus dem Gefühl heraus, daß relativ viel Startchancen im Leben durch eine solche Herkunft verpflichten. Wenn man das ein bißchen anspruchsvoll ausdrücken möchte, dann wollte ich auch davon etwas zurückzugeben durch gesellschaftliche und soziale Aktivitäten. Das war dann politische Jugendarbeit in Worms, wie immer beginnt es bei der Basis, das ging dann fließend über in Parteiarbeit. Ich bin mit dreiundzwanzig Jahren bereits Vorsitzender der Wormser SPD gewesen, in einer Mittelstadt mit einer Parteiorganisation mit deutlich über tausend Mitgliedern. Stadtratsarbeit, danach die Kandidatur für das Landesparlament waren fast zwangsläufige Konsequenzen. Parallel dazu habe ich in Mannheim studiert, mit einem möglichst geringen zeitlichen Aufwand, also mit relativ viel Selbstorganisation und Effizienzorientierung.

Der Nutzen des Psychologiestudiums für die politische Arbeit war eher indirekter Natur, er besteht vor allen Dingen in Sensibilität für gesellschaftliche Entwicklungen und für die Schnittstelle zwischen persönlicher Entwicklung und gesellschaftlichen Rahmenbedingungen. Ich habe zum Beispiel als Jungsozialist eine Schwerpunktaktion ins Leben gerufen, die über Jahre hinweg mit einigem Engagement und guten Ergebnissen in einem sozial benachteiligten Stadtteil in Worms lief. Im Wormser Nordend mit einem hohen Anteil an Obdachlosen, an Arbeitslosen und einer insgesamt sozial schwachen Struktur. Dort haben wir durch politische Arbeit einen Bürgerausschuß gegründet, also Selbstorganisation und Organisationshilfen für die Menschen ermöglicht. Wir haben in der Infrastruktur mit Hilfe der SPD Verbesserungen unternommen, der Partei, die in meiner Heimatstadt fast immer die Mehrheit und deshalb auch die entsprechenden Möglichkeiten hatte, durch Wohnungsbau und anderes mehr. Es gab kaum einen direkten Nutzen in der konkreten Parteiarbeit, im internen Machtkampf, im Wettbewerb verschiedener junger Leute, die was werden wollten, die gewählt werden wollten. Da hat mir die Psychologie als Wissenschaft selten etwas genutzt, weil es da darauf ankommt, robust zu sein, Rückschläge zu verkraften, nicht aufzugeben, also Sekundärtugenden zu beachten und zu versuchen, sie im Alltag auch einzusetzen.

PWS:
Wenn man zurückblickt, ist das ein beeindruckender Lebenslauf, und man hat den Eindruck, es ginge stetig und geplant, erfolgreich und effizient bergauf. Gleichwohl lohnt es sich aus meiner Sicht bei zwei Punkten, noch einmal nachzufragen. Erstens würde Ihre Herkunft aus einem bildungsbürgerlichen Elternhaus normalerweise eigentlich nicht in die SPD führen, sondern eher in die FDP, in die CDU oder heute womöglich zu den Grünen. Und der zweite Punkt: Warum Psychologie? Bildungsbürgerliche Studiengänge sind doch wohl eher Jura, Medizin und Wirtschaftswissenschaften.

FG:
Warum zur SPD? Es gab die subjektiv empfundene Verpflichtung des privilegierten Bürgersohnes, dieser Gesellschaft etwas zurückzugeben. Ein solches Motiv kann verhaltensbeeinflussend sein, und bei mir war es so. Ein Nebenaspekt war, daß ich die FDP, in der mein sozialliberaler Vater Mitglied war, als eine zu individualistische und zu wenig in der Bevölke-

rung verankerte Partei empfand, die zu wenig Bodenhaftung hatte und auch zu elitär war. Mein Weg zu einer großen Volkspartei war auch ein Stück Abnabelung, ein Stück eigener Weg. Ich war in einer Anfangsphase nicht ganz sicher, ob es nicht die andere große Volkspartei, die CDU, sein könnte. Ich war also nie ein besonders links pointierter junger Mann, nur hat mich bei der CDU doch eine gewisse geistige Enge gestört und auch das C im Namen, da ich ein kirchlich und religiös wenig verankerter Mensch bin.

Warum Psychologie? Das hängt auch damit zusammen, daß mein Vater Arzt und Psychotherapeut war: Die psychologischen Fragestellungen gehörten bei uns quasi an den Mittagstisch, da wurde nicht über Fußball gesprochen, sondern über Freuds Trieblehre und so etwas. Ich war aber, um ehrlich zu sein - das ist vielleicht auch wieder typisch für bildungsbürgerliche Herkunft - sehr unschlüssig, was ich machen sollte. Ich hab zwischen Journalismus, Architektur und Psychologie hin- und hergeschwankt. Eigentlich wollte ich Politik machen, aber das kann man ja nicht studieren als Beruf, und dann wurde es die Psychologie, die später durch ein Parallelstudium der Betriebswirtschaftslehre ergänzt wurde.

PWS:
Zum zweiten Fragenkomplex, zum Verhältnis zu den Medien: Welches Bild möchten Sie von sich in den Medien zeichnen, und, was denken Sie, welches Bild wird tatsächlich von Ihnen in den Medien gezeichnet?

FG:
Das Interesse der Medien ist natürlich nie so groß, wie man das als Politiker gerne hätte. Wenn es in einer konkreten Situation einmal sehr groß ist, dann ist es oft auf eine verwertbare Aktivität oder Aussage fokussiert, die man selbst gar nicht immer in den Mittelpunkt stellen möchte. Mit anderen Worten, der Scheinwerfer der Medien ist subjektiv, höchst ungerecht, höchst zufällig und höchst situativ verschieden. So empfindet das fast jeder, der Politik macht. Das Bild, das die Medien zeichnen, wird sich dennoch nach einer gewissen Zeit der politischen Arbeit durch verschiedene Medien, durch verschiedene Gelegenheiten für den politisch interessierten Beobachter zu einem recht stimmigen Gesamtbild zusammensetzen. Neh-

men wir einmal die regionale und überregionale Presse in Rheinland-Pfalz, oder die über Rheinland-Pfalz berichtet. So, wie ich selbst auch ein relativ stimmiges Bild zu haben glaube von einem Mann wie Edmund Stoiber, den ich nur flüchtig kenne, oder von anderen Akteuren auf der Bonner Bühne, in anderen Ländern, so wird es auch anderen Leuten mit mir gehen. Wer über Jahre oder Jahrzehnte die Zeitung liest, vielleicht eine Lokalzeitung, die in Mainz gedruckt wird, und dann ergänzend eine überregionale Zeitung, der wird sich unter dem Florian Gerster, wenn er politisch interessiert ist, doch in etwa einen Menschen vorstellen, der ein bißchen eigenwillig ist und der mit bestimmten Themen verbunden wird. Das war in früheren Jahren sehr stark die Sicherheitspolitik, es ist jetzt stärker die Sozialpolitik: Themen des Arbeitsmarktes, der Rente und der Gesundheit, auch reformerische Vorschläge. Das ist, so hoffe ich, das Außenbild - eine gewisse Eigenwilligkeit, der Versuch eines eigenen Weges und eine relative Unabhängigkeit von der eigenen Partei. Sicherlich gibt es daneben Aspekte, die mir vielleicht nicht bewußt sind. In meiner Heimatstadt, wo man mich noch ein bißchen besser kennt und ein bißchen länger beobachtet, kommen vielleicht auch bestimmte Attitüden dazu, daß manche Leute kritisieren, daß ich nicht volkstümlich genug bin im Vergleich zu einem Mann wie Kurt Beck. Das weiß ich nicht so genau, da ist mir auch nicht klar, wie die Außenkontur ist, und ob ich unter Umständen ein positiveres Bild von mir selbst habe, als es transportiert wird. Vielleicht ist das transportierte Bild durch bestimmte Eigenschaften oder durch meine Körpersprache ein bißchen kühler, ein bißchen nüchterner als ich mich selbst sehe.

PWS:
Sie betonen als die beiden wesentlichen Merkmale eine gewisse Eigenwilligkeit und eine gewisse Unabhängigkeit zur Partei. Das ist aus meiner Sicht ein kühles Bild, ein kühles Image. Möchten Sie das so? Oder wären Sie gern ein bißchen populistischer? Würden Sie sich beispielsweise auch einmal ein Hütchen aufsetzen und in Worms ein Trachtenorchester dirigieren?

FG:
Manchmal versuche ich natürlich auch, „nah bei de Leut“ zu sein, wie man

bei uns sagt, und ich bin's auch. Eine schöne Fastnachtsveranstaltung - da lache ich herzlich und gerne mit, wenn sie wirklich gut ist. Aber ich suche nicht ständig die Gelegenheiten, und auf dem Fußballplatz findet man mich in der Regel nicht, schon eher im Opernhaus oder im Jazzclub.

Wäre ich gern populärer oder populistischer? Das ist schwer zu sagen. Ich glaube, in letzter Konsequenz nicht, irgendwann im Leben - und nun bin ich um die 50 - irgendwann muß man sich auch mit sich selbst arrangieren und den eigenen Weg akzeptieren. Die Freiheitsgrade werden geringer im Lauf des Lebens, die Freiheitsgrade der Verhaltensmöglichkeiten, nicht die Freiheitsgrade des tatsächlichen Verhaltens innerhalb des gegebenen Rahmens. Die werden eher größer, wenn man älter wird. Aber die Verhaltensalternativen im Sinne eines offenen Lebensentwurfes, die gehen zwangsläufig zurück. Wenn Sie mich fragen, dann würde ich als Alternative einen ganz anderen Beruf beschreiben. Ich weiß nicht, ob ich mit dem heutigen Wissen und Selbstverständnis noch mal in die Politik ginge. Ich neige dazu, nein zu sagen. Aber ich weiß das von vielen anderen auch, die Politik machen und die auch mit alternativen Lebensentwürfen kokettieren. Ich will das ganz vorsichtig sagen: Viele andere finden einen Lebenslauf toll, wie ich ihn bis zum heutigen Tag habe, aber ich könnte mir einen ganz anderen Berufsweg vorstellen.

PWS:
Wenn Sie einem Jungsozialisten aus Worms, der jetzt in die Politik einsteigen will, einen Rat für den Umgang mit den Medien geben sollten, könnten Sie Ihre Erfahrungen mit den Medien in Handregeln formulieren? Gibt es so etwas wie ein für Ihre politischen Ziele am besten geeignetes Medium? Pflegen Sie regelmäßige Kontakte zu bestimmten Journalisten? Wie betreibt man allgemein als Politiker Medienarbeit?

FG:
Das Wichtigste scheinen mir eine relative Offenheit und Vertrauen. Ich vertraue Journalisten solange, bis das Vertrauen mißbraucht wird - dann ist es aus. Zunächst einmal versuche ich, auf Journalisten zuzugehen oder mit ihnen ein offenes Gespräch zu führen, wie ich es auch mit anderen Menschen führe, die ich ernst nehme. Geben und Nehmen gehört dazu. Wer also Niederschlag finden will in den Medien, ohne nur Strohfeuer abzu-

brennen, der muß auch wirklich was geben, echte Informationen, der muß auch von sich was geben, muß auch Einblicke zulassen in das, was er wirklich denkt, in seine Motive. Der muß auch Engagement erkennen lassen. Es muß einfach wichtig sein, was man macht, dann läßt sich das auch stückweise transportieren. Also der offene Umgang, die Kontaktpflege, auch ganz normale Verhaltensweisen, die im Leben an anderer Stelle genauso wichtig sind, daß man auch mal von sich selbst etwas erzählt und privat und öffentlich nicht immer ganz strikt trennt, das gehört zu einem gedeihlichen menschlichen Verhältnis einfach dazu. Das würde ich empfehlen, und dann würde ich empfehlen, Themen nicht nur nach dem Attraktivitätsgrad auf den ersten Blick zu besetzen, sondern Themen, die auch subjektiv wirklich wichtige Themen sind, so aufzubereiten, daß sie interessant für andere sind, die nicht täglich damit umgehen. Was heißt das? Das heißt zum Beispiel bei Pressetexten, daß sie so gegliedert sind, daß man durch das flüchtige Lesen mit Zwischenüberschriften, mit Hervorhebungen, mit Erklärungen, mit einfachen Begriffen auch dem Laien klarmacht, was Sache ist, was wichtig ist. Also auch ein bißchen didaktische Bemühungen. Man darf Journalisten weder überschätzen noch unterschätzen, sie sind in der Regel ein Stück weniger gut informiert als die fachlich tätigen Politiker. Aber sie sind auch nicht so doof, wie man sie gerne hätte, sonst würden wir ja selbst keine Zeitung lesen, wenn da nur Quatsch drin stünde. So würde ich auch empfehlen, Themen seriös zu behandeln, aber gut aufzubereiten, und dann keine Scheu zu haben, auf Journalisten zuzugehen und auch persönliche Kontakte zu pflegen. Ich mache das sehr bewußt, gerade heute mittag wieder kam aus Bonn ein Journalist von einer sehr wichtigen Zeitung, der mich besuchte, wir waren zusammen essen. Er fährt zurück, und wir haben uns über alles mögliche unterhalten, was nicht sofort Niederschlag findet, was aber den Kontakt wieder aufgefrischt hat. Das zahlt sich auf mittlere Sicht immer aus.

PWS:
Unsere Gesellschaft ist gegenwärtig unter anderem vermutlich dadurch gekennzeichnet, daß die Grenzen zwischen öffentlichem und privaten Bereich verschoben werden. Die Grenze des Privaten zum Öffentlichen wird immer durchlässiger, das gilt besonders für Politiker. Wie weit würden Sie in diesem Punkt gehen? Würden Sie sich beispielsweise ein Kamerateam

von einem Boulevardmagazin nach Hause einladen? Oder sagen Sie: In den privaten Bereich lasse ich die Medien nicht hineingucken?

FG:
Ich lese selbst mit größtem Interesse eine gut gemachte „home story“ über einen prominenten Menschen. Ich finde es auch interessant zu sehen, wie beispielsweise Walter Riester wohnt, ohne daß ich mich bei ihm einladen möchte. Ein gewisser Einblick ins Privatleben gehört dazu, aber nur gewissermaßen die Tür einen Spalt geöffnet, mehr nicht. Wenn es tiefer geht, wenn ich beispielsweise das Pech hätte, gerade in einem Scheidungsverfahren zu sein - ich bin's glücklicherweise nicht -, wenn es so wäre, würde ich dazu keine Auskunft geben. Ich würde mich auch strikt weigern, irgendwelche Einblicke in eine solche Elementarsituation zu geben. Die Öffentlichkeit hat Anspruch auf etwas mehr Farbe, und zu etwas mehr Farbe gehören Informationen dazu, wie der Mensch lebt, ob er Familie hat, ob er privat an Musik interessiert ist oder ob er Sport treibt. Das muß man bis zu einem gewissen Grad befriedigen, sonst bleibt auch eine Figur völlig abstrakt, und die Leute sagen, den kennen wir nicht und der läuft immer mit einem ernsten Gesicht rum und trägt 'ne Brille und ist bestimmt sehr schlau, aber ansonsten ist er uns fremd. Aber die Grenze liegt eindeutig da, wo der Vertrauensschutz beginnt, den man nur für einen ganz engen persönlichen Freund oder für die engste Familie zur Seite schieben würde, aber darauf hat die Öffentlichkeit keinen Anspruch.

PWS:
Wie beurteilen Sie gerade vor diesem Hintergrund das Impeachment-Verfahren gegen den amerikanischen Präsidenten Clinton und die amerikanische politische Kultur in diesem Punkt im Vergleich zur politischen Kultur bei uns? Darf die Öffentlichkeit nach Affären und Varianten des Sexualverhaltens von Spitzenpolitikern fragen?

FG:
Ich bin froh, in Europa zu leben und damit in einem Kulturraum, wo es diese inquisitorische Schnüffelei im Privatleben, mit Ausnahme vielleicht von Großbritannien, nicht gibt. Es gibt ja prominente Beispiele aus der deutschen Nachkriegspolitik, wo bis zu bestimmten politisch relevanten Anlässen das Privatleben von Politikern weitgehend toleriert wurde und

auch von Journalisten, die Einblicke hatten, nicht zum Thema gemacht wurde. Das finde ich absolut richtig. Nur dort, wo Dritte geschädigt werden, hat die Öffentlichkeit Anspruch darauf, dies zu wissen und dann auch politische Karrieren zu beenden. Wer beispielsweise Kinder mißbraucht hat, wer Gewalt in der Sexualität angewendet hat, der hat in einem öffentlichen Amt nichts verloren. Aber wer etwa die sexuelle Orientierung einer Minderheit hat, die heute nicht mehr in ihrem Existenzrecht bestritten wird, oder wer in irgendeiner Weise von der Norm abweichende Verhaltensweisen praktiziert, ohne daß Dritte dadurch in Mitleidenschaft gezogen werden, der hat nicht nur Anspruch darauf, unbehelligt zu bleiben, der muß auch vertrauen dürfen, daß er nicht plötzlich „geoutet" wird.

PWS:
Ich darf zum Stichwort Metamorphose der Macht kommen. Wenn Sie Ihr Leben zurückblickend beurteilen, haben Sie sich durch die Ämter, die Sie innehaben und durch die Macht, die damit verbunden war, persönlich verändert? Und die zweite Frage: Hat sich Ihr Umfeld Ihnen gegenüber verändert?

FG:
Macht ist immer relativ und gerade in der leider stark hierarchisch organisierten Politik spielt eine große Rolle, ob man Fachminister ist, ob man Ministerpräsident ist, damit Regierungschef, oder ob man in der parlamentarischen Verantwortung steht. Macht, die als persönliche Macht verstanden werden kann und die Abhängigkeit von Dritten auslösen kann, ist in der Politik relativ selten. Als Minister kann ich natürlich über Karrieren von Beamten entscheiden, zum Beispiel. Aber das ist dann nur der Unterschied, sagen wir mal, zwischen der Endstufe Regierungsdirektor oder Ministerialdirigent. Dazwischen gibt es nur wenige Situationen, in denen man nun wirklich über das Lebensschicksal von Menschen entscheidet, also tief eingreift in das Leben anderer. Das ist letzten Endes wohl Macht, wenn man Dritte durch eigene Handlungen so beeinflussen oder berühren kann, daß sie sich gegen solche Einflußnahmen durch eigenes Verhalten nur begrenzt wehren können. Diese Macht ist bei einem Landesminister sehr begrenzt, ich bin auch froh darüber, weil ein mittleres oder begrenztes Maß an Macht eher charakterbildend ist als das Gegenteil. Ich habe erlebt

(das klingt pharisäerhaft, weil ich über Dritte spreche), daß Macht, die auf der jeweiligen Ebene unumschränkt ist, weil es auf der jeweiligen Ebene keinen Vorgesetzten, keine unmittelbaren Gegner, Wettbewerber oder Kollegen gibt, daß diese Macht sehr viel stärker verändert. Mit anderen Worten: Ein Ministerpräsident ist ein Kurfürst in seinem Sprengel. Er ist da tatsächlich ein kleiner Gott, und ein solcher Ministerpräsident muß sich schon ein bißchen wehren dagegen, die Gunstbeweise und Anerkennungsrituale, die er täglich erfährt, richtig einzuordnen. Da ist der Ressortminister, der an ihn berichtet und der eingebettet ist in alle möglichen Bezüge, sehr viel weniger in Gefahr. Macht verändert sicherlich, und Attraktivität wird auch ausgelöst durch politische Funktionen. Ich erlebe immer wieder mit Erstaunen, daß persönliche Freunde, die wesentlich mehr verdienen, die in der Wirtschaft zum Beispiel Vorstandsmitglieder von Aktiengesellschaften sind, trotzdem meine politische Funktion für höchst attraktiv halten und gar nicht verstehen, wenn ich sage: Ich könnte auch gern das machen, was Du machst. Die verstehen das gar nicht, jetzt mal unabhängig davon, ob das eine mehr Geld bringt als das andere. Offenbar gibt es in der gesellschaftlichen Wahrnehmung immer noch, zumindest gegenüber der Exekutive, weniger gegenüber den Parlamenten, ein Maß an Respekt. Beim Staatssekretär beginnt es, beim Minister wird es noch deutlicher, und erst recht zeigt es sich dann beim Ministerpräsidenten und auf Bundesebene. Das sind Positionen, die mit hoher Aufmerksamkeit versehen sind, und das verändert das Verhalten der Umgebung. Wenn ich irgendwo in eine Kneipe gehe, wo ich bekannt bin, dann wird am nächsten Tag gesagt, der Minister Gerster war gestern abend auch da. Das ist eine Heraushebung, die man selbst relativieren muß.

PWS:
Das Kurfürsten-Syndrom führt zum vorletzten Punkt, zur Psychopathologie des politischen Handelns. Können Sie aufgrund Ihrer langjährigen Berufstätigkeit als Politiker sagen, daß es ein paar Beobachtungen gibt, die man zu einer Psychopathologie des politischen Handelns zusammenfassen könnte? Ich gebe ein paar Stichworte zur Anregung: Narzißmus. Wenn man lange in einem Amt ist und lange hofiert wird und lange Projektionen von anderen angetragen bekommt, verändert das möglicherweise die Selbstwahrnehmung. Oder die dunklen Seiten der politischen Arbeit -

„burn out“ und Alkoholismus. Welche Syndrome oder Merkmalsbündel sind Ihnen im Laufe Ihrer politischen Tätigkeit begegnet?

FG:
Die beiden von Ihnen genannten Stichworte sind sehr gute Beispiele. Nach meiner Erfahrung läßt sich die Gefahr dieser Verformung, der Persönlichkeitsveränderung durch den politischen Alltag, durch Gruppensituationen, durch pathogene Konstellationen am ehesten dadurch bekämpfen, daß dies bewußt gemacht und relativiert wird. Ich muß mich innerlich gegen bestimmte Verformungen und Abhängigkeiten wehren, ähnlich wie bei „Des Kaisers neue Kleider“. Ich muß immer wieder von neuem relativieren, was etwa die suggestive Wirkung von politischer Hierarchie ist. Wenn der Parteivorsitzende eine rhetorisch geschickte Rede hält, muß ich analytisch zuhören und mir überlegen, welcher Referent hat wohl daran gesessen und wie sind die Effekte, wie ist das ganze angelegt, damit ich die Wirkung bei mir selbst relativiere. Dazu muß ich nicht Psychologe sein, aber es erleichtert natürlich das Geschäft. Bewußt machen, auch die Gefahren des Autismus, des „Auf sich selbst zurückgeworfen sein“ in einer permanenten Konkurrenzsituation. Und damit bin ich schon bei einer dritten Verhaltensweise. Das war am schlimmsten in meiner eigenen politischen Laufbahn im Deutschen Bundestag, in einer Oppositionsfraktion, in einer großen Fraktion, dort war die permanente Wettbewerbssituation und der permanente Kampf mit relativ gleichgestellten Abgeordneten in den verschiedenen Gremien für mich so belastend, daß ich heilfroh war, als ich aus dem Haifischbecken der Bundespolitik wieder in dem überschaubaren Handwerksbetrieb Landespolitik war und dort dann in einer Position als Minister, wo man sich nicht täglich mit Konkurrenten auseinandersetzen muß, so wie das für Abgeordnete gilt. Und ich würde als weitere Verhaltensempfehlung nennen: die bewußte Pflege von alternativen Lebensräumen. Das bedeutet: ein persönlicher, privater Freundeskreis, der unabhängig von der Politik sein muß, sonst wird man nicht froh. Es muß auch Freiräume für musische und kulturelle Dinge geben. Und schließlich sollte man, so lange das geht, berufliche alternative Tätigkeiten im Auge behalten, zumindest in einem begrenzten Rahmen, um immer wieder von neuem zu lernen, es gibt ein Leben außerhalb der Politik.

PWS:
Das Stichwort "Haifischbecken" bringt mich zum letzten Punkt, zur Bilanz. Wenn man diese Erfahrung macht, leiden darunter eigentlich die ursprünglichen ethischen, die politischen, die idealistischen Ziele, derentwegen man in die Politik gegangen ist? Fragt man sich zwischendurch noch mal: Was hast Du eigentlich mit diesen Kollegen und Mitstreitern noch gemein? Kannst Du Deine Ziele - etwa Solidarität, eine gerechtere Gesellschaft oder was auch immer - realisieren, oder wird das politische Geschäft auf Dauer zu einem reinen „horse race"?

FG:
Das Motiv des Helfenwollens, gerade auch bei sozialpolitisch engagierten Politikern, ist ein Motiv, das in seiner Einfachheit nicht unverändert bleibt. Ich bin heute auch gegenüber sozialen Problemen von Gruppen und Einzelpersonen sehr viel vorsichtiger und sehe viel stärker als früher die Unvereinbarkeit verschiedener Ziele miteinander. Das gesellschaftliche Leben und das, was der Staat an sozialer Gerechtigkeit beeinflussen kann, kann nicht allen gleichzeitig helfen. Ich muß mich stärker, als ich das zu Beginn meiner Laufbahn so gesehen habe, entscheiden, für Wertigkeiten in einer Rangskala, für Vor- und Nachteile. Ich würde heute nicht mehr Mechanismen unterstützen, die die Illusion wecken „Allen wohl, niemand wehe". Es gibt im Grunde genommen in der Politik wie im Leben verdammt viele Nullsummenspiele, wo ich der einen Seite, der einen Gruppe, dem einen Menschen nur dann helfen kann, indem ich andere ein Stück zurücksetze. Die konkurrierenden Ansprüche an das Sozialbudget sind heute in meinem Denken stärker verankert, als ich das vor 25 Jahren akzeptiert habe. Das naive Helfenwollen, möglichst vielen, vielleicht sogar allen, das bleibt durch verstärkte Erfahrungen mit Konfliktsituationen, durch den Kampf in der Politik, auf der Strecke. Ich bin skeptischer geworden, was Politik wirklich bewegen kann. Ich glaube aber nach wie vor, daß es sogar noch notwendiger ist, daß die ethische Orientierung bei den politisch Handelnden nicht verlorengeht, weil die Alternativen dazu ganz schrecklich sind. Man darf die Politik nicht den Zynikern überlassen. Die eigene Karriere hat für mich nie absoluten Vorrang gehabt, ich habe eher in Kauf genommen, mit herrschenden Kräften in meiner eigenen Partei Konflikte zu haben und sehr unterschiedliche Resonanz auf die eigene politische Arbeit zu

erfahren. Dies habe ich eher in Kauf genommen, als durch eine hohe Anpassung mich selbst nicht mehr leiden zu können. Ich kenne, das will ich zur Ehrenrettung der Politik auch sagen, eine ganze Reihe von Politikern, mit denen ich persönlich befreundet bin, die das genauso handhaben.

PWS:
Gibt es für Sie noch eine Tätigkeit, eine Position, von der Sie sagen würden, das möchte ich gerne noch mal machen? Wie, glauben Sie, wird sich das Verhältnis von Politik/Politikern und Medien zukünftig entwickeln? Werden wir eine Entwicklung wie in den USA bekommen, oder wird Europa, oder wird insbesondere Deutschland einen anderen Weg gehen?

FG:
Ich habe verschiedene inhaltliche Schwerpunkte im Laufe meiner Laufbahn für mich entwickelt und habe versucht, einen gewissen Reifegrad in der geistigen Durchdringung zu erreichen. Ich würde gerne noch mal Wirtschaftspolitik machen, das habe ich bisher noch nicht als Schwerpunkt gehabt, sondern immer nur als ein Nebenthema, das in meine Hauptthemen hineingewirkt hat. Ich glaube inzwischen, und das ist ein Stück Ernüchterung nach dreißig Jahren politischen Engagements, daß die Wirtschaft eben doch, wie das Walter Rathenau gesagt hat, unser Schicksal ist und daß deswegen dieser Unterbau auch in der politischen Arbeit von einer auch gesellschaftspolitisch überragenden Bedeutung ist. Ich würde also ganz gern Wirtschaftspolitik machen, und zwar mit gesellschaftspolitischem Anspruch. Ich hätte auch gerne in der Bonner Zeit mehr Außen- und Sicherheitspolitik gemacht, auch im internationalen Verkehr, weil das eine spannende Sache ist, mit Partnern in den internationalen Gremien so ins Gespräch zu kommen, daß man über Unverbindlichkeiten und diplomatische Kontakte deutlich hinausgreift und stärker zur Problemlösung kommt. Das hätte ich gerne noch intensiver betrieben, die internationale Arbeit, das wird wohl eine Hoffnung bleiben, die nicht mehr befriedigt werden kann, weil man nicht beliebig zwischen Landes- und Bundesebene hin- und herwechseln kann.

Zum zweiten, Verhältnis Medien und Politik, sage ich ganz offen: Ich weiß es nicht. Ich weiß nicht, ob wir amerikanische Verhältnisse bekommen, wo es keine echten Mitgliederorganisationen gibt, sondern politische Büros, die ganz grob orientiert sind, aber ansonsten nicht gesellschaftlich verankert sind regional oder in gesellschaftlichen Gruppen. Ich vermute, daß sich Strukturen überlagern, aber nie völlig gegenseitig ablösen. Ich kann mir nicht vorstellen, daß die Kulturunterschiede zwischen der amerikanischen Version von Demokratie und Politik und der deutschen Version von Demokratie und Politik sich völlig aufheben, sondern ich glaube, daß es doch eigenständige Entwicklungen geben wird, die die jeweilige politische Kultur widerspiegeln. Der deutsche Weg der Machtbalance zwischen Staat und Gesellschaft, zwischen verschiedenen staatlichen Ebenen, der Konsensorientierung, des Korperatismus, dieser deutsche Weg ist seit Jahrhunderten angelegt, weil wir nie den starken Nationalstaat hatten. Von daher glaube ich, daß Strukturen, die uns von der großen westlichen Demokratie in den USA unterscheiden, in veränderter Form länger Bestand haben werden, als wir das erhoffen oder befürchten.

Dieter Zimmer

Fernsehen in Stichworten

Stellen Sie sich vor, was ich Ihnen erzähle, interessiert Sie nicht: Was tun Sie dann? Aufstehen und rausgehen?

Beim allerersten deutschen Fernsehen ab 1935 war die Situation ähnlich: Man saß in der "Fernsehstube", hatte sogar Eintritt bezahlt und blieb sitzen bis zum Ende des Zwei-Stunden- Programms.

Das (neue) Deutsche Fernsehen ab Weihnachten 1952 war ein abendliches "Ereignis", zu dem man sich traf und das man in der Regel bis zum (noch sehr frühen) Programmschluß anschaute - was immer da geboten wurde, "Familie Schölermann" oder Fernsehkoch Clemens Wilmenrod.

Als erste Konkurrenz kam ab 1. April 1963 das "Zweite". Nun konnte man erstmals umschalten - und tat es auch. Es begann - von der frühen Zuschauerforschung "entdeckt" - der berühmte "Slalom" um die Politiksendungen herum, immer auf der Suche nach Unterhaltung. Deshalb wurden von den Parteien bald "Schutzzonen" für Politik-Sendungen eingeführt: Sie durften nicht auf dem anderen Kanal mit Unterhaltung konterkariert werden.

Die 80er Jahre: Die Kommerziellen kommen, herbeigewünscht von den einen, verteufelt von den anderen. Forciert von Union und FDP, lange bekämpft von SPD und GRÜNEN. Das Publikum drohte uns: Die werden euch zeigen, wie man Fernsehen richtig macht! (Das Argument haben wir nicht mehr gehört, seitdem die Kommerziellen senden.)

Es zeigt sich rasch: In der neuen Konkurrenz bleiben Information und Politik zunehmend auf der Strecke. Die "Schöpfer" des Kommerzfernsehens haben sich verkalkuliert: Die "Neuen" kümmern sich kaum um die Erwartungen der Parteien. Sie sind auch zu überhaupt nichts verpflichtet - außer Geld zu verdienen und dabei die Strafgesetze einzuhalten.

Und was machen die "alten" Sender? Wir wissen längst: Erfolg bei der Masse erzielt man durch möglichst radikale Senkung des Niveaus.

Außderdem konnte das Fernsehen insgesamt gar nicht besser werden, denn es gilt die Erkenntnis: Wenn man eine Suppe verlängert, wird sie nicht dicker!

Hinzu kommt die Erfindung der Fernbedienung. Die Zuschauerforschung sagt uns: Der "normale" TV-Konsument sitzt mit nervös zuckendem Finger vor dem Fernseher, bereit zu "zappen", und muß "eingefangen" werden, möglichst in den ersten Sekunden. Neben der kommerziellen Konkurrenz hat die Fernbedienung die heftigste Revolution des Fernsehens bewirkt.

In der Konkurrenz gilt bald als einziges Kriterium des Erfolgs: "die Quote"! (Heute zunehmend: der Marktanteil.) In der Tat gibt es kein anderes "objektives" Kriterium für den Erfolg von Fernsehen; schon gar nicht sind die höchst subjektiven Kritiken in der Presse dafür geeignet.

Die Programmentscheidungen werden immer kurzatmiger. Was nicht sofort "Erfolg" hat, wird abgesetzt. (Siehe z.B. "Tacheles" im ZDF.)

Das öffentlich-rechtliche Fernsehen, sagen Zyniker, kann zwischen zwei Möglichkeiten des Untergangs wählen: größtmögliche Anpassung an die Kommerziellen und damit Zuschauererfolg oder Bewahrung seiner traditionellen Tugenden und damit Mißerfolg bei den Zuschauern. In beiden Fällen würde "die Politik" die Notwendigkeit von Fernsehgebühren in Frage stellen. (Aber wie wäre es mit dem Versuch, mit den alten Tugenden Erfolg zu haben?)

Einige Gedanken zu einzelnen Problemen:

Politik im Fernsehen: "Die Leute" wollen nicht viel davon wissen - kann man sie übertölpeln? Es gibt zahlreiche professionelle Tricks, aber letzten Endes sind die Zuschauer zu schlau (nicht unbedingt zu intelligent) und finden ihren Weg zu anspruchsloseren Programmen.

Wie führt man Interviews? Soll man als "scharfer Hund" rangehen oder raffiniert die richtigen Fragen bohrend stellen? (Ich bevorzuge letzteres.)

Immerhin: Interviews im TV haben nachweislich stattgefunden, bei der Boulevardpresse ist das niemals sicher.

Fernsehen hat zur "Demokratisierung" der Information beigetragen, durch Zugang für jeden: Bundestagsdebatten, Wahlsendungen, Fußball-Länderspiele, Opern (leider vorbei!) kann jeder miterleben - nicht nur derjenige, der sich die Reise und (im Zweifel) das Eintrittsgeld leisten kann.

Die wichtige Frage: (Wie) beeinflußt das Fernsehen die Politik? Bietet es (nur) das "Forum"? Und, wenn ja, geht das ohne eigene Wertung? (Meine Erfahrung aus dreißig Jahren Fernsehen: Wir bieten das Forum - und tun selten mehr.)

Ist "Manipulation" möglich? (Was ist eigentlich Manipulation? Wir wissen: Jede Auswahl von Bildern, Tönen und Geräuschen ist per se "Manipulation"?) Manipulation im Sinne von bewußter Verzerrung wäre möglich, denn jeder Fernsehprofi weiß, wie es ginge. Aber es geht nicht (bzw. immer nur ein einziges Mal): Weil jeder weiß, wie es geht - und deswegen auch weiß, wie man es verhindert. (Vielleicht ist dies der einzige Vorteil des parteipolitischen Proporzes im öffentlich-rechtlichen Fernsehen.)

Gibt es "Objektivität"? Ich habe gelernt: nein! Aber es gibt - und zwar nach wie vor bei der ganz großen Mehrheit der Journalisten im öffentlich-rechtlichen Fernsehen - Unvoreingenommenheit und "Fairness".

Wie wichtig ist Fernsehen als "Forum" von Politik? Anders gefragt. Wenn es wichtig ist, wie konnte dann Helmut Kohl Wahlen gewinnen? (Auch dies ein Beleg dafür, daß die Wirkung von Fernsehen nicht überwältigend sein kann.)

Gibt es "Zensur"? Nach dreißig Jahren Fernsehen kann ich sagen: Ich erinnere mich allenfalls an einige gescheiterte Versuche zensurähnlicher Einflußnahme. Aber es gibt geschickte Personalpolitik! Sie ist der eigentliche Hebel beim Einfluß auf das Fernsehen.

"Parteienproporz" bei der Personalpolitik, auch als "geistige Pluralität" bezeichnet: Ist das ein gutes Prinzip? Zumindest führt es zu der perversen Erscheinung, daß (auch nach außen feststellbare) Unabhängigkeit im Kopf den Journalisten nicht davor schützt, in ein farbiges "Kästchen" einsortiert zu werden, aus dem er bei Bedarf hervorgezogen wird.

Was richtet öffentlich-rechtliches Fernsehen eigentlich aus? Deckt es politische "Skandale" auf? Die Frage, ob dies überhaupt zu seinen Aufgaben zähle, ist intern umstritten. Ganz praktisch ist es jedenfalls so, daß ein Informant mit wirklich brisanten Kenntnissen dorthin geht, wo er dafür richtiges Geld bekommt: zum "Spiegel" oder zum "Stern". (Insofern müssen wir uns über das Thema keine großen Gedanken machen.)

Gibt es Möglichkeiten, Politik und Information im Fernsehen "interessanter" zu machen? Oder ist nicht alles ausprobiert, z.B. im ZDF Reinhard Appels "Journalisten fragen - Politiker antworten" oder "Besuch beim politischen Gegner", Horst Schättles "5 nach 10", Klaus Bressers "Was nun, ...?" Nach meinem Eindruck ist "Neues" nicht mehr zu erwarten. Was es in den letzten Jahren im Fernsehen an "Neuem" gab, war ohnehin nur die Unterschreitung von bis dahin gültigen Schamgrenzen.

Ist die "Magazinitis" eine Krankheit des heutigen Fernsehens? Können die Leute wirklich nur noch maximal 3'30" ertragen? Oder werden sie konsequent dazu erzogen? Als Dokumentarist bin ich, nicht verwunderlich, der Ansicht: Ja, wir unterfordern jene intelligente Minderheit der Zuschauer, die wir mit unseren herkömmlichen Programmformen erreichen könnten - aber wir ergeben uns ohne Not der aktuellen "Häppchen-Kultur".

Andererseits: Gehört nicht **vieles** eher ins "ZEIT-Dossier"? Ja, wir haben lernen müssen, daß unser Medium Beschränkungen unterworfen ist. Es ist nicht jedes Thema "fernsehgerecht" zu präsentieren. Die Erkenntnis war für viele von uns schmerzhaft, aber notwendig.

Aber kann nicht auch Dokumentation im Fernsehen "erfolg-reich" sein? Die zeitgeschichtlichen Serien von Guido Knopp haben es doch bewiesen. Ja, wir sind darüber sehr glücklich! Allerdings: Es funktioniert fast nur, wenn es um das Dritte Reich geht. Leider.

Persönliches:

Ich selbst bin seit 1956 als Fernseher "dabei". Für mich ist bisweilen "der Lack ab": Ich habe immer öfter das Gefühl, alles schon mal gesehen zu haben. Aber dennoch geht es für mich nicht "ohne"? (Und zwar nicht nur, weil meine Familie und ich quasi vom Fernsehen leben.)

Grundsätzlich also: Braucht man Fernsehen?

Bekommt man nicht alle Informationen auch anderswo? Vielleicht abgesehen von den bewegten Bildern bestimmter Ereignisse, die andere Medien nicht transportieren können?

Alles richtig. Aber Fernsehen ist ein Teil unseres Lebens geworden, und wer es - meistens aus einer Art intellektuellen Hochmuts - zu ignorieren versucht, läuft Gefahr, sich in eine Art Weltfremdheit zu begeben.

Allerdings hat sich das Fernsehen geändert: Angetreten nicht nur als Informant, sondern auch als Vermittler kultureller Werte, entwickelt es sich immer mehr zum Anbieter schnell verderblicher Ware: "Fast Food für den Kopf".

Der Umgang sollte deshalb gelernt sein: "selektiv" und "kritisch". Aber wer bringt das bei?

Sind wir "Fernsehschaffende" - nach dem Motto der Veranstaltung - als eine "Elite" anzusehen?

Natürlich nicht! Ebensowenig wie Politiker, Professoren oder Manager eine Elite sind.

Ein paar von uns sind - oder waren - ganz gut. Hajo Friedrichs zum Beispiel.

Der Rest überschätzt bisweilen sich selbst und seine Macht. Man sollte vorsichtig sein!

Hinweise zu den Autoren und Herausgebern

Prof. Dr. Diether Breitenbach, Minister a. D. für Bildung, Kultur und Wissenschaft

Dr. Frank Brettschneider, Universität Stuttgart, Institut für Politikwissenschaft

Prof. Dr. Roland Eckert, Universität Trier, Fachbereich IV, Soziologie

Florian Gerster, Dipl.-Psych., Minister für Arbeit, Soziales und Gesundheit Rheinland-Pfalz

Dr. Uli Gleich, Universität Koblenz-Landau, Institut für Kommunikationspsychologie/Medienpädagogik

Prof. Dr. Michael Jäckel, Universität Trier, Fachbereich IV, Soziologie, Lehrstuhl für Konsum- und Kommunikationsforschung

Dr. Berthold König, Psychoanalytiker, Bonn

Dr. Marion Müller, Universität Hamburg, Arbeitsstelle für Medien und Politik, PIAV

Dr. Astrid Schütz, Otto-Friedrich Universität Bamberg, Lehrstuhl für Persönlichkeitspsychologie

Prof. Dr. Peter Winterhoff-Spurk, Professor für Organisations- und Medienpsychologie an der Universität des Saarlandes, Direktor des Medienpsychologischen Forschungsinstituts des Saarlandes e.V. (MEFIS e.V.)

Dieter Zimmer, ZDF Mainz, Redaktionsleiter Dokumentation und Reportagen